U0903708

◎浙江大学金融研究院资助

◎浙江大学江万龄国际经济与金融投资研究中心资助

中国上市公司

盈余质量与投资者保护

钱彦敏 著

Earning Quality and Investor Protection in China

ZHEJIANG UNIVERSITY PRESS
浙江大学出版社

前　言

公司的盈余水平和质量作为企业经营成果的最重要信息，一直备受投资者、股东、债权人及其他利益相关者关注，同时也是国际学术界和金融投资界据此判断各国资本市场是否健康和值得投资的最重要的依据。根据会计准则的定义，企业财务报告中的“盈余”，是会计人员根据会计准则和制度的规定，对企业在一定会计期间开展的各种经营业务进行确认、计量的结果。然而，仅仅关注公司会计盈余的数量将严重削弱会计信息的有用性和投资的参考价值，真正反映盈余内涵的应该是“盈余质量”。盈余质量的问题早在20世纪30年代就被学术界提出，至20世纪80年代被业界广泛认可，并在多种权威的国际会计准则中专题定义，但是迄今为止，由于定义角度的不同，导致对于盈余质量的定义仍未达到统一。这里我们沿用相对最权威的美国会计学会(AAA)最新(2002年)给出的定义：随着时间流逝，由应计制所确认的收益数额与公司流入的现金数额的弥合程度，即盈余质量是指会计收益转化为现金流入能力的高低程度。值得注意的是，企业为了自身利益(诸如获取信贷资金、商业信用、公司上市、偷税漏税等)，在财务报表公开发布前往往会采取不同程度的盈余管理甚至盈余操纵。

自2001年来，轰动国内外的一系列财务欺诈案件也使得会计盈余的质量问题日益突出。由于这些企业股票暴跌而遭受数十亿美元损失的投资者，包括银行、保险公司和基金组织，引发了学术界对盈余质量评估的热潮。这其中，就有会计盈余丑闻导致的美国历史上最大规模的破产案——安然公司高达6亿美元的利润虚报和24亿美元的隐债。紧随其后，2002年世通公司被发现违规费用资本化，施乐公司14亿美元的利润虚报，更进一步加深了会计报表使用者对盈余质量的担忧。在欧美国家，尽管许多公司对财务报表的会计管理是在法律法规的许可范围以内处理的，但仍不可避免会不同程度地影响其会计盈余的质量。尤其是2008年发生的金融危机，大量的公司股票和金融衍生品价格暴跌，甚至导致了不少著名上市公司和金融机构的破产。这些现象的发生迫使投资界开始反思，从而摈弃不管证券内含价值只求套利行为下对工具创新和衍生工具的追求，回到更重视金融工具内在的信息质量的把握、探究内含实质价值的投资理念和金融工具创新上来。从而在资本市场上，更重视其盈余质量这个关乎企业价值和投资价值的信息之核心。

在这里必须弄清盈余管理和盈余操纵的本质区别。所谓盈余管理，根据国际著名会计与金融学家、加拿大 Waterloo 大学 Scott 教授的定义，是指在会计准则允许的范围内，通过对会计政策的选择使经营者自身利益或企业市场价值达到最大化的行为。而盈余操纵是指企业管理当局采用编造、变造、伪造等手法编制会计报表，掩盖其经营状况和财务状况操纵盈余的行为，通常被称为会计作假。“盈余管理”和“盈余操纵”两者存在质的区别：前者是在会计法规制度允许范围内的一种长期行为，是合规合法的，从某种程度上讲它还是企业管理水平的体现；后者则超出了会计法规制度许可的范围，其手法往往是违反会计法规和制度而操纵利润的一种欺诈行为。

中国被认为是新兴市场中的超级大国。根据中国国家统计局的数据(2010 年《中国统计年鉴》)，在 2010 年，中国对全世界 GDP 的贡献已超过了日本，仅次于美国。在近年来经济增长的同时，中国资本市场(主要是股票市场)和其他新兴市场国家一样也经历了飞速发展，为国际、国内的投资者提供了投资机会，使他们既分散了投资风险又享受了高速增长。在近 20 年来，中国为了吸引国外资本也与其他新兴市场国家(如印度)展开了竞争。但国际投资者在中国等新兴市场国家的资本市场上的投资还是相对较少，其原因可能有以下几个方面：中国等新兴市场的高风险；相应板块对外国投资者的准入限制；市场中信息质量缺乏可靠性。虽然中国已经成为最受外资青睐的新兴市场之一，但是还有不少发达国家投资者(包括机构投资者)对在中国资本市场投资有疑虑。本书研究正是基于对财务报告的质量及其对有效资本配置的影响这个问题为动因的。在本书的研究中，我们探讨了中国市场中公司财务报告所含信息的质量，其中重点研究了盈余的质量，因为盈余被认为是投资者最关注的财务数据。

中国是最大的新兴市场国家，同时又是最大的经济转型国家。一方面，新兴市场的快速成长带来高回报的投资机会；另一方面，面对企业经营机制的全面转型和市场环境的转型，企业的行为和外部约束会迫使企业的行为在经济上更理性。这种理性在合理的外部约束下会使企业、投资者利益一致，但在内部机制不合理和外部约束不有效的条件下其行为可能使得企业和投资者(特别是中小投资者)利益不一致，从而在盈余质量上出现问题。由于上述问题的存在，在中国，企业管理层也会通过盈余管理从而使企业账面盈余达到所期望的水平。这些行为包含合法的操控性行为，如企业管理层在企业会计准则、会计制度所允许的范围内，通过会计方法的选择进行职业判断，从而导致的账面盈余的变动；企业对其经营活动或交易进行重组，进而达到即期或持续影响企业账面盈余的行为。这当中也可能包括非法的或欺诈性的操纵行为，包括通过编造、虚构交易来调整账面盈余的行为。随着2007年我国新《企业会计准则》的实施，会计政策的可选择性已经有所下降。例如，应收坏账准备的计提方法原本可在备抵法中的应收账款余额百分比法及账龄分析法中自由选择，但是新准则中规定只允许采用账龄分析法等。同时，会计政策的强制性要求不断提高。例如，在新准则颁发之前，上市公司在发生亏损不可逆转的情况下，往往可以通过加大资产减值的计提力度，在来年再通过巨额资产减值的转回，实现扭亏为盈，这是以往实务界常用的盈余管理手段。然而在新准则中明确规定，长期资产减值一旦计提，就不允许转回，通过这种方法减少了上市公司利用长期资产减值进行盈余管理的空间。随着会计政策的不断细化，减少了企业进行会计处理的随意性，对抑制上市公司盈余管理有一定的作用。

因此，如何分析和识别企业的盈余质量的优劣程度，是投资者(包括国际、国内)、债权人以及政府部门等广大会计信息使用者所关心的问题。总体来看，盈余质量分析的必要性集中在以下三个方面：

(1)从企业委托代理关系分析。企业是一系列契约的组合，包括企业与股东、债权人、政府、职工等之间的契约。其中，企业与股东之间是一种典型的委托代理关系，对于国有企业来说，政府与企业之间也是委托代理关系。委托代理关系中，委托人与代理人之间的利益的不一致、信息的不对称性、经济主体的自利性使得企业管理者可能为了自身的利益去采取机会主义行为，欺骗委托人、损害委托人的利益，即管理者可以通过控制自己掌握的财务报告中的盈余数字，使其向有利于自己的方向发展。因此，委托者有必要分析企业的盈余质量，以便做出正确的决策。

(2)从会计本身的特点分析。传统的财务会计是以权责发生制为核算基础的，权责发生制与收付实现制的区别在于前者不是以现金实际的收支期间作为确定收入或费用的期间，而是以收入和费用的归属期作为确认期间，于是产生了许多待摊和应计项目。会计利润中也就包括这部分应计项目，企业管理人员可以通过人为地调整应计项目的确认期间来影响会计利润的大小。另外，在会计利润的计算过程中，许多项目都带有很大的主观因素在内，如开办费、固定资产的摊销期间，企业管理人员可以利用这些估计项目来调整会计利润。

(3)从我国的会计准则分析。我国的会计准则体系还不完善，对于许多特殊项目尚缺乏具体而明确的规定，企业可以通过选择会计政策来调节利润。即使已颁布的会计准则本身也存在缺陷——会计准则具有时滞性，随着经济的快速发展，企业涉及的许多经济事项或交易，在会计准则中都没有相应的规定，如金融衍生工具。因此，企业管理人员可以通过会计准则的漏洞来粉饰企业经营成果和财务状况。

本书的研究是基于作者与加拿大 Waterloo 大学联合的加拿大国家社会科学基金项目"新兴市场的盈余管理和投资者保护"中承担的中国的实证部分的研究工作而写的，总计 20 余万字。本书主要从中国资本市场上投资者保护的角度出发，以上市公司盈余质量为基点来探讨如何在外部治理约束和公司内部治理机制上限制和监督上市公司盈余管理和操纵问题。在分析国内外大量的文献的基础上，以理论层面利用契约理论、委托代理模型以及博弈论的视角，采用实证研究的方法，探讨了在缺乏外部治理环境和有效的内部治理机制的情况下，上市公司会通过盈余管理和操纵的方式来侵害投资者的合法权益，有效的投资者保护措施能够抑制上市公司的盈余管理行为。本书的研究是建立在对 1993 年中国证券市场建立以来，以资本市场的制度建设和上市公司内部治理的改革演进为跨度，对中国资本市场的盈余质量和对投资者的保护进行了剖析。本书首先讨论了盈余质量的度量方法，在比较了各种盈余质量度量方法后，采用了比较适合中国国情的修正的 Jones 模型对中国上市公司的盈余管理程度进行了度量，然后通过构建不同的计量模型进一步对资本市场投资者反应、法律有效性、公司治理结构以及融资行为和融资成本等六个重要方面做了实证研究。这些实证分析以不同章节体现以下主题：

第 1 章　中国上市公司盈余质量与投资者保护

在探讨了我国投资者保护的现状和存在的问题的基础上，本章以实证方法研究投资者保护与上市公司的盈余管理程度的相关关系，并对五个假设进行实证分析。验证了我国市场化的程度越高、法制水平越高、政府的干预程度越少，以及法律的执法效力越强，越有利于进行投资者保护，从而减少我国上市公司的盈余管理程度。但是，对上市公司的股权制衡度与上市公司盈余管理程度间相关性的实证检验并不显著。这可能是因为在我国一股独大的状况下其他大股东往往会倾向于和第一大股东进行合谋而得到一部分利益。此外，本书还研究了国有的和民营的不同最终控股人性质对实证结果的影响，通过在模型中加入交叉项，研究发现，最终控制人为国有控股的上市公司的盈余管理程度要小于民营控股的上市公司，且国有控股的上市公司的盈余管理程度受到宏观治理环境的制约更大一些。

第 2 章 盈余管理及其市场反应

本章着重研究了中国公司按要求披露的财务报告的质量，因为财务报告或许是投资者最为依赖的信息来源。对于盈余管理程度不同的公司，我们研究了投资者对其盈余管理行为的反应程度。在研究中，我们采用了修正的 Jones 模型计算了中国上市公司的盈余管理程度，并通过事件研究法分析了投资者对盈余管理行为的反应，以及公司治理结构对盈余管理和市场反应的影响。实证发现，投资者能够在一定程度上识别盈余管理行为并做出反应；此外，本主题研究表明，公司治理结构也被认为是影响公司盈余管理与投资者反应的重要因素，公司治理结构能够对盈余管理起到一定的抑制作用。我们提出了应该建立有效的机制来为投资者和法规制定机构提供有效的信息理解财务信息，从而保护投资者利益。

第 3 章 上市公司治理结构对盈余管理影响研究

本章的研究选择 A 股上市公司作为研究样本，对公司治理结构各个要素和盈余管理程度之间的关系进行了实证研究。实证分析的结论表明：中国上市公司的“一股独大”现象加深了公司的盈余管理行为；独立董事的确在一定程度上抑制了上市公司的盈余管理；监事会制度整体失效，对公司的盈余管理没有起到制约作用；高管持股比例对于盈余管理的作用也不显著。另外，进一步的研究表明，近年来我国上市公司治理结构的改善确实在某些方面制约了盈余管理。综合这些结论表明，公司治理结构的确对盈余管理有着根本性的影响。由于我国上市公司治理结构的不完善，才导致了上市公司盈余管理行为严重。为了进一步遏制盈余管理行为，就必须完善上市公司的治理结构，为此，作者提出了相关政策建议。

第 4 章 中国上市公司盈余管理与融资成本

本章通过对中国 A 股上市公司的收益进行分析，发现这些上市公司的收益存在微利现象和平滑收益现象，同时这种平滑收益存在较强的可持续性。中国上市公司的平滑收益程度在各国当中处于中下游的水平，即企业收益相对不平滑。具体来说，收益相对美国来说更加平滑，而相对于其他欧洲大陆国家则表现出较强的波动性。本章通过对收益平滑性、市场波动性、财务风险、偿债资产比例、企业规模、股票流动性、账面市值比、资产周转率、大股东持股比例和机构持股比例进行回归。由于一方面平滑收益会影响投资者对于企业收益的判断，从而影响企业的股权融资成本。另一方面，企业管理层考虑外部投资者的投资偏好，从而会通过会计处理，实现平滑收益。在这种情况下，平滑收益具有内生性，我们采取两阶段最小二乘(2SLS)对变量进行回归。通过分析我们发现，企业的股权融资成本与 Beta 系数、资产周转率存在正相关的关系,而与资产负债率、企业规模存在负相关的关系。同时,企业收益越平滑,则其股权融资成本越低;而其收益波动幅度较大时,其股权融资成本较高。同时发现,平滑收益不同的核算方法,会对结论产生影响。而偿债资产比例、股票流动性、账面市值比、大股东持股比例和机构持股比例变量不能进入模型。由于数据的核算方法,上述结论主要适用于有研究员跟踪的企业。为了证明结论可以扩展至所有企业,作者针对平滑收益和研究员跟踪进行进一步的分析。作者发现当有更多的研究员关注企业的收益的时候,企业的收益越为平滑。

第 5 章　中国上市公司盈余特性与权益资本成本

大量的文献已经证实,资本市场上的信息风险是不可分散的,Easley 和 O'Hara(2004)在多种资产理性预期框架下构造资产定价模型,发现不知情投资者要求更高的资本成本来补偿不对称信息带来的风险。资本成本对于公司的各项决策是至关重要的,这不仅影响公司的营业活动,还会对随后的收益产生影响。因此,研究信息风险和资本成本之间的关系是非常必要的。而会计盈余质量是反映公司经营好坏的主要信息之一,投资者通过阅读公司的会计报表来判断公司的价值,做出投资决定。本章将盈余作为公司信息的代理变量,来研究盈余质量和资本成本之间的关系是具有现实意义的。对于盈余质量的衡量,笔者参考 Francis 等(2004)提出的七个会计盈余属性:应计质量、持续性、预测性、平滑度、价值相关性、及时性、稳健性。其中,前面四个属性作为以会计为基础的盈余属性,因为这四个指标均与会计报表相关,后三个属性作为以市场为基础的盈余属性,因为这三个指标跟市场因素存在着较大的关联。本研究选取资本成本组成之一的权益性资本成本,研究我国资本市场上权益成本和盈余质量之间的关系,试图回答以下几个问题:①盈余的不同属性是否都会对权益资本成本产生影响?②以会计为基础的盈余属性和以市场为基础的盈余属性,哪类盈余属性对权益资本成本影响更大?③投资者更看重哪个或哪些盈余属性?④相比美国比较成熟的资本市场,我国资本市场上还存在哪些明显的不足?另外,对于中国特殊的经理人制度,笔者试图分别研究内生性的盈余和可操控性的盈余对权益资本成本的影响,来考察中国上市公司是否存在盈余管理。

第 6 章　中国上市公司盈余管理与融资行为关系研究

本章以国内外经典的融资行为理论和盈余管理相关理论为基础,分析了上市公司融资行为和盈余管理程度的现状,并应用多元回归的方法设定了四个模型,使用两种数据分别对两者的关系进行了实证研究。对国内公司的融资行为和盈余管理相关关系的研究进行了补充和拓展。研究结果表明:从盈余管理程度方面来看，中国的上市公司有着明显的盈余管理行为，其动机来源呈多样化特征；从融资行为角度分析，企业的内源融资量明显小于权益融资量和债务融资量，债务融资的量大于权益融资的量；从外源融资和内源融资的偏好来讲，明显我国上市公司偏好于外源融资，这与大多数企业仍然处于快速成长期，整体融资量较大，内部资金量缺乏有一定的联系。回归分析的结果表明，中国上市公司的融资行为与盈余管理程度密切相关。其中，公司的股权融资量和盈余管理行为之间成正相关关系，债务融资量与盈余管理行为之间的关系不明确，内源融资表面上与盈余管理正相关，但需提示其中的间接影响关系，资本结构与盈余管理之间呈显著的负相关关系。

目　录

第1章　中国上市公司盈余质量与投资者保护 …………………… 1

1.1　引　言 …………………………………………………………… 1
1.2　背景:中国上市公司盈余管理与投资者保护 …………………… 3
1.3　文献述评 ………………………………………………………… 11
1.4　盈余管理与投资者保护的理论框架和研究假说 ………………… 18
1.5　研究假说 ………………………………………………………… 26
1.6　研究设计与模型设定 …………………………………………… 28
1.7　实证结果与分析 ………………………………………………… 33
1.8　结论及研究展望 ………………………………………………… 39

第2章　盈余管理及其市场反应——中国市场实证分析 ………… 43

2.1　引　言 …………………………………………………………… 43
2.2　文献综述 ………………………………………………………… 44
2.3　中国市场的盈余管理 …………………………………………… 50
2.4　市场对盈余管理的反应 ………………………………………… 55
2.5　盈余管理市场反应与公司治理结构 …………………………… 61
2.6　稳健性检验 ……………………………………………………… 70
2.7　结　论 …………………………………………………………… 71

第3章　上市公司治理结构对盈余管理影响研究 ………………… 72

3.1　引　言 …………………………………………………………… 72
3.2　理论分析及研究假设 …………………………………………… 73
3.3　研究设计 ………………………………………………………… 75
3.4　实证检验分析 …………………………………………………… 78
3.5　研究结论与政策建议 …………………………………………… 85

第 4 章　中国上市公司盈余管理与融资成本 …… 86

4.1　引　言 …… 86
4.2　国内外研究评述 …… 90
4.3　盈余管理与股权成本的度量 …… 94
4.4　实证分析与统计性描述 …… 99
4.5　平滑收益的内生性问题 …… 111
4.6　平滑收益与研究员跟踪 …… 119
4.7　结　论 …… 122

第 5 章　中国上市公司盈余特性与权益资本成本 …… 124

5.1　引　言 …… 124
5.2　研究样本的选取 …… 126
5.3　盈余特性与权益资本成本的衡量 …… 127
5.4　盈余特性指标的统计性检验与风险代理变量的衡量 …… 131
5.5　实证检验结果与分析 …… 133
5.6　结论与政策建议 …… 137

第 6 章　中国上市公司盈余管理与融资行为关系研究 …… 139

6.1　引　言 …… 139
6.2　盈余管理与融资行为基础理论综述 …… 141
6.3　盈余管理的研究框架与计量模型 …… 148
6.4　盈余管理与融资行为实证分析 …… 154
6.5　研究结论与展望 …… 162

附　录 …… 164

参考文献 …… 174

第1章 >>>

中国上市公司盈余质量与投资者保护

1.1 引　言

1.1.1 研究动机

上市公司盈余质量往往是投资者考虑一个资本市场是否真正具有长期投资价值的重要因素。研究表明上市公司在采用盈余管理的时候，往往运用多种手段进行操作，以达到蒙蔽和误导投资者的目的，使得投资者对企业的投资不仅无法获得相应的回报，还可能出现投资者因为企业虚报盈亏，导致错误投资、亏损严重。而投资者在证券市场上所受到的这种不公平、不公正的对待，又将反过来影响到投资者的投资积极性。在债券市场、商品市场、期货期权市场日益兴盛的大环境下，投资者在证券市场上所受到的欺瞒和不合理对待，将使得他们将更多的金钱和精力投向其他的投资途径。这种投资者投资热情的降低，又会使得企业在证券一、二级市场上的融资所得减少，从而形成一种恶性循环，影响到证券市场的有效性和资金融通的能力。

因此，研究和发现企业盈余管理的手段和动机，度量盈余管理的程度，通过法律和监管的方式，制定相应的法律法规，保证法律的执法力度，采取多种手段提高企业的信息透明度，控制企业进行盈余管理的程度，维护投资者的合法权益，已经成为世界各国证券市场健康发展的一个关键，也成了各国学术界共同关注和研究的问题。

中国资本市场具有最典型的新兴市场和转型经济双重背景特色。相比于成熟发达市场，新兴市场就意味着制度建设是伴随市场发展而不断地建立的，是“边干边学”的。很多企业不仅是处在向市场经济的转型过程，同时更是本身经历着所有制和经营机制的转换。因而，一方面上市公司对盈余质量的管理也是从不敏感到很敏感；另一方面，投资者的理性和对公司盈余质量进而对投资价值的认知也是一个学习过程。理性投资必然寻求基于盈余质量的价值投资，而对盈余质量的识别要建立在有效和透明的企业财务数据的基础上的，因而中国上市公司的盈余管理问题也日渐受到重视。一个对盈余管理和操纵建立起有效约束和惩罚的市场也是对投资者有效保护的市场。已有的对中国资本市场投资者保护方面的研究多从法律的视角出发，对于上市公司盈余质量管理的探讨也多集中在公司治理、会计信息和政策的变更等因素与盈余管理的相关性的分析。从内外部环境结合的视角出发，将投资者保护与盈余管理相结合的文章还为数不多。正是基于这个视角，本书利用讨论企业盈余管理水平与中小投资者保护之间的关系问题，对于改善中国中小投资者的法律保护，强化法律监管的效率，完善对中国上市公司的监管方式等方面都将具有积极和重要的意义。

1.1.2 研究视角与内容

本章所研究的“投资者保护”中所定义的“投资者”，指的是在股市中通过买卖上市公司股票进行投资的大量个人投资者，也称为上市公司的外部投资者。他们的特点是，为了分散风险，会对多个上市公司进行持股，因而，对单个公司的持股份额均较小。这部分投资者会运用上市公司的财务数据对上市公司的经营状况进行分析，关注上市公司股价的高低变化，并通过买卖股票进行投资盈利。但是这部分人所拥有的上市公司的信息较为有限，对上市公司的经营管理的决策权受到股份的限制而“股少言轻”，他们的权益往往会受到上市公司管理层和控股大股东的侵害。

本章在回顾了国内外大量的关于盈余管理、投资者保护的文献的基础上，总结提出无论是国内还是国外，对基于投资者保护视角的上市公司盈余管理问题的研究都还存在可以进一步深入研究的地方。在此基础上，本书从理论和实证分析的角度，讨论了投资者利益受损原因的理论基础，中国投资者保护的现状，并运用中国 2002—2008 年上市公司的财务数据、治理结构数据、中国宏观环境数据等对投资者保护和上市公司盈余管理的关系进行了实证分析。具体而言，本书的后面的组织结构包括如下几个方面：

本章的第二节从不同的角度进行了文献的回顾，并针对本书研究的重点对国内外的研究现状进行了深入的评述。

本章的第三节为理论分析部分。从经济学的视角分析了企业的管理层和控股股东为了谋求内部控制人利益，在利益驱动下往往会采用盈余管理和操纵的行为而对外部投资者利益进行掠夺的深层原因。这一部分的分析表明，仅仅只靠投资者自身的力量难以发现和有效监督上市公司的盈余管理问题，只有站在更高的层面上，从国家的宏观治理环境和法律法规的保护角度出发，制定和落实有效的法律，才能更好地保护投资者的合法权益。

本章的第四节分析了中国投资者保护与上市公司盈余管理的现状，说明了中国上市公司在过去的20年间，盈余管理的手段开始向复杂化、多样化、隐蔽化的角度发展，对监管部门的监管和投资者保护提出了更高的要求。而同时，在这段时期，中国的法律制度也在从20世纪90年代的探索、发展阶段，开始逐步向规范和完善的阶段发展，新《证券法》和新《公司法》的修订为投资者保护提供了更多的保证。最后，本章还讨论了股权分置改革后，中国上市公司的盈余管理仍然无法摆脱大股东谋求控制权私人收益的状况。大股东和大量的外部投资者由于目标不同、效用函数不同、信息不对称，导致了大股东会通过勾结上市公司的管理层通过盈余管理的方式来侵害外部投资者的权益。

本章的第五节、第六节为实证研究部分。在文献综述和理论分析的基础上，这一部分进一步讨论了目前学者所普遍采用的盈余管理度量模型，并选用修正的Jones模型，运用中国上市公司从2002年到2008年的5383个上市公司的财务数据和治理结构数据进行回归，度量了企业盈余管理的程度。并进一步运用上市公司上市地点、中国各省市宏观治理变量、上市公司受到监管部门的惩罚等多个变量，对中国的投资者保护和上市公司盈余管理程度进行了回归分析，证明了外部的宏观治理环境，如政府干预度、市场中介发展程度、市场化程度、法律的执法效力都有助于改善上市公司的盈余管理程度。同时，在这一部分，作者还引入了交叉项对国有控股的和民营控股的上市公司在盈余管理程度上的差别进行了进一步的探讨。这一部分的分析为下一部分政策建议的提出提供了较好的基础。

本章的第七节为结论和政策建议。在前人研究的基础上，结合本章的研究发现，作者从几个角度提出了有助于提高中国投资者保护，减少上市公司盈余管理的程度的建议。此外，作者在这一部分也对本章研究的不足和后续研究的可能性进行了讨论。

1.2　背景：中国上市公司盈余管理与投资者保护

1.2.1　中国上市公司盈余管理方式的演变

随着中国资本市场的不断发展以及和国外先进成熟资本市场之间的交流和沟通，中国对资本市场的监管和完善也在不断加强。从20世纪90年代开始，中国证券监督管理委员会就开始关注上市公司的盈余管理问题，并对相关的盈余管理行为进行了处罚。根据作者对证监会网站历年的处罚公告的分析发现，中国早期的盈余管理的行为方式还较为简单，主要是在公司利润的确认方式上进行操作，表现为将本年的利润违规调整入下一年度，或者是将之前年度的利润计入当年利润；为调高利润或避免亏损而虚假无故多计利润；在交易尚未完成时，就对利润进行确认。进入21世纪以后，上市公司的盈余管理行为就开始变得复杂和多样化，目前所存在的盈余管理的手段大致可以分为以下四类：关联交易、非真实交易、违规进行股票经营和滥用会计准则。表1.1总结了到2009年12月31日为止，证监会网站、深圳证券交易所以及上海证券交易所累计433个对上市公司及其负责人的处罚决议、公开谴责信息中中国上市公司盈余管理的方法的演变过程。

表1.1　中国上市公司盈余管理措施的历史演变

时　期	盈余管理类型	采取的具体方式
20世纪90年代	初级措施	虚假无故多计利润等
2000年及以后	关联交易	以高于或低于市场正常水平的价格卖出或买入产品等
	非真实交易	虚构销售、虚构投资理财行为、虚构技术转让或管理咨询服务等
	违规股票经营	非法通过个人账户进行自身股票的买卖
	滥用会计准则	少计提坏账准备、更改收入费用的发生期间等

资料来源：证监会网站、沪深证券交易所网站的历年公告。

关联交易，是指上市公司与和自己存在关联关系的其他公司之间进行的交易。在以调高利润为目的进行的关联交易中，上市公司通过向关联公司出售高于市场平均价格的产品提高收入，或者以低于市场正常水平的价格向关联方买入产品降低成本，从而达到提高企业当期利润的目的。但是上市公司这种为了提高盈利质量而过度从事关联交易，并且在公告或者财务报表中进行隐瞒的行为，已经违反了中国相关的法律法规。

非真实交易又可以分为三类：虚构销售行为、虚构投资理财活动、虚构管理咨询活动或技术转让。虚构销售的行为主要包括两种：一种是上市公司的单方面造假的行为，他们通过伪造企业的购销合同、海关的出口报关单、所得税免税文件、银行票据等企业确认销售所需要的相关文件进行利润虚增；另一种则是上市公司作为销售方与相应的购买方之间通过合谋，由销售方提供资金给购买方，再由购买方向销售方购买相关的产品或者服务，从而造成无实质性销售的利润造假。虚构投资理财行为与虚构销售行为类似，也是一种通过投资理财双方互相拆借资金，达到虚构投资理财业务和投资收益的行为。而技术转让和管理咨询服务往往因其难以用客观的市场价格进行标准化定价和衡量，而使得交易双方可以较为容易地隐蔽提高价格，从而虚增技术出让方或者是企业管理咨询方的利润。

违规股票经营是指上市公司非法通过个人账户对本公司的股票进行买卖的行为。这种行为通常发生在公司的内幕消息向外界传播之前，或是证券市场行情看好的大牛市下。当公司有重大利好消息即将对外公布，预期公司股票将会大幅上升时，公司内部控制人可以在利好事件发生的同时，利用自己或是他人的个人账户大量买入本公司的股票，而在利好消息对外公开以后，乘公司股价因利好消息大幅上涨的时刻进行抛售，从而获取超额收益。而在资本市场处于大牛市的时候，公司内部控制人也同样可能通过上述交易，利用公司内部的闲置资金为个人创造非法收益。

滥用会计准则通常被认为是一种最为隐蔽的盈余管理方式。上市公司可能违反权责发生制的要求，通过更改费用或者收入发生的期间，来调高或降低某一特定年度的利润。例如，某上市公司在 2010 年 1 月支付了该公司 2009 年发生的房屋租赁费，根据会计准则中权责发生制应采用配比原则的规定，这项费用本应在 2009 年度的会计账目中体现，但是该公司却将该笔费用计入 2010 年的费用，作为 2010 年的发生额。通过这种操作，该上市公司可以达到虚增 2009 年利润，并且调低 2010 年利润的目的。此外，上市公司也可能存在违反会计审慎性要求的行为，对根据市场价格变动，已经损失的存货和金融性投资未相应地计提跌价准备；对所投资的公司已经发生的损失，没有及时根据权益法核算计提长期股权投资减值准备并计入当期损益、未及时计提或少计提坏账准备等。

因此，从总体上看，中国上市公司盈余管理的手段和方式在过去的 10 年间，呈现出了复杂化、多样化、隐蔽性增强等特征。这就对中国的投资者保护提出了更高的要求。

1.2.2 中国投资者保护的进展及现状

从 20 世纪 90 年代中国证券市场建立以来，中国的投资者保护总体上来说，经历了一个逐步完善的过程。各种相关法律的相继出台和修订，标志着中国投资者法律保护程度的不断加强。但是，结合中国的国情，可以发现，在国有资金大量控股的历史背景下，中国上市公司中存在的一股独大现象较为普遍，国有股减持和股权分置改革的施行，使得这种现象在一定程度上有所缓解，但是仍然无法在短时间内改变中国上市公司中的控股大股东为了谋求控制权私人收益，而进行盈余管理损害外部投资者权益的状况。

沈艺峰等(2004)以标志性法律《公司法》(1994 年 7 月 1 日)和《证券法》(1999 年 7 月 1 日)的颁布实施为分界，将中国投资者法律保护划分为三个阶段:探索阶段(1994 年 7 月以前)、发展阶段(1994 年 7 月至 1999 年 7 月)、规范阶段(1999 年 7 月以后)。这此期间,一系列规范上市公司信息披露,控制上市公司关联方交易,维护股东表决权、知情权、起诉权的法律和法规的生效有效地增强了投资者维护自身合法权益的能力。2005 年 10 月 27 日,根据中国实际国情和资本市场的发展状况,进一步修订后的新《公司法》和《证券法》获得了第十届全国人民代表大会常务委员会会议审议通过,这标志着中国的投资者保护又迈进了一个新的阶段。为贯彻和保证《公司法》、《证券法》的顺利实施,国务院又随之修订、颁布了《公司登记管理条例》,同时证监会也相应地制定或者修订了 50 多个部门规章,对上市公司的股票发行、登记结算、信息披露等方面内容进行了更为严格和规范化的管理。同时,中国最高法院、国务院等有关部门也陆续根据修订后的《证券法》、《公司法》发布了 11 个配套的司法解释和规范性文件。上海证券交易所、深圳证券交易所也在证监会的指导和协调下,对相应的业务规则进行了清理,仅深交所在新《证券法》和《公司法》发布后的一年内制定、修订的业务规则就达到了 36 个。可以看到,《证券法》和《公司法》的进一步修订和颁布,及随后中国各个机关、监管部门颁布、实施和执行的相应的法律、法规都表明了中国对证券市场进行监管的力度和保证法律有效性的决心,不仅使中国的证券市场向着更加规范化和完善化的方向发展,也使得中国的投资者保护更为全面和完善,证券市场参与者各方面的利益得到了更好的平衡。因此,在沈艺峰、许年行和杨熠(2004)的基础上,我们可以进一步以修订后的《公司法》和《证券法》的颁布为标志,将中国的投资者法律保护划分为如表 1.2 所示的四个阶段。

表 1.2　中国投资者保护法律发展情况

阶　段	时　期	代表性法律法规
探索阶段	1994 年 6 月 30 日前	《股份有限公司规范意见》 《股票发行与交易管理暂行条例》
发展阶段	1994 年 7 月 1 日 至 1999 年 6 月 30 日	《中华人民共和国公司法》 《上市公司办理配股申请和信息披露的具体规定》 《企业会计准则关联方关系及其交易的披露》
规范阶段	1999 年 7 月 1 日 至 2005 年 10 月 26 日	《中华人民共和国证券法》 《上市公司治理准则》 《最高人民法院关于审理证券市场因虚假陈述引发的民事赔偿案件的若干规定》
完善阶段	2005 年 10 月 27 日 至今	修订后的《中华人民共和国证券法》 修订后的《中华人民共和国公司法》 《上市公司章程指引(修订)》 《上市公司股东大会规则》

资料来源:根据证监会等相关网站信息整理。

从表1.2中我们可以看到，从1990年证券市场建立开始，中国投资者法律保护在过去的20年中正处于一个逐步完善和改进的过程中，以平均每五年为一个周期，通过不断借鉴国外先进的证券市场监管方式和理念，逐步规范中国证券市场参与者的行为，保护投资者的合法权益。

1.2.3 新《公司法》和《证券法》对投资者保护的强化

修订后的新《公司法》主要从公司治理、股东权益等方面增强了对投资者的保护。主要体现在以下几个方面：①新《公司法》第16条，对利害关系股东的表决权进行了限制，即“公司为股东或者实际控制人进行担保时，被担保的股东或受公司的实际控制人支配的股东不得参与股东大会为决定该事项而进行的表决”。这一限制实际上强化和扩大了中小股东的表决权，从客观上保护了公司中非控股股东的权益。②新《公司法》第34条规定：“股东有权查阅、复制公司章程、股东大会会议记录、董事会会议决议、监事会会议决议和财务会计报告。股东可以要求查阅公司会计账簿。”这一规定保障了股东的知情权，使他们能够准确、全面、及时地获取所需要的公司相关信息。③新《公司法》第101条，赋予股东以临时股东大会召集权。④新《公司法》第106条，增设了累计投票制度，即“在选举企业的董事或者监事的时候，股东手中的每一份股权都拥有与待选举的董事或者监事人数相同的表决权，股东拥有的表决权可以集中使用”。⑤新《公司法》第143条，增设了股权回购请求权，保证了中小股东在对公司的经营决策存在质疑的时候，能够通过回购来防止权益被控股大股东或者公司管理层侵害。

而修订后的新《证券法》则主要是从证券市场的角度，增强了对投资者的保护。①新《证券法》第134条规定，借鉴国外经验，以证券公司缴纳资金及其他依法筹集的资金为基础，设立投资者保护基金。②明确了对投资者所受损害进行赔偿的民事责任制度。新《证券法》第69条规定：“发行人、上市公司公告的招股说明书、公司债券募集办法、财务会计报告、上市报告文件、年度报告、中期报告、临时报告以及其他信息披露资料，有虚假记载、误导性陈述或者重大遗漏，致使投资者在证券交易中遭受损失的，发行人、上市公司应当承担赔偿责任；发行人、上市公司的董事、监事、高级管理人员和其他直接责任人员以及保荐人、承销的证券公司，应当与发行人、上市公司承担连带赔偿责任，但是能够证明自己没有过错的除外；发行人、上市公司的控股股东、实际控制人有过错的，应当与发行人、上市公司承担连带赔偿责任。”这一新规定作为投资者权益受损时法律救济的制度支持，可以帮助投资者避免或者减少因上市公司盈余管理行为而带来的损失。③通过规范股票发行和上市行为，增强了对上市公司的监管。

从新《公司法》和《证券法》的相关条文中，我们可以看到，中国法律对证券市场上的投资者的保护随着时代和现实环境的变化也在不断地向完善和全面的方向发展。

1.2.4 中国投资者保护与盈余管理问题的特点

通常认为，在股权结构较为分散的上市公司中，企业管理层与外部股东之间的委托—代理问题是导致盈余管理的一个主要原因，股东的利益主要受到管理层的机会主义的损害。而在股权结构较为集中的上市公司中，往往存在着一个或者几个控股大股东，他们拥有比其他大量的中小股东更多的权利。此时，投资者的利益就容易受到公司管理层的机会主义和控股股东的谋求控股权私人利益的双重侵害。

在中国，大部分的上市公司最早都起源于国有企业，而国家政府为了保证对国有资产的控股地位，防止控制权被二级市场的流通性稀释，规定了公司 2/3 的法人股和国有股暂不上市交易，也就是我们通常俗称的“非流通股”。这就使得中国的上市公司中大部分的股权都集中在少数股东的手中，这部分人或组织进而就成为了上市公司的控股股东。这种人为保护和割裂所造成的股权分置的问题，成为影响中国证券市场健康发展的一个重要原因。一股独大、大股东操纵、虚假重组、恶意掏空上市公司等现象在中国的证券市场上屡有发生，导致证券市场的资源配置功能、投资增值功能、价格发现功能等基本的功能均难以发挥其应有的作用。

随着 21 世纪初中国股权分置改革的大规模展开，中国的上市公司开始逐步增加流通股的股份在总股份中所占的比例。但即使是在股权分置改革基本完成后的现在，我们仍可以发现，中国上市公司中普遍存在的“一股独大”的问题还是没有得到根本性的改变。图 1.1 显示了 1998—2008 年的 11 年间，中国上市公司的股权分布情况。图中的三条曲线表示了每年中国上市公司第一大股东持股比例、前五大股东累计持股比例、前十大股东累计持股比例的年度平均值。可以看到，从 1998—2005 年的 8 年间，中国上市公司第一大股东持股比例的平均值均超过了 40%，而前五大股东所累计掌握的股份比例均在 55%到 60%之间徘徊，前十大股东所累计掌握的公司股份的比例已经超过了 60%。但是，第六到第十大股东累计拥有的股权比例只占到公司总股份数的 3%左右。这说明在股权分置改革之前，中国确实存在着较为严重的一股独大，少数几个股东占据了公司的大部分股权的现象。随着股权分置改革的实施，我们可以看到，中国上市公司的股权集中度从 2006 年开始有所下降，三个指标的数据比起2005年均降低了4个百分点左右。但是，尽管从2007年开始“大小非”陆续到了解禁期，在2006—2008年的3年间，这三个指标并没有出现持续的稳步下降的趋势，而是继续维持在35%（第一大股东持股比例）、53%（前五大股东累计持股比例）和57%（前十大股东累计持股比例）左右。这一方面说明了，中国的股权分置改革的成果受到“大小非”解禁时间的限制还没有完全地呈现出来；另一方面也表明了，在中国的证券市场上，上市公司一股独大，大股东控制的现象还将继续在未来的一段较长的时间里存在。

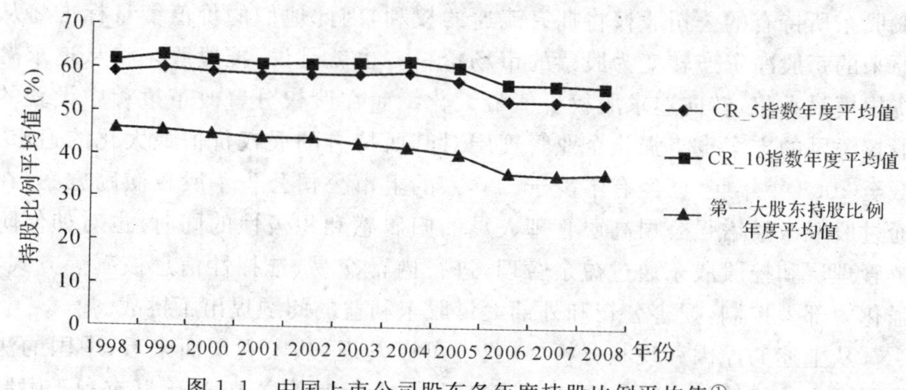

图1.1　中国上市公司股东各年度持股比例平均值①

数据来源：CCER数据库，1998—2008年上市公司治理结构数据。

在这种现实背景下，股权分置改革后，中国投资者保护还将面临一些新的问题和挑战。

第一，控股股东可能会利用其控制地位进行操纵市场的活动。上市公司的股权全流通后，随着市场运作规则的改变和市场机制强化作用的凸显，上市公司股东之间资金优势、股份优势和信息优势上的冲突将替代股权流动性的冲突成为股东之间存在的一个主要矛盾。股权分置改革后，原有控股股东的股份进入可流通状态，为控股股东利用控制地位操纵市场提供了可能性。在控股股东利益和股价息息相关的情况下，控股股东不仅拥有操纵市场的强烈动机，而且也具备了操纵市场的条件。尤其是在实施了管理层的股权激励计划后，上市公司的管理层普遍存在着利用控股股东的控制地位来进行盈余管理、获取超额利润的激励。在控股股东转让股权或者管理层的业绩考核之前运用盈余管理的行为蒙蔽投资者、抬高股价，可以提高控股股东的经营业绩和转让收益，而上市公司的管理层也可以借机从中获取更多的利益。

① 注：扣除第一大股东持股比例以及CR_5指数为负数的730个上市公司的数据后，共计130个数据。

第二，控股股东进行内幕交易的可能性增大。相比于大量的证券市场上的中小投资者，上市公司的大股东在公司决策和信息获取上具有较大的优势，在追求个人利益最大化的情况下，控股股东就有很大的激励参与内幕交易。而各种金融衍生产品的推出和融资融券制度的实施，为上市公司控股股东进行内幕交易提供了更为多样性和隐蔽性的手法，也将导致中国相关监管部门对上市公司内幕交易查处的难度加大。

第三，披露虚假信息的可能性加大。实施股权分置改革后，上市公司控股股东所持有的公司股权将拥有流通的权利，因此他们的价值衡量标准将从原来的每股净资产转变为股票的市场价格。也就是说，控股股东将从追求融资规模最大化，转向追求股权价值最大化。而在股权分置改革过程中设置的股权激励的方案也将强化企业管理层对其所持有的股权价值最大化的追求。截至 2008 年年底，已经有不少于 120 家的上市公司公告了股权激励方案，在通过股权激励增强公司高层管理人员的归属感和积极性的同时，也对如何防范管理层和控股股东通过盈余管理，进行内幕交易、选择性信息披露等方式，强化内部人控制，损害公司和外部大量股东利益的问题提出了挑战。

从上述的原因和现状分析中，我们可以发现，从宏观层面来看，中国的法律制度和法律法规在过去的 20 年间都处在不断完善之中，这无疑有利于限制盈余管理的行为，保护投资者的合法权益。但是，与国外更为先进和成熟的证券市场的监管方式相比较，中国的证券监管在惩罚力度上和执法的有效性上，都还存在一定的差距。深圳证券交易所和上海证券交易所，对于上市公司信息披露不及时的惩罚只是通过网站公示的方式进行公开批评，计入上市公司诚信档案作为惩处；而证监会所指定的处罚力度相比于国外较为成熟的法律体系而言力度也还较小。中国《证券法》第 177 条对于上市公司虚假记录、没有按照有关规定及时披露信息，有误导性称述或者信息披露有重大遗漏的，对上市公司发行人的惩罚为人民币 30 万元以上 60 万元以下，对负责人的处罚力度为人民币 3 万元以上 30 万元以下。而以美国为例，他们对于公司定期报告不真实的处罚达到 20～25 年监禁，并可以并处最高 500 万美元的罚款。这种差距使得中国上市公司进行盈余管理的成本相对较小，因此上市公司在不同的目的和利益刺激下进行盈余管理的程度较大。随着盈余管理行为隐蔽性的增大，只有通过中国的相关法律法规，加强对证券市场的监管，加大惩处力度，才能有效减少盈余管理的程度。

第四，中国地区差异很大，不同地区的文化建设、制度建设、经济发展程度也存在一定的差距。不同地区的市场化程度不同，法制水平不同，政府监管的力度不同，都会导致不同的地区对投资者保护的重视程度不同，对当地的上市公司的监管程度不同。而从上市公司自身这一微观层面上看，上市公司的公司股权结构和各利益方的诉求的不同，在股权分置改革的大背景下，中国的上市公司将继续运用多元化的、更为隐蔽的方式进行盈余管理，对投资者的利益造成侵害。这也将继续考验中国法律对投资者保护的效力和力度。

1.3 文献述评

最早的关于盈余管理的文章应该算是 Ball 和 Brown(1968)关于企业会计盈余与股价间相关性的分析。此后，会计盈余的有效性、企业盈余管理开始逐渐成为学者们研究的重点，并且逐渐向着两个研究方向进行深化：一方面，从实证会计研究的角度，讨论不同的会计科目和会计政策与企业盈余管理之间的关系；另一方面，从公司金融的角度，对公司内部治理结构、股权结构、再融资选择、管理者激励等与企业盈余管理之间的关系进行分析。总体上来看，国内外对企业盈余管理的研究也处于一个不断深入和完善的过程。

1.3.1 上市公司盈余管理定义及度量方法

盈余管理是指公司内部人，比如公司的管理层或者是掌握着企业经营管理大权的控股大股东，通过对公司的实际运营活动的更改，或者是通过权衡、操纵等方法，来改变财务报表中的信息，达到误导消费者的目的的行为。通常采用的盈余管理的方法有：通过平滑收益来隐藏公司的实际财务数据的波动，进行关联交易改变上市公司报告期的利润数量，或者是虚报盈亏来隐藏公司的巨额亏损(Leuz 等，2003)。以著名的安然公司倒闭案件为例，在公司倒闭前，公司内部人正是采用了虚报盈亏隐瞒公司巨额亏损的盈余管理方法，导致该公司在倒闭之前的盈亏数据完全失真，从而使得无数的公司投资人损失惨重。

目前，国内外所采用的盈余管理的度量模型主要有三种类型：总体应计利润分离法、特定应计利润法以及频率分布法。不同类型的模型各有其优缺点及适用性，一般而言，前两种模型主要用于度量企业对应计利润的操纵，而第三种模型则是从盈余管理的结果来计量盈余管理的效应。

1. 总体应计利润法

总体应计利润是指那些不影响当期的现金流入或流出，但是按照配比原则和权责发生制的规定，应该计入当期损益的收入或者费用(张祥建，2007)。企业管理层对利润的操纵，主要可以通过操纵企业的应计利润和经营性现金流来实现，但是，经营性现金流一般与公司真实的经济业务有着密切的联系，公司的股东和管理层的操纵成本较高。因此，一般上市公司会通过操纵企业的应计利润来进行盈余管理行为。这种通过应计利润的盈余管理进行的操纵往往具有成本较小、更为隐蔽的特点。采用这种方法时，学者们通常通过估计操控性应计利润的大小，从统计学意义上检验选定样本是否存在盈余管理行为。他们将总体应计利润进一步划分为可操纵的应计利润和非可操纵的应计利润两部分，用可操作的应计利润作为企业盈余管理程度的度量。具体来说，就是在总体应计利润模型下，总应计利润的数学期望即为非可操纵的应计利润，而总应计利润具体值与非可操控性利润之差即为可操纵的应计利润。

在总体应计利润法下对盈余管理的衡量模型包括以下几种：Healy(1985)模型、行业模型(Dechow 和 Sloaon，1991)、Jones(1991)模型、修正的 Jones 模型(Dechow 等，1995)等。这一方法能够从总体上对企业的盈余管理程度进行把握，同时在计算和操作方法上相对简单，所需要的度量数据较易获取，对所研究的企业没有特殊的要求。因此，总体应计利润法在对盈余管理程度的计量中是应用得最为广泛的一种方法。

2. 特定应计利润法

采用特定应计利润法来度量企业盈余管理的实证分析主要出现于 Moyer(1988)、Petroni(1992)、Beaver 和 McNichols(1998)、Petroni 等(2000)以及 Nelson(2000)的文章中。特定应计利润法和总体应计利润法的思路较为类似，都是将利润划分为可操纵性的应计利润和不可操纵的应计利润。但是，特定应计利润法更集中关注某个或者是某一类别的金额较大的特殊应计项目，通过对一个或者是某一组特定的应计项目进行建模，考察某些特殊的产业环境中上市公司的盈余管理行为。因此，特定应计利润法的使用，就要求能够识别出具体的影响盈余管理的应计项目，且要求这类项目的数额足够的大。如果无法判断上市公司运用了哪些应计项目来操纵盈余管理的话，就可能降低模型的效果。这也就同时要求研究者具有较高的制度背景，行业知识和大量的分析所需要的数据。其次，特定应计利润法往往局限于具体的行业或者是小样本的研究，因此在应用和推广上存在一定的难度。

3. 频率分布法

频率分布法是由 Burgstahler 和 Dichev(1997)提出的检验盈余管理是否存在的频率模型。盈余管理的频率分布法假设当上市公司不存在盈余管理的情况时，所有企业的盈余具有正态分布的特点，且其密度函数是光滑的。一旦在某一阈值处出现了盈余管理，则密度函数在阈值处就会出现不连续或者不光滑的现象。因此，通过对盈余管理分布的密度函数在阈值处是否光滑进行判定，就可以相应地推断出上市公司是否在阈值处存在盈余管理的行为。盈余管理的频率分布法能够较好地识别短期内企业为了达到某些目标而进行盈余管理的行为。但是，盈余管理的频率分布法是通过大量样本，考察在相同的经济背景下，上市公司盈余管理的总体结果，而不是用于衡量单个上市公司盈余管理的程度。

1.3.2 国内外对盈余管理的实证研究

1. 国外学者对盈余管理的研究成果

Cahan(1992)对企业盈余管理与反托拉斯法案之间的关系进行了分析，其研究表明政府行为对企业的经营活动有着重要的影响，企业为了达到符合或者规避相关政府部门的监管条款的目的，会运用多种盈余管理的方式来粉饰公司财务报表的数据，降低他们所面临的政策成本。他对 40 家美国化工企业的数据进行的分析证明了，企业往往会通过降低盈余的项目，来规避联邦交易委员会对企业市场垄断问题的调查。Chtourou(2000)在研究中，首先根据公司财务信息的不同特点，以非正常应计利润的多少为标准，将公司划分为两种类别。他在 1996 年美国的这两类公司中各找了 100 家作为样本，发现企业盈余被操纵的概率与企业审计委员会中外部成员的比例呈负相关，并且企业盈余管理的程度与董事会的规模、独立董事持有的股份数量也呈现出负相关的关系。

Sainty 等(2002)与 Davis 等(2003)的研究讨论了审计公司的审计质量与上市公司盈余管理的关系。他们不同的研究结果都证明了审计合同的时间越长，企业进行盈余管理的程度就越大。Davis 等(2003)运用了 1981 年到 1998 年间 855 家上市公司的数据进行分析，发现会计师事务所和上市公司之间的审计合同时间越长，越容易导致会计独立性丧失，使得审计师在审计的过程中更容易接受公司管理层对于公司交易和经营的解释，从而降低了公司盈余管理行为被发现的可能性。在这种被揭发的概率减少的情况下，公司对业绩进行盈余管理实现公司内部人谋求私利的激励和可能性就越大。Richard、Michael 和 Kim(2005)的文章中，用了更为完整的变量度量了会计师事务所的审计质量，在对 1984 年到 1996 年的 22576 家公司的分析中，他们证实了高的审计质量有助于减少企业盈余管理的程度。

2. 中国现有的盈余管理的研究成果

在对中国上市公司的数据进行实证研究的基础上，蒋义宏和魏刚(1998)，陈小悦等(2000)，Yu、Du 和 Sun(2006)的研究证明了证券监管部门的监管和处罚会促使企业进行盈余管理。根据中国证监会《关于上市公司配股工作有关问题的通知》,上市公司要进行配股需要满足在最近的三个完整的会计年度中,净资产收益率的平均值在10%以上,且在指标计算的期间内任一年的净资产收益率不得低于6%。蒋义宏和魏刚(1998)运用频率分布法中的直方图法分析了1993—1997年中国上市公司的样本,他们发现在1996年和1997年的样本公司中,净资产收益率(ROE)在10%左右波动的上市公司出现了明显的ROE现象。他们认为这些公司正是利用这种操纵净资产收益率的盈余管理的手段,以达到证监会所规定的配股资格要求。王亚平、吴联胜和白云霞(2005)运用频率分布法研究了中国上市公司为了避免发生亏损的盈余管理行为,发现1995—2003年中国上市公司都存在为避免亏损而进行的盈余管理行为,其中1996年以及2001—2003年的盈余管理的频率和幅度都较高,且2001—2003年盈余管理的程度逐年上升,平均有65%的公司进行盈余管理并成功地达到了避免报告亏损的目的。王跃堂(2000)运用ROE直方图和Spearmen秩相关分析的统计检验方法,基于契约理论的观点,对1998年A股上市的745家公司的数据进行了研究,发现证券市场的监管政策是上市公司在选择短期投资减值、存货减值和长期投资减值等的会计政策时的一个重要影响因素。陆建桥(2002)为研究亏损公司在出现亏损问题的当年及其前后年份中盈余管理的程度,选择了上海证券交易所上市公司中的22家亏损公司的数据进行分析,发现这些公司为了避免证监会的三年连续亏损要被停牌的规定,在出现亏损现象的当年以及亏损发生的前后年度中,普遍存在着运用盈余管理调增或者调减公司收益的行为。

刘立国和杜莹(2003)以财务舞弊的程度作为判断企业盈余管理程度的指标,以从1994年到2002年6月为止,受到证监会处罚的上市公司为样本,将这些企业的董事会的特征、公司的股权结构与公司财务报表舞弊的现象进行了实证研究和分析。他们发现,企业流通股占总股份数的比例越高、企业内部董事在董事会中所占的席位越少,企业发生财务报表舞弊的概率就越小。

李常青和管联云(2004)收集了1262个上海证券交易所的上市公司数据,发现样本公司盈余管理的水平和该公司第一大股东的持股比例之间的相关关系为一种倒U形的形态。这说明公司的股权集中度过高或者过低都不利于公司的治理机制发挥出有效的作用,也不利于提高公司的财务信息的质量。张祥建和郭岚(2006)选取了456家从1998年到2002年间实施配股的上市公司样本,用行业截面数据和修正的Jones模型,同样证明了这种U形关系的存在,并且计算出该相关关系的临界点为53.2%。他认为公司的大股东所采用的盈余管理手段不仅仅侵占了中小股东的财富,误导外部投资者的投资决策,而且会同时影响上市公司的声誉和公司价值。钱海婷(2008)年利用

2005年到2006年期间,在上海证券交易所和深圳证券交易所A股上市的、共计1243家企业的样本,通过频率分布法对企业的盈余管理进行了分析。她的研究发现企业大股东控制权的大小和企业盈余管理的程度之间存在正相关的关系,因此中国上市公司所采用的股权控制集中化的现象是不合理的,因为这可能会导致公司存在较大程度的盈余管理的行为。

综合国内外学者对上市公司盈余管理问题的研究,我们可以发现,在上市公司中,股权比例的分配往往是影响其进行盈余管理的一个要素,公司的控股大股东通常会通过盈余管理的手段来掠夺企业外部中小投资者的利益。政府政策和有效的监管方式也会相应地影响公司盈余管理的程度,上市公司往往通过调整其盈余管理的程度来达到监管部门的要求或者规避监管部门的惩罚。此外,会计师事务所的审计工作,是上市公司财务报表披露前的关键一环,它对投资者所获取的财务信息的准确性和有效性有着直接的影响,而实证研究证明了审计事务所的工作也会是影响上市公司进行盈余管理的一个重要因素。因此,通过相应的法律法规规范上市公司的审计规范,保证会计师事务所审计的独立性和合规性也是保护投资者的一个关键环节。这些对于盈余管理问题的分析和研究思路,也正是本书在论证中加以借鉴的。

1.3.3 国内外对投资者保护相关问题的研究成果

Rafael La Porta、Florencio Lopez-de-Silanes、Andrei Shleifer 和 Robert W. Vishny(简称"LLSV")自1997年起,发表了一系列的文章,提出了投资者保护的法律论,从法律的角度解释了不同国家在投资者保护的程度上存在的差异。他们的研究结果认为,法律规则的改变有助于提高对投资者保护的水平,增强企业外部融资能力,同时也可以提高投资者的投资信心。他们的研究还从投资者保护与资本市场发展程度,投资者保护与公司治理,投资者保护与公司的价值,投资者保护与企业的股权结构等方面进行了探讨(LLSV,1997,1998,2000)。LLSV在1997—2000年发表的数篇关于投资者法律保护方面的文章不仅仅打开了从投资者保护的角度研究公司运营和治理问题的新视角,也为后续的研究奠定了良好的基础。

Fan和Wong(2002)找了7个东亚新兴市场的数据进行研究,他认为东亚地区的公司具有相当高的股权集中度。这些新兴市场对投资者的保护较弱,且公司的内部和外部控制机制的效果都较弱,因此上市公司的大股东往往会利用他们对企业的控制权,掠夺中小股东的权利。这种股权结构的不合理性会降低公司财务报表和盈利信息的可信度。Thomas G. O'Connor(2006)的文章从公司交叉上市的角度对投资者保护进行了分析。他认为,通过在美国交叉上市，企业受到美国更加完善的监管法规和法律保护体系的约束，能够更好地提供会计信息，保护投资者，从而也有利于这些上市公司向本土投资者提供更好的信息披露和投资者保护。这一观点与 Coffee(1999, 2002), Doidge(2004), Doidge、Karolyi 和 Stulz(2004), Reese 和 Weisbach(2002), Stulz(1999), Lins、Strickland 和 Zenner(2005)等人的观点不谋而合。Jannine Poletti Hughes(2009)的文章运用了欧洲 12 个国家的 1557 个观测数据进行分析，发现好的投资者保护对公司价值有积极的作用。

王艳艳(2005)的文章中，对审计在投资者保护中所起到的作用进行了探讨。她认为从微观上来看，审计在对投资者的保护中，能够起到信号显示、监督鉴证和保险的作用。从宏观层面进行分析时，她认为在投资者法律保护较强的地区，审计的补偿机制起作用，审计可以看做是法律的执行机制，缓解企业中的代理问题；而在投资者法律保护较弱的地区，审计可以作为法律的替代品，起到保护投资者权益的作用。陈胜蓝和魏明海(2006)的研究利用 2001—2004 年中国 31 个省份共计 911 家 A 股上市公司数据为样本，通过构建不同省份的投资者保护程度变量，考察财务会计信息的质量。他们的研究表明，在投资者保护程度较弱的省份的上市公司，他们所提供的财务报表信息具有更高的质量。他们在解释这一实证结果时认为，这是对该省份投资者保护较弱所带来的负面效应的一种补偿。吕长江和肖成民(2007)的文章在对 LLSV 模型进行扩展的基础上进行分析，认为投资者的法律保护程度越高，投资者的利益被最终控制人侵占的程度就越小。他们认为通过加强对投资者的法律保护，提高对上市公司信息披露的要求，能够制约最终控制人的利益侵占行为。

1.3.4 国内外对盈余管理与投资者保护之间关系的研究

Leuz、Nanda 和 Wysocki(2003)收集了 31 个国家的数据，对盈余管理与投资者保护的关系进行了分析。在文章中，他们提出了两个相反的假设："转移假说"和"惩罚假说"。"转移假说"认为，有效的投资者保护能够限制上市公司的内部控制人利用控制权谋取私利的余地，从而减少了内部控制人谋求私利的行为，减弱其进行盈余管理的动机。在"转移假说"成立时，盈余管理程度会随着投资者保护力度的加强而减弱，两者呈现负相关关系。而"惩罚假说"认为，如果一国的投资者保护程度越高，监管机构发现公司内部人在进行利益传输的时候，所给予的惩罚就越严厉。因此，在假定内部人可以通过盈余管理，降低利益输送被监管机构发现的概率的前提下，Leuz 等认为，公司内部人会通过提高盈余管理的程度，来降低受到惩罚的概率。因此，当"惩罚假说"成立的时候,有效的投资者保护反而会促进内部控制人进行盈余管理,此时企业盈余管理的程度和投资者保护程度呈现正相关关系。而他们随后在文章中对31个国家1991—1999年间的70955个检验证明了"转移假说"的成立,即有效的投资者保护能够减少公司的内部控制人进行盈余管理。

Chung-Hua Shen和Hsiang-Lin Chih(2005)的研究则集中于银行业的盈余管理与投资者保护之间的关系。他们运用了48个国家1993—1999年的共计47260个银行样本数据,发现银行的确会为了避免发生亏损和利润下降而进行盈余管理行为,且避免报告负利润对银行进行盈余管理的刺激作用更大。他们同时也提出,在对银行业进行分析的时候,各国投资者的保护程度高并不能带来银行盈余管理的降低。他们认为在讨论投资者保护与盈余管理的关系的问题时,需要加入对不同行业特征的考量。

Kriengkrai、Gary和Sandeep(2006)选取了31个国家的57610个企业从1994年到2003年的数据,运用八个投资者管理指标,即非董事的权力、法律系统的效力、法律的法条、腐败程度的数据、股票市场的比率、人均拥有的国内企业数量、IPO数量以及所有权的集中度进行研究,运用族群分析法(K-mean cluster analysis)和回归分析法,发现在机构保护程度比较低的国家,应计项目的质量和盈余的可预测性较高。

Defond、Hung和Trezevant(2007)的文章中,通过借鉴Leuz等(2003)对盈余管理的度量方法测度盈余质量。他们认为盈余管理程度越小,盈余质量就越高。在此基础上,他们利用了1995—2002年26个国家共计53197个数据进行分析发现,一般而言,在投资者保护程度较高的国家中,盈余质量越高。也即说明了这些地方的企业进行盈余管理的程度越小。

国内学者对上市公司盈余管理与投资者保护之间关系的研究与国外学者的研究相比还较少,研究的方向往往集中在投资者保护与公司的价值、企业的权益成本之间的关系等方面。以沈艺峰、肖珉和黄娟娟(2005)的研究为例,他们分析了中国的相关证券法律法规的建立过程,发现中国法律经历的是一个逐步健全的过程,经历了从弱到强的阶段。同时,他们收集了1993—2001年中国上海证券交易所和深圳证券交易所中进行股权再融资的上市企业数据,考查了不同历史阶段中,中国企业的权益成本随着投资者法律保护的增强而逐渐减弱。王力军(2007)利用2002—2004年中国上市公司的2310个样本进行检验,发现以托宾Q为度量的上市公司价值受到公司外部治理环境和治理机制的影响,地区的竞争越完善,法治水平越高,政府干预越少的地方,代理问题越小,公司价值越高。同时,他的研究也发现,公司在海外上市对提高公司的价值有积极作用。

从上述的文献综述中我们可以发现，虽然国外学者针对盈余管理与投资者保护方面的文献较为丰富，但是也存在着一定的不足。这些国外学者在进行分析时，往往利用的是跨国的数据进行回归，并没有针对中国国情进行探讨和研究的相关文章。而国内学者的研究，对于盈余管理与投资者保护之间的分析还有待进一步的深入和提高。本书正是在这样的基础上，利用中国各个地区多个年度的面板数据，以投资者保护为切入点，进行盈余管理与投资者保护之间的相关性分析的。

1.4　盈余管理与投资者保护的理论框架和研究假说

证券市场上大量的投资者通过购买股票成为上市公司的股东，参与公司的经营管理。但是通常情况下，他们对公司的股份不具备绝对的控股权，投资者与公司管理层之间，投资者中的中小股东与大股东之间存在的地位不均等、信息不对称问题使得企业的外部投资者成为资本市场上的一个弱势群体。

对投资者进行保护，不仅仅是中国证券市场公平、公正、公开“三公”原则的必然要求，对于整个资本市场的发展也具有重要的意义和作用。契约理论的“契约刚性”假设，委托—代理理论中的信息不对称导致的“道德风险”和“逆选择”问题，“智猪博弈”模型中外部小股东的监督激励不足导致的“搭便车”行为都可以用来解释上市公司的管理层进行盈余管理，侵害外部投资者的利益的原因。此外，上市公司的控股大股东们，他们与这些拥有公司较少股权的外部投资者之间存在着不同的利益目标和效用函数，他们与小股东之间也存在着同样的信息不对称问题和“智猪博弈”中的策略选择问题。这些控股大股东为了获取他们的控制权私人收益，往往会勾结上市公司的管理层，共同做出侵害小股东权益的盈余管理的行为。

但是，资本市场的投资者一旦观察到代理人的这种机会主义的行为，就会相应地提高投资溢价，表现为更低的股票购买价格、更高的股票分红要求等。这种更为苛刻的融资条件会造成资本市场上“劣质企业驱逐优质企业”现象的发生。那些对于投资者保护较好的企业会因为不愿意接受这种融资条件而退出资本市场，而对于投资者保护较差的企业则会选择接受融资条件。如果公司的管理层对于投资者的这种利益掠夺恶化到一定的程度，将导致资本市场退化为一个“柠檬化”的市场。因此，对投资者进行合理的保护不仅仅对投资者个人，对企业和资本市场都具有极为重要的意义和作用。

1.4.1　契约理论框架下“契约摩擦”导致的盈余管理

建立在契约观上的盈余管理研究，基于两个假设基础：①契约关系人追求利益最大化；②契约具有不完全性。Jensent 和 Meckling（1976）提出的契约理论认为企业是“一系列契约的联结”，是契约各方以追求个人效用最大化为目标，进行博弈的结果，企业通过努力降低契约成本来获得长期稳定的发展。在这一理论下，利益双方通过制定各种不同的契约来维系企业的投入和分配。此时，会计信息，尤其是其中的会计盈余信息常常作为考察企业经营管理业绩的一个重要指标，被用于度量契约相关各方对企业的投入，确定他们根据契约中所制定的规则应该得到的回报数额是多少，检验契约的履行情况，保护契约各方的合法利益，并且作为后续契约谈判和签署的基础。

但是企业中大部分的管理契约和报告规则往往具有固定和僵化的刚性的特点，比如说债务契约、报酬契约以及政府所指定的契约（税收制度等）。这些契约在现实中都面临着随企业情况和经济发展变化而变化的压力，但是它们却往往一旦被设定，在一段时间内就不会轻易进行改动。因此，契约履行在现实中的实现条件和前设条件的不相符合必然会导致在契约的实施中，契约某一方的利益无法得到满足，或是契约的利益双方产生矛盾和摩擦。此时，就会出现企业的管理层运用盈余管理来解决由于报告规则和管理契约与现实情况发生不一致而引发的一系列问题。这种由契约刚性而导致盈余管理行为的情况就被称为“契约摩擦”（张祥建，2007）。这里的契约既可能是显性的契约，如薪酬奖金计划、借款契约、税收协定等；也可能是隐形的契约，比如代理人竞争和企业管理层的变动、审计合同、公司治理制度等。

“契约摩擦”所导致的盈余管理从本质上来看，是由于企业内部控制人和外部股东之间存在的利益冲突，企业的控股股东和管理层作为企业的内部人通过牺牲外部人的利益为代价来增加自己的福利水平。为了防止公司的外部人发现内部人所掌握和利用的内部控制人利益，内部人往往会通过盈余管理的方式来隐藏企业真实的业绩及其对公司利润的私人控制程度。企业的管理层作为会计选择的执行者和企业真实会计信息的知情者，有极强的激励去选择和使用能够使自身效用最大化的会计政策和方法，通过采用一定的盈余管理的方式，影响会计盈余的数字来达到影响利益分配的目的，从而使得契约的签订或履行能够以对自己最有利的方式发展。

1.4.2 委托—代理关系中“沟通阻滞”导致的盈余管理

投资者通过在证券市场上投资，买入公司股票后，就依法成为了上市公司的股东，法律平等地赋予了所有的公司股东对公司的重大事项进行决策的决策权；根据所持有的股份比例享有公司的资产和盈利的所有权；了解公司的经营状况的知情权；对公司的经营利润进行分红的分红权等多项权利。但是在世界经济发展的日益多元化、分工化、对资源配置的要求更为合理化的趋势下，大量的资本市场投资者往往不具备良好的管理企业的专业能力，因此需要具备经营管理才能的职业经理人来代表他们进行企业的日常管理。所以，股东虽然通过购买市场上的流通股份，成为公司的股东而有权参与公司的经营管理，但是真正进行管理的是公司所雇用的职业经理人，也就是公司的管理层，从而两者之间形成了一种委托—代理关系。

这种上市公司中所有权与控制权分离的现状，导致了公司管理层与投资者的利益导向存在一定程度的偏差。拥有公司所有权的投资者追求投资收益的最大化，即二级市场上股票价格最大化；而掌握公司的高级管理层往往具有更为多元化的行为动机，除了最为基本的获得经济收益外，还包括了利用上市公司的声誉提高自己的社会地位，增加自身调动和掌握资源的能力，以及满足自我价值的实现目标等。因此，在股权结构较为分散的公司中，公司的管理层与大量投资者之间行为动机的不一致，就可能导致管理层为了谋取个人私利而损害投资者的合法权益，从而产生委托—代理问题。

在这种委托—代理关系中，上市公司的管理层较之其他公司的利益相关团体而言，对信息的掌握更为充分和及时，从上市公司公开披露的财务信息、经营状况、现金流水平，到较为隐秘的公司前景、未来发展方向等内部信息都可以被公司的管理层在第一时间所掌控。但是，由于获取、储存和处理这些信息具有极高的成本，其他利益相关者所能够掌握的信息就相对较为稀少而且比较片面了。这种信息不对称的状况，阻碍了公司内、外部的利益集团对企业真实信息的交流和沟通，形成了“沟通阻滞”（张祥建，2007），即公司的管理层不能或者不愿意向其他的利益相关方提供全部私人信息，或者是为了达到私人目的而传递不真实的信息。这种“沟通阻滞”的现象可以说是盈余管理存在的一个前提，在委托人与代理人的最优化目标函数不一致的情况下，公司的管理层会通过各种方式来掩盖有损自身利益的信息，或是传递对自身利益有帮助的私人信息，从而保证或者提高了自身利益，而牺牲了股东利益。

早期的委托—代理模型中的阿罗—德布勒范式是建立在人具有完全理性、交易成本为零、信息具有对称性和完全性的假设上的。在这种情况下，代理人行为完全已知，因此股东能够无成本地监督代理人行为，促使管理层的目标内在化，从而能够避免委托—代理问题的发生。但是，在现实生活中，这种合约所需要的条件往往是无法得到满足的，从而出现了合约失灵的现象。所以，交易成本和信息不对称，经济人行为的有限理性，导致投资者难以有效监督和制约上市公司的盈余管理行为的现象，造成了投资者的利益受到上市公司内部人的侵害。通过有效的监督，强化公司内部人和外部投资者之间的信息沟通，减少"沟通阻滞"将有助于保护投资者的合法权益。

1.4.3 博弈模型下外部投资者权益受损的原因分析

如上所述，中国上市公司的大量投资者在分散投资的目的下，持股比例往往较低，而中国资本市场的发达，也使得上市公司的地点分布较为广泛。因此，投资者在行使自己的投票权前，往往还需要自费支付相应的交通费、食宿费以及大量的时间成本，增加了他们行使股东权利的成本。一般情况下，由于所持有的股票份额较少，这些投资者参与投票可以获得的收益也较为有限，不足以补偿他们投票的经济成本。因此，在高昂的维权成本下，一个理性的股东往往会出于"搭便车"和"理性的冷漠"的心理考虑而选择不参加股东大会。绝大多数投资者不行使股东权利的结果，无疑将便利控股股东的侵害行为。此外，相比于外国资本市场上的投资者，中国大部分的投资者的维权意识通常较差，只注意投资的回报率，而忽略了维护自身利益的重要性，更谈不上利用自己的行为去维护自己的合法权益。

本书接下来将尝试使用博弈模型来进一步分析投资者维护自身权益的动力和原因。假设上市公司的管理层会以概率 p 侵害投资者的利益，而股东对管理层的行为进行监管的概率为 q，监督的成本为 C，C 是监督强度 H、公司规模 L、持股比例 g 的函数 $C(H,L,g)$。如果上市公司管理层没有运用盈余管理的方式侵害股东权益，股东可以获得的收益为 R_1，管理层获得的收益为 r_1；如果管理层使用盈余管理掠夺股东权利，则股东利润下降为 R_2，$R_2<R_1$，而管理层的收益上升为 r_2，$r_2>r_1$。

如果股东对管理层的盈余管理行为进行监督，则他们可以以概率 h 发现管理者的盈余管理行为，此时管理层将被勒令停止侵害行为，股东的收益将恢复到 R_1，而管理层的利润将被剥夺，收入为0，且将被处以数量为 F 的罚金。因此，我们可以得到上市公司的股东与管理层的收益矩阵，如表1.3所示。

表 1.3　管理层侵害与股东监督行为的收益矩阵(管理层收益,股东收益)

	股东监督	股东不监督
管理层进行侵害	$-h\times F+(1-h)\times r_2$, $h\times R_1+(1-h)\times R_2-C$	r_2, R_2
管理层不进行侵害	r_1, R_1-C	r_1, R_1

资料来源:段亚林:《论大股东股权滥用及实例》,经济管理出版社 2001 年版。

根据表 1.3 可以计算得到管理层的期望收益为:

$$Er=p\times q\times[-h\times F+(1-h)\times r_2]+p\times(1-q)\times r_2+(1-p)\times q\times r_1+(1-p)\times(1-q)\times r_1$$

股东的期望收益为:

$$ER=p\times q\times[h\times R_1+(1-h)\times R_2-C]+p\times(1-q)\times R_2+(1-p)\times q\times(R_1-C)+(1-p)\times(1-q)\times R_1$$

假设公司管理层和股东均为追求利益最大化的理性人,那么,必有 Er 对 p 的导数为零,且 ER 对 q 的导数为零,即下述两个方程成立:

$$q^*=(r_2-r_1)/[h\times(F+r_2)]$$

$$p^*=C/[h\times(R_1-R_2)]$$

由混合均衡战略,我们可以知道,公司的股东对管理层进行监督的最优概率为:

$$q^*=(r_2-r_1)/[h\times(F+r_2)]$$

而上市公司管理层进行盈余管理侵害股东权益的最优概率为:

$$p^*=C/[h\times(R_1-R_2)]$$

在此基础上,我们可以进一步对影响 p^*,即上市公司管理层进行盈余管理行为概率的因素进行分析:p^* 与 C 成正比。C 越大,表明股东的监督成本越高,这说明在其他条件不变的情况下,股东对管理层盈余管理行为的监督难度就越大,因此管理层进行盈余管理侵害的概率就会越大。p^* 还是股东施行监督发现管理层盈余管理行为的概率 h 的减函数。这表明,股东越是容易发现管理层的盈余管理行为,则管理层进行盈余操纵的风险就越大,则其进行盈余管理行为的概率就越小。p^* 还进一步地与(R_1-R_2)成反比,这是因为,盈余管理的行为对股东权益的侵害越大,就越容易引起股东的注意,导致他们增强监督的力度,增大管理层受到惩罚的可能性,因此管理层为了逃避惩罚,也会相应地减少对股东权益的侵害。

对影响股东监督管理层行为的概率 q^* 进行分析可知:q^* 是惩罚力度 F 的减函数。这表明如果对管理层的盈余管理行为进行惩罚的力度越大,我们就可以预期上市公司的管理层就会为了避免惩罚而减少盈余管理的行为,从而上市公司的股东进行监管的行为就会相应地减少。q^* 同时还是监管成功概率 h 的减函数，这是因为，一旦公司的股东监管的成功率提高，公司管理层因为惧怕盈余管理的行为被发现就会相应地减少盈余管理的行为，因此股东就不需要经常进行监管，则 q^* 减小。此外，q 还与(r_2-r_1)的值成正比。(r_2-r_1)表明上市公司通过盈余管理的行为能够获得的收益的增加。这种收益的增幅越大，管理层进行盈余管理行为的激励也就相应地越大，盈余管理发生的概率也就越大，因此股东进行监管所需要付出的努力也就越多。

从上面的分析中，我们可以看到，要防止上市公司管理层进行盈余管理，损害投资者利益的行为，我们一方面需要通过公司股东和外部监管部门、政府力量的共同努力，增强对上市公司的监督；另外一方面，也需要充分发挥法律的作用，加大对那些进行盈余管理的公司的惩处力度。

1.4.4　控股大股东侵害与投资者权益保护不足

上市公司的控股大股东因为持有较大份额的公司股份，往往对公司的决策有着较大的影响力，甚至可以直接干预公司日常的经营管理行为。但是大股东与外部投资者之间，存在着目标不一致、最优化效用函数不同、信息不对称等问题，这就使得控股股东在追求自身利益最大化的同时，往往会利用他们在公司所拥有的控股权地位侵占大量外部投资者的利益。

1. 控股大股东与外部投资者的差异

首先，控股股东与外部投资者之间同样存在信息不对称的问题。公司的控股股东因为掌握着公司大部分的股权，往往能够指派代理人或者直接参与到公司的管理中，从而能够监督公司的经营活动和重大决策。从这个角度上看，控股股东和公司的管理层一样，能够以较低的成本获得公司的内部信息。因此相比于外部投资者，大股东具有较为明显的信息优势。而对那些上市公司的外部投资者，也就是证券市场上大量的投资者们而言，他们往往会为了达到分散风险的目的，而将手中的资金投入到不同的上市公司中。这一方面导致他们在每个公司的投资资金都相对较少、持股比例都较低，因股少而言轻，在监督上市公司的经营管理活动中，存在一种“搭便车”的心理，对参与公司的经营活动和决策结果没有热情。另一方面，对多个上市公司持股投资的结果，也使得他们没有精力对每个公司的经营状况都进行深入和详尽的了解。分析中国上市公司 1998—2008 年 11 年间的数据，我们可以看到，中国证券市场每年平均股东大会会议的出席率几乎都不超过 60%，并且还呈现出逐年下降的趋势(见表 1.4)。因此，在上市公司控股股东和经营者故意隐瞒上市公司信息等信息披露不足的情况下，这些投资者通常无法获得上市公司真实的经营管理状况，而成为信息劣势方。在这种信息不对称的环境下，上市公司的控股股东，就可能为了谋求控制人的私人利益而运用不同的盈余管理的手段侵害外部投资者的权益。

表 1.4　1998—2008 年中国上市公司股东大会出席情况

年　度	年度股东大会会议的出席率（平均值）（%）	公司股东总户数（平均值）	年　度	年度股东大会会议的出席率（平均值）（%）	公司股东总户数（平均值）
1998	62	49533	2004	54	46138
1999	60	47631	2005	57	42106
2000	57	53572	2006	52	36884
2001	57	55956	2007	48	59796
2002	56	52431	2008	49	67768
2003	55	49222	汇总	55	51410

资料来源：CCER 数据库，上市公司治理结构数据 1998—2008 年。

其次，上市公司的控股股东和外部投资者的目标不同，因而利益最大化的效用函数也不同。证券市场上大量上市公司的外部投资者对公司的投资通常只能以其持有的股份比例为基准，获得公司经营管理的剩余收益。但是，公司的控股股东除了持有公司的股份外，对公司的经营管理还具有较大的影响力，因此，他们追求的往往是包括控制权私人收益在内的整体利益的最大化。而这种控制权私人收益正是大量的外部投资者所不能获得的，并且也往往是需要以牺牲外部投资者的利益为代价的。Bebehuk(1999)提出，当投资者保护的法律较弱时，大股东将会滥用其所拥有的控制权优势，进行损害外部投资者利益的活动。Shleifer 和 Vishny(1997)指出，上市公司的控股股东可以利用他们所掌握的实际控制权，用法律很难证实的，甚至是合法的方式，通过损害外部投资者的利益来谋求控股权的私人收益。

因此，在上市公司股权较为集中，大股东握有公司的控制权的情况下，投资者利益不仅仅会受到上市公司的管理层的损害，还会受到公司控股大股东的侵害。

2. 控股大股东与外部投资者之间的“智猪博弈”

段亚林(2001)认为，可以利用完全信息的静态博弈模型，来解释公司的控股股东与外部投资者之间的监督关系，讨论外部投资者权益受损的原因。他的研究结果认为，中国上市公司中，股东数量越多、公司的股权结构越分散，则持有较少股份的外部投资者对控股股东和公司管理层的监管投入就越不足。但是，控股股东滥用控制权的概率和外部投资者等中小股东所提供的监管服务是成反比的。不同股权数量的上市公司股东对公司的监管行为的选择可以用“智猪博弈”的模型进行解释。

在“智猪博弈”模型中，拥有上市公司较多股份的投资者，例如公司的控股股东，相当于模型中的大猪，而那些拥有较少的公司股份的投资者则可以看做是模型中的小猪。拥有公司较多股份的控股股东相比于那些只拥有公司很少一部分股份的外部投资者来说，他们提供监管的外部性较小。因此，这些拥有较多公司股份的股东往往比较愿意对管理层的活动进行监督；而小股东则会倾向于实行“搭便车”的策略。

表1.5 控股股东与外部投资者之间的“智猪博弈”矩阵(大股东，小股东)

选 择	小股东监督	小股东不监督
大股东进行监督	6，−2	6，2
大股东不监督	10，−2	−5，−1

在表1.5中，假设大股东持有5%的股权，而小股东仅持有公司1%的股份，在不存在盈余管理的情况下，大股东的收益为10个单位，小股东的收益为2个单位。而无论谁进行监督，监督成本都为4个单位，即，如果大股东和小股东都施行监督工作，则大股东的收益将减少4个单位，为6个单位，而小股东的收益为2−4＝−2个单位。但是，如果两者都不进行监督，公司的管理层将会运用盈余管理的方式掠夺两者的权益。这种权益的受损将根据他们所承担的上市公司的股份按照比例进行分配，即大股东的权益减少15，小股东的权益减少3。因此，在这个博弈中，仅存在一个纳什均衡即小股东将选择不进行监督，而大股东对公司管理层进行监督。如果这一博弈发生在小股东与控股大股东之间，同样的也会产生小股东“搭便车”的行为。因此，控股股东可能会利用外部投资者这种对企业管理状况监管不足，对会计信息质量较为麻木，掌握的信息不对称的弱势，对上市公司进行盈余管理，损害小股东的利益。此时，控股大股东就会和上市公司的管理层一样，在这一博弈中成为小股东的对立面。而小股东在这种新的博弈中，受到信息不足、经济能力不强势的劣势影响，还将继续选择不监督的策略。而上市公司的管理层和控股大股东，将会利用盈余管理谋取控制权的私人收益，让小股东成为这场博弈的最大受害者。

1.5 研究假说

根据本书前几个章节从契约理论、委托—代理理论和博弈论等观点对上市公司盈余管理的原因和其对投资者利益的损害的分析，我们可以看到，盈余管理通常被上市公司的管理层或者是控股大股东作为损害外部投资者利益的一种手段。因此，为了保护广大投资者的合法权益，就需要通过公司的内部治理结构的优化，以及通过外部公司治理环境的改善来影响上司公司管理层和控股股东的自利行为，减少盈余管理的程度，增强投资者的保护。上市公司所处的外部治理环境，及其公司自身的内部治理结构与公司的盈余管理程度之间存在一定的相关关系。完善的内部治理结构和相对较好的外部治理环境均能对保护外部投资者的利益起到重要的作用，有助于减少上市公司的盈余管理行为。

因此本书从三个层面出发，对投资者保护与上市公司盈余管理程度进行进一步的实证研究：

1.宏观层面

一般而言，上市公司所在地的外部治理环境，如法制环境、市场化程度和政府干预程度都会影响到对上市公司的监管以及对投资者的保护。因此，从宏观层面上，可以提出以下三个假设：

假设1：一个地区的市场化程度越高，说明该地区的市场就越趋于完全竞争，市场的透明度就越好，投资者对上市公司相关信息的获取就越容易，投资者保护的程度就越高，上市公司进行盈余管理的程度就越低。

假设2：一个地区的政府对市场的干预程度越少，市场的自由化程度就越高，对投资者利益的保护就越好，因此上市公司进行盈余管理的程度也就相对地较低。

假设3：一个地区的法制环境越好，法制化水平越高，则越有助于保护投资者的利益，因此该地区的上市公司进行盈余管理的程度就越低。

2.法律实施的有效性

法律的制定固然能够增强投资者保护，加大对上市公司的盈余管理行为的监督，增加其进行盈余管理行为的成本。但是，法律是否能够得到有效的实施和执行比法律存在本身更为重要。再严厉、再完备的法律如果没有得到有效的实施，也一样只是纸上谈兵，而无法对投资者的保护和上市公司盈余管理的管控起到真正的作用。因此，法律实施的程度越高，执行效果越好，则对投资者的保护就越强，上市公司的盈余管理的程度就越低。因此，可以得到假设4：

假设4：法律实施的有效性与盈余管理呈现负相关的关系。

我们可以进一步地根据中国的实际国情，对假设4从两个方面进行检验。如果法律的实施是有效的，则那些因信息披露不及时、关联交易等原因而受到证监会或者是上海证券交易所、深圳证券交易所公告批评或者处罚的上市公司，应该会比未受到处罚的上市公司的盈余管理的程度要高。因此，我们可以得到假设4a：

假设4a：受到监管部门处罚的上市公司的盈余管理程度比未受到处罚的公司高。

通过文献综述，我们还知道，英美法系下的美国的资本市场开始的时间较早，且发展得较为完善，而其对资本市场的监管，对信息透明度的要求也较之于其他的国家更为严厉。而中国香港地区使用的也是同样的英美法系，香港证券市场的发展也相对于国内要更为完善，且监管体系更加全面。因此，在中国香港地区和美国上市的中国公司为了要符合这些地方对上市公司的监管要求，会改进其信息披露的程度，同时修正管理模式来适应这些地方的监管。此外，过去学者的研究也表明美国和中国香港地区的证券市场所拥有的较好的投资者保护，也会促进在这些地方上市的其他国家的公司为自己本土的投资者提供更好的信息，更好地进行投资者的保护。因此，我们可以进一步得到假设4b：

假设4b：那些在H股或N股上市的中国A股上市公司的盈余管理程度较低。

3. 公司层面

股权制衡度通常被定义为上市公司的第二到第五大股东对第一大股东的制约程度，用两者之间的持股比例的比值进行度量。唐清泉、罗党论和王莉(2004)的文章证明了在中国的上市公司中，普遍存在控股股东进行隧道挖掘行为的现象，即企业的控股股东会通过盈余管理等方式将上市公司的利润、资产等转移到自己的手里，从而侵害了外部投资者的利益。此外，宋敏、张俊喜和李春涛(2004)进一步发现，上市公司中的非控股大股东，对于公司的管理层和控股股东会起到一种制衡的作用，减少他们的隧道挖掘行为。因此，我们可以得到本书的最后一个假设：

假设5：股权制衡度与上市公司的盈余质量管理程度之间可能存在负相关的关系。

1.6 研究设计与模型设定

1.6.1 盈余管理的度量模型的选择

由文献综述可知，到目前为止国内外学者所采用的三种盈余管理的度量方法都各有利弊，适用于不同的研究内容。结合本书的研究内容，本书将采用总体应计利润法对上市公司的盈余管理程度进行计算。这是因为，第一，本书所要研究的是上市公司盈余管理与投资者保护之间的关系，是基于公司层面的度量，因此需要能够相对准确地对上市公司的盈余管理进行定量化度量，而总体应计利润法较为适合做定量研究。第二，总体应计利润法在国内外对盈余管理的研究中都得到了广泛的应用，模型和方法都较为成熟，并且模型的效果也能够较好地反映中国上市公司盈余管理的状况。第三，在总体应计利润法模型中，所需要用的数据一般都可以从上市公司的财务报告中取得，数据有较好的可获得性。

具体而言，总体应计利润法的模型可以分为时间序列模型（如 Healy 模型、DeAngelo 模型、Jones 模型、修正的 Jones 模型、行业模型等）以及截面模型（如截面 Jones 模型和截面修正的 Jones 模型）。但是，时间序列模型往往要求样本公司在一段较长的时间内的数据均可获得，而中国证券市场中的上市公司的上市时间都还较短，大部分都不超过 10 年，无法满足时间序列模型对时间长度的要求。此外，时间序列模型在使用时存在一个内在的假定，即样本公司在模型的估计期中不存在系统性的盈余管理行为。但是，中国学者的实证研究表明，中国的上市公司存在着较为普遍的盈余管理的行为（陈小悦等，2001；蒋义宏，2002；夏立军，2003）。此外，中国会计制度的变更也会导致上市公司的数据出现时间序列上的变动和调整，而对使用时间序列模型造成误导。因此，时间序列模型在中国证券市场目前的现状下还是不太适用的。综合以上原因，本书将结合截面修正的 Jones 模型以及 Flora F. Niu（2006）对 Jones 模型的改进，来获得中国上市公司盈余管理程度的度量模型。

定义可操纵性应计利润为 DA，总应计利润为 TA，非可操纵性应计利润为 NDA，则可以求得用于度量盈余管理程度的指标 DA＝TA－NDA。可以得到本书的第一个度量模型：

$$\begin{aligned} TA_{i,t} = {} & \alpha_1(1/A_{i,t-1}) + \alpha_2[(\Delta REV_{i,t} - \Delta REC_{i,t})/A_{i,t-1}] + \\ & \alpha_3(PPE_{i,t}/A_{i,t-1}) + \alpha_4 OCF_{i,t} + \zeta_{i,t} \end{aligned} \tag{1.1}$$

根据上式，利用 OLS 模型进行估计，可以得到参数 α_1，α_2，α_3。则可以通

过计算得到第 i 个公司在第 t 年的非可操纵性应计利润(经过 $t-1$ 年末的总资产的标准化处理)$NDA_{i,t}$:

$$NDA_{i,t} = b_1(1/A_{i,t-1}) + b_2[(\Delta REV_{i,t} - \Delta REC_{i,t})/A_{i,t-1}] + b_3(PPE_{i,t}/A_{i,t-1}) + b_4 OCF_{i,t}$$

所以,就可以得到第 i 家上市公司在第 t 年的可操纵应计利润:

$$DA_{i,t} = TA_{i,t} - NDA_{i,t}$$

在上述公式中:$DA_{i,t}$ 为第 i 家企业在第 t 年的可操纵利润;$NDA_{i,t}$ 为第 i 家企业在第 t 年的非可操纵利润;$TA_{i,t}$ 为第 i 家企业在第 t 年的总体应计利润,$TA_{i,t}$ = 净利润 - 经营活动现金流;$\alpha_1,\alpha_2,\alpha_3$ 为回归参数;b_1,b_2,b_3 为回归模型估计得到的相对应的 $\alpha_1,\alpha_2,\alpha_3$ 的值;$\Delta REV_{i,t}$ 为第 i 家企业在第 t 年与第 $t-1$ 年的营业收入的差值;$\Delta REC_{i,t}$ 为第 i 家企业在第 t 年与第 $t-1$ 年的净应收款项的差值;$PPE_{i,t}$ 为第 i 家企业在第 t 年末所拥有的固定资产总值;$A_{i,t-1}$ 为第 i 家企业在第 $t-1$ 年末的资产总额;$OCF_{i,t}$ 为第 i 家企业在第 t 年 的经营性现金流净值。

1.6.2　投资者保护与盈余管理回归模型

1. 变量定义及其度量

(1)应变量

模型的应变量即为上市公司进行盈余管理的程度,是通过运用盈余管理程度的相应的模型进行回归计算以后得出来的上市公司可操纵应计利润。但是,上市公司进行盈余管理操纵,可能存在调减利润或者调增利润这两种不同情况,而本书研究的目的是上市公司投资者保护与盈余管理的程度之间的关系,因此采用可操纵性应计利润的绝对值进行分析更具合理性。在取得绝对值后,该应变量的数值越大,表明上市公司进行盈余管理的程度越大。将此应变量记为 $AVDA=|DA|$。

(2)自变量

根据上文的理论分析和研究假设,中国宏观治理条件的变化将会导致对投资者法律保护的程度不同,进而影响到对上市公司进行盈余管理程度的约束。在中国的现实国情下,中国不同省份之间的市场化程度、政府干预程度和法制水平都存在一定的差异。因此,对于投资者保护宏观层面的变量的选取,本书将采用樊纲、王小鲁和朱恒鹏(2007)编制的《中国各地区市场化指数——各省区市场化相对进程报告》中提供的中国不同省份市场化相对进程、市场中介发育和法律制度环境以及政府与市场的关系三个指标的分值作为本书中不同地区市场化进程指数、法治水平指数以及政府干预指数的替代变量。

在樊纲等人所编著的《中国各地区市场化指数》报告中计算得到的"市场

化进程指数”一共有五个方面的指标:政府与市场的关系、非国有经济的发展、产品市场的发育程度、要素市场的发育程度、市场中介组织的发育和法律制度环境。他们通过对 23 个细分指标进行统计,进一步构成这五个方面的指标,并运用加权平均的方法计算得到了各个地区的市场化指数水平。在“政府与市场的关系”这一指标中包含了:市场分配经济资源的比重、减轻农民的税费负担、减少政府对企业的干预、减轻企业的税外负担、缩小政府规模。政府市场的关系指标越高的地区,政府干预程度越低。可以预测,在运用这一指标的情况下,模型的回归系数为负数。而“市场中介组织的发育和法律制度环境”这一指标包含了:市场中介组织的发育、对生产者合法权益的保护、知识产权保护、消费者权益保护四个细分指标。市场中介组织的发育和法律制度环境指数越大,表明该地区的法制环境越好,上市公司的盈余管理程度也应该相应的越低。因此,可以预测在采用这一替代指标时,回归模型的系数为负数。

对于法律实施有效性的相关变量的选取,本书是通过手工逐一查找和收集的方式,查询了沪深股市中所有的上市公司受到证监会、上海证券交易所、深圳证券交易所处罚和通告的次数信息,并以此作为衡量中国法律执法力度的有效性的指标,根据假设可以预测这一指标与上市公司盈余管理程度之间将呈现正相关的关系。最后,本书还设置了一个虚拟变量 HNShare,来考察上市公司多国家上市与其对投资者的保护关系的影响。若上市公司同时在海外和国内 A 股上市,则这一指标取值为 1,否则为 0。根据假设,可以预测这一指标的回归系数符号为负。

(3)控制变量

为了控制其他因素对盈余管理的影响,本书在研究模型中还将设立几个控制变量,以控制其他因素的变化:

①第一大股东持股比例。通过本书理论部分的分析我们可以知道,上市公司的控股大股东会为了谋求控股权的私人收益而进行盈余管理,侵害外部投资者的利益。一般而言,第一大股东的持股比例越大,其成为控股大股东的概率也就越大,并且他们对上市公司的经营管理决策的影响能力也就越高,导致了他们进行盈余管理的能力和概率也就越大。所以我们可以预期,上市公司的第一大股东持股比例与其盈余管理的程度可能呈现出正相关的关系。

②公司规模。公司的大小往往与该公司的政治成本的大小紧密相连,一般而言规模越大的公司,受到利益相关者,如监管部门、政府、投资者的监督和关注度也就越大,因此公司运作的规范程度也就越好,信息透明度相对于规模较小的公司来说也较高。因此,虽然说规模大的公司所能够进行盈余管理的范围比较广泛,但是他们的盈余管理受到的限制也比较大。本书选择总

资产作为控制变量，考量公司规模与盈余管理程度之间的关系，并预期两者之间可能存在负相关的关系。

③净资产收益率。通过对文献的回顾，我们可以发现，上市公司往往会通过盈余管理的行为来达到监管部门在股票增发、配股等方面对公司净资产收益率的要求，那些净资产收益率较低的公司往往会通过调高盈余的方法来达到相应的监管要求。因此本书选择这一指标作为控制变量，并认为它与盈余管理之间存在负相关关系。

④资产负债率。正如本书在理论部分运用契约理论进行的阐述一样，上市公司的管理层或者是控股大股东往往会为了达到契约要求的条款而进行盈余管理的行为。对于债务契约而言，他们则需要通过盈余管理来避免企业产生债务危机的现象。一般来说，上市公司所拥有的资产负债率越高，他们受到债券人的契约的限制也就相应越高，不能达到契约的要求所带来的风险也就越大。因此，管理层就有更大的动力通过盈余管理的方式来减轻自身的契约压力。因此可以利用公司的资产负债率作为一个控制变量，预期它与上市公司的盈余管理之间存在正相关的关系。

因此，根据上述分析，我们可以得到如表1.6所示的所有模型变量的相关信息及预期的符号。

表1.6　变量定义及符号预测

变量类型	变量代码	预测符号	变量名称	变量描述
因变量	AVDA		可操纵应计利润	通过修正的Jones模型计算
解释变量	HNShare	—	上市地点	虚拟变量，在国外上市取值为1，只在国内上市取值为0
	Penalty	+	受监管部门惩罚	受到监管部门惩罚或通告批评的次数
	IndMar	—	市场化进程指数	市场化进程得分
	IndGov	—	政府干预指数	政府与市场关系得分
	IndLaw	—	法制水平指数	市场中介发育和法律制度环境得分
	Balance	—	股权制衡度	前2～5大股东股权/第1大股东股权
控制变量	Top_1	+	第一大股东持股比例	第一大股东持股比例
	lnSize	—	公司规模	ln(总资产)
	ROE	—	净资产收益率	净利润/净资产
	LEV	+	资产负债率	负债/总资产

根据上文的分析,及研究假设和变量的定义,本书通过构建多元回归模型来度量投资者保护与上市公司盈余管理之间的关系。同时为了研究中国不同最终控股人的特性对中国上市公司盈余管理水平的影响,我们将数据按照最终控股人的性质进行划分,分为国有和民营,用虚拟变量 Control 表示,并在回归模型中建立交互项,考察不同所有制下的上市公司盈余管理的程度与投资者保护之间的关系。基本回归模型如下:

$$\begin{aligned} AVDA = {} & \beta_0 + \beta_1 \times IndMar + \beta_2 \times IndGov + \beta_4 \times IndLaw + \\ & \beta_5 \times HNShare + \beta_6 \times Penalty + \beta_7 \times Balance + \\ & \beta_8 \times Control + \beta_9 \times Top_1 + \beta_{10} \times lnSize + \\ & \beta_{11} \times ROE + \beta_{12} \times LEV + \varepsilon \end{aligned} \tag{1.2}$$

2. 数据来源和样本选择

2001 年 12 月中国证监会颁布的《公开发行证券的公司信息披露内容与格式准则第 2 号〈年度报告的内容与格式〉(2001 年修订稿)》提出要求,要上市公司对控股股东及其实际控制人的情况在年报中进行披露(王立军,2007)。因此,本书以中国 2002—2008 年的所有上市公司的数据作为初选样本,进一步的筛选步骤如下:①必须同时具有 2002—2008 年的数据,即样本公司在 2002 年之前就已经上市。②剔除了保险、金融行业的上市公司。这是因为,金融和保险行业的公司由于其业务的特殊性,他们的经营性现金流和资产负债结构与其他行业的公司相比较较为特殊。因此他们的应计利润也与其他行业的公司不同。为了防止这种异质性对实证结果的干扰,本书在样本中剔除了属于金融和保险类的上市公司。③因为存在 ST、PT 的公司,其盈余的波动很大,具有不稳定性,因此在在变量的筛选中,剔除了含 ST、PT 的股票。④剔除了其他在年报中出现数据缺失以及有明显的数据异常现象的上市公司。⑤由于樊纲等人的《中国各地区市场化指数》中,对于西藏的数据存在缺失,因此剔除了注册地点在西藏的上市公司。⑥为了研究国有控股企业和民营企业在盈余管理与投资者保护程度上的差异,本书筛选了最终控制人为国有控股和民营控股的两种企业。经过上述的数据筛选过程之后,本书总共得到了 769 家上市公司从 2002 年到 2008 年共 7 年的 5383 个数据。

所使用的财务数据和公司治理结构的相关数据来源于北京大学国家发展研究院和北京色若芬信息服务有限公司联合开发的 CCER 中国证券市场数据库。上市公司的海外上市信息,以及上市公司被监管部门处罚的相关信息则通过手工查找的方式,通过新浪股票频道和证监会、沪深股市官方网站进行查找。

1.7 实证结果与分析

1.7.1 样本的描述性统计

表1.7列出了除了控制变量HNShare即公司境外上市这一虚拟变量以外的其他所有自变量、控制变量和应变量，以及第一大股东持股比例的描述性统计分析。从表1.7中我们可以看到，中国上市公司第一大股东持股的平均值为41.37%，最大值为85%，表明中国上市公司"一股独大"的现象还较为明显。从市场化指数、政府干预指数和法制水平三个指数的描述性统计分析中，我们可以看到，中国不同的省份之间的市场化进程水平相差较大，最高的指标是最低指标的3倍多。

表1.7 变量描述性统计分析

	样本数	最小值	最大值	均 值	标准差
Penalty	5383	0	4	0.21	0.559
lnSize	5383	17.4965	27.3463	2.145853	1.0305139
ROE	5383	−3.6730	2.1427	0.026514	0.1012552
LEV	5383	0.0081	2.9365	0.500405	0.1981177
Top_1	5383	0.0060	0.8500	0.413771	0.1649509
Balance	5383	−1.0062	18.2313	0.485545	0.5890580
IndMar	5383	2.45	10.41	7.4196	1.95418
IndGov	5383	3.97	10.63	9.0096	1.16274
IndLaw	5383	1.49	13.07	6.6499	3.31051
AVDA	5383	0.0000	1.7277	0.042514	0.0696409

表1.8、表1.9分别表示了国有控股和民营控股的上市公司的股份情况、盈余管理情况数据的描述性统计分析。从两张表的对比中我们可以看到，国有控股的上市公司第一大股东所持有的股份，不论是最小值、最大值，还是均值都比民营控股的上市公司要高，表明中国国有控股的上市公司股权集中的程度更为明显。此外，从股权制衡度的描述性统计中我们可以发现，中国民营控股的上市公司的股权制衡度的均值较大，说明在民营企业中股权较为分散，其他股东对第一大股东的制衡作用较大。而在盈余管理程度上，我们发现，国有控股上市公司的盈余管理指标DA及其绝对值的均值都比民营企业得小。这表明从总体上来看，民营上市公司的盈余管理程度相比国有控股上市公司要大。这可能是因为中国的国有控股上市公司，并不仅仅以追求利润

最大化为目标，政府政策目标也经常是中国国有控股上市公司所需要考量的一个指标。

表 1.8　国有控股上市公司数据描述性统计

	样本数	最小值	最大值	均　值	标准差
Top_1	4373	0.0355	0.8500	0.434604	0.1633887
Balance	4373	−1.0062	18.2313	0.425042	0.5709898
DA	4373	−0.7881	1.7277	0.003729	0.0736708
AVDA	4373	0.0000	1.7277	0.040521	0.0616359

表 1.9　民营控股上市公司数据描述性统计

	样本数	最小值	最大值	均　值	标准差
Top_1	1010	0.0060	0.7789	0.323572	0.1394037
Balance	1010	−1.0030	3.2437	0.747507	0.5946394
DA	1010	−1.7263	1.3760	0.011515	0.1086359
AVDA	1010	0.0001	1.7263	0.051143	0.0965211

1.7.2　回归结果

表 1.10 列出了本书的模型(1.1)的回归参数，从中我们可以看到，该回归模型的系数 t 值概率分别在 0.01 和 0.05 的水平下显著。模型(1.1)的拟合优度 R 平方的值为 0.539，调整后的拟合优度为 0.539，F 值显著。

表 1.10　修正的 Jones 模型回归结果

	系　数	标准差	t　值	t 值显著性概率
$OCF/A_{i,t-1}$	−0.787	0.011		
$1/A_{i,t-1}$	−2.322E6	966428.328	−2.402	0.016
$(\Delta REV-\Delta REC)/A_{i,t-1}$	0.070	0.003	23.885	0.000
$PPE_t/A_{i,t-1}$	0.023	0.003	9.088	0.000

在模型(1.1)回归的基础上，我们可以求得上市公司盈余管理的程度数据，并以此为基础，利用模型(1.2)进行回归，分析投资者保护与上市公司盈余管理之间的相关性，可以得到表 1.11 的结果。

表1.11　全体上市公司样本回归结果

变　量	系　数	标准差	t 值	P 值
C	0.098285	0.022871	4.297365	0.0000
IndMar	−0.004017	0.001243	3.230296	0.0012
IndGov	−0.003094	0.001380	−2.242108	0.0250
IndLaw	−0.000729	0.000581	−1.253590	0.2100
Penalty	0.010119	0.001718	5.891539	0.0000
HNShare	0.008850	0.013126	0.674263	0.5002
Balance	0.008230	0.002049	4.016992	0.0001
Control	0.006172	0.002514	2.455565	0.0141
lnSize	−0.004425	0.000993	−4.458382	0.0000
ROE	−0.048858	0.009783	−4.994261	0.0000
LEV	0.042948	0.005125	8.379824	0.0000
Top_1	0.035757	0.007599	4.705576	0.0000

模型(1.2)的 R 方值为0.04748，调整后的 R 方值为0.045534。虽然拟合优度并不算太高，但是根据计量经济学的理论，当回归模型的样本数量超过30时，就可以被视为大样本，拟合优度可以相应地降低。此外，前人研究的结果也表明，盈余管理是受到多个维度、多种因素的影响的，运用相关的模型进行类似的回归分析的时候，所得到的拟合优度也都较低(钟静，2009)。此外，模型回归的 F 值为24.34115，P 值小于0.01，表明回归结果显著，D-W检验值接近2，表明回归的残差不存在明显的相关性，较为独立。

通过表1.11我们可以进一步得到以下几个结论：

(1)市场化进程指数(IndMar)：回归系数与预测系数一致，且 P 值显著，说明市场化程度越快的地方，中国上市公司盈余管理的行为就越少。市场化程度指数每提高1个单位，将使上市公司进行盈余管理的程度减少0.4%。因此，假设1成立。

(2)政府干预指数(IndGov)：回归系数与预测的一致，且 P 值较为显著，说明假设2也成立，即政府干预指数越高，政府干预程度越少的地区，上市公司进行盈余管理的程度也就越低。政府干预指数越低，政府的干预程度越高，政企不分的弊端也就会更加严重，代理问题恶化，从而导致上市公司进行盈余管理的程度越高。政府干预指数每提高1个单位，将使上市公司进行盈余管理的程度减少0.3%。

(3)法制水平指数(IndLaw)：回归系数与预测的符号一致，说明法制水平较好的省份，上市公司的盈余管理的程度也较小。这与预测的假设 3 一致。但是 P 值在 $a=0.1$ 的水平上不显著。这说明本书的模型和数据无法对法制水平对上市公司盈余管理的影响进行判断。这很可能与本书所采用的替代指标不太合适有关。正如前文所述，这一指标采用的是樊纲等人编制的市场化指数中的市场中介组织的发育和法律制度环境，其中包括市场中介组织的发育、对生产者合法权益的保护、知识产权保护、消费者权益保护四个细分指标。但是这四个指标并不能很好地表现出地方法制水平对证券市场上的投资者的法律保护程度。这可能是导致这一回归系数不太显著的一个原因。

(4)受监管部门惩罚(Penalty)：回归的系数与预测的符号一致，从回归系数上看，上市公司受到监管部门的处罚次数每增加一次上市公司进行盈余管理的程度就增加 1%。这说明，对所有的样本来说，受到监管部门处罚的次数越多的上市公司，他们进行盈余管理的程度也就越大，表明了中国法律实施的效果较好，法律的有效性较高。假设 4a 成立。

(5)上市地点(HNShare)：回归的系数与预测的符号不一致，且 P 值不显著，表明无法接受系数不等于零的假设。因此，无法准确判断跨国上市对中国上市公司盈余管理程度的影响。这种情况的出现可能是因为到目前为止，中国采取跨境上市的公司数目还不多，截至 2008 年 12 月 31 日，境外上市的公司数目还不足 30 家。而这些公司中，非金融、保险类行业的上市公司数仅为 18 家，且其中大部分的公司都是先在海外上市，在 2007 年或者 2008 年才回归 A 股。因此，在本书所采用的数据中，符合筛选条件进入回归模型的只有 4 家上市公司，而这 4 家公司的 28 份数据和 739 家公司庞大的 5383 份数据相比，回归效果必然受到影响，从而导致回归结果不显著。此外，由于中国跨国上市的企业数量并不多，上市的时间也较短，这些企业将海外较好的市场监管对其盈余管理的影响带回到中国市场，增强他们在中国市场上保护投资者的行为，还需要一定时间的积累。因此，在本书所选择的数据及回归结果中，无法准确地判断假设 4b 是否成立。

(6)股权制衡度(Balance)：这一解释变量的系数与预测的系数相反。从 t 值检验来看，P 值在 $a=0.001$ 时显著。这种回归结果与预期符号的不相符，可能是因为中国目前“一股独大”的现象还较为严重。而中国上市公司中其他大股东，如持股比例在前 2 到前 5 的股东，所持有的股份都还较小，因此，他们对大股东的制衡的能力还较少。这会进一步导致，其他大股东会选择和第一大股东合谋共同损害中小股东的利益。因此，假设 5 不成立。

(7)控制变量：在从回归模型的结果可以看出，几个控制变量：公司规模(lnSize)、净资产收益率(ROE)、资产负债率(LEV)、第一大股东持股比例

(Top_1),其回归系数的符号均与预测的符号一致,且 P 值均非常显著。因此,本书对四个控制变量与上市公司盈余管理程度之间的相关性的预测均得到了证实。

(8)最终控股人类型(Control):本书还考察了最终控股人类型对上市公司盈余管理程度的影响。从回归系数中我们可以看到,这一变量的回归系数为正,且 P 值很小,回归结果显著,说明民营上市公司的盈余管理程度要比国有上市公司的盈余管理程度来得高。这也和我们通过描述性统计得出的结论相符合。

1.7.3 最终控股人类型对上市公司盈余管理程度的影响

为了进一步考察不同的最终控股人类型对上市公司盈余管理程度的影响,本书进一步在模型中引入交叉项进行讨论。在包含交叉项的情况下,模型(1.2)可以进一步表示为如下模型:

$$\begin{aligned} \text{AVDA} = {} & \beta_0 + \beta_1 \times \text{IndMar} + \beta_2 \times \text{IndGov} + \beta_4 \times \text{IndLaw} + \\ & \beta_5 \times \text{Penalty} + \beta_6 \times \text{Balance} + \beta_7 \times \text{Top}_1 + \beta_8 \times \text{lnSize} + \\ & \beta_9 \times \text{ROE} + \beta_{10} \times \text{LEV} + \beta_{11} \times \text{ControlIndLaw} + \\ & \beta_{12} \times \text{ControlIndGov} + \beta_{13} \times \text{ControlIndMar} + \\ & \beta_{14} \times \text{ControlPenalty} + \beta_{15} \times \text{ControlBalance} + \varepsilon \end{aligned} \tag{1.3}$$

模型(1.2)的回归结果已经表明 HNShare 在本书的数据的范围内是不显著的,同时为了避免因为该解释变量的存在对回归结果的影响,在模型(1.3)中并没有包含此解释变量。模型(1.3)的回归结果如表 1.12 所示。由于交叉项间存在较为严重的多重共线性现象,因此在回归时采用了将交叉项分别代入模型进行回归的方式。

表 1.12　含交叉项的回归模型结果

	模型 3.1	模型 3.2	模型 3.3	模型 3.4	模型 3.5	模型 3.6
Constant	0.099*** (0.0198)	0.0953*** (0.0202)	0.1063*** (0.0200)	0.1011*** (0.0209)	0.1115*** (0.0199)	0.0963*** (0.0225)
Penalty	0.00828*** (0.00196)					0.009*** (0.00199)
Balance		0.00684*** (0.00215)				0.0079*** (0.0022)
IndMar			−0.00969** (0.00049)			−0.0038*** (0.00136)
IndGov				−0.0046 (0.00081)		−0.003** (0.0014)

续表

	模型 3.1	模型 3.2	模型 3.3	模型 3.4	模型 3.5	模型 3.6
IndLaw					−0.0029 (0.00029)	−0.004 (0.00063)
Control* Penalty	0.0073** (0.0035)					0.0032 (0.00378)
Control* Balance		0.0067** (0.0027)				0.0017 (0.004)
Control* IndMar			0.00086*** (0.00032)			0.0016 (0.0032)
Control* IndGov				0.00083*** (0.00027)		0.00087 (0.00194)
Control* IndLaw					0.00069** (0.00034)	0.0025* (0.0015)
lnSize	−0.0039*** (0.00095)	−0.0043*** (0.00095)	−0.0047*** (0.0097)	−0.0043*** (0.00096)	−0.0047*** (0.00096)	−0.004*** (0.00098)
ROE	−0.0462*** (0.009779)	−0.0508*** (0.00976)	−0.0529*** (0.00978)	−0.0524*** (0.00978)	−0.0518*** (0.00978)	−0.049*** (0.00979)
LEV	0.04448*** (0.005094)	0.04939*** (0.005046)	0.048*** (0.0051)	0.04846*** (0.005057)	0.04895*** (0.0051)	0.043*** (0.00513)
Top_1	0.0111* (0.0058)	0.03025*** (0.00745)	0.01415** (0.0060)	0.0137** (0.0060)	0.012** (0.00596)	0.0356*** (0.0076)
样本数	5383	5383	5383	5383	5383	5383
F 值	38.859***	35.935***	34.144***	33.626***	32.9688***	19.479***
Adj-*R* 方	0.0415	0.0385	0.0356	0.0351	0.0344	0.04586

注：括号内的值为回归标准差；*，**，*** 分别表示回归系数在 *a* 取值为 0.1，0.05，0.01 时显著。

在表 1.12 中引入交叉项后，我们可以发现，国有控股的上市公司和民营控股的上市公司之间的盈余管理受投资者保护的影响程度具有一定的差异性。从模型 3.1 中，在法律执行的有效性上，我们看到交叉项的系数为正，且在 *a* 为 0.01 的水平上显著，这表明监管部门对于民营企业的盈余管理的监管更为有效。从模型 3.2 中，在股权制衡度的交叉项回归系数上，我们可以看到，交叉项系数为正，且在 0.05 的水平上显著，这说明在民营企业中，持股比例位列第二至第五的股东和大股东进行勾结，共同侵害外部投资者权益的程度更大。这可能是因为，国有控股的上市公司中，那些持股较多的非控股大股东和具有国有背景的第一控股大股东之间的谈判地位不均等，权势地位等无法匹配，使得他们进行勾结共同侵害外部投资者合法权益的概率也相应地减小。从模型 3.3 到模型 3.5 的回归结果中，我们可以看到，市场化指数、政府干预指数和法制指数三个交叉项的系数均为负数，这说明国有控股的上市公司的盈余管理程度受到宏观治理环境的影响要更大一些，相对而言，民营企业的盈余管理程度受宏观治理环境的制约而减少的幅度要小。这与民营控股的上市公司更追求自身的利润，而无视企业社会责任，并且社会对民营控股的上市公司违法、披露的容忍度要大于那些知名的国有控股的上市公司有关。而从模型 3.6 的总体回归效果中，我们也可以得到同样的结论，但是，由于将所有的交叉项和变量同时代入模型，模型 3.6 中的交叉项间存在多重共线性，从而导致回归系数普遍不显著。

1.8　结论及研究展望

1.8.1　研究结论

通过实证分析，我们可以看到，在中国上市公司中，盈余管理的现象是普遍存在的。无论是国有控股还是民营上市公司都会利用盈余管理的行为来谋求自身利益，从而损害大量的外部投资者的权益。在中国的实际情况下，"一股独大"现象的普遍存在，将导致中国上市公司的盈余管理行为不仅仅会受到上市公司管理层的损害，还要被控股大股东所侵害。而治理环境和法律的约束力，都将对上市公司的行为起到一定的约束和监督作用，从而起到保护投资者的作用。

本书利用 2002—2008 年中国 31 个省份的 769 家上市公司的 5383 个数据进行实证，改进了修正的 Jones 模型计量得出中国上市公司的盈余管理程度，并从宏观层面、法律执行效果以及公司层面构建投资者保护程度的解释变量，对上市公司盈余管理与投资者保护的相关性进行了多元回归分析。实证的结果支持了本书 5 个假设中的 4 个。可以认为，中国市场化的程度越高，法制水平越高，政府的干预程度越少，法律的执行效力越强，越有利于进行投资者保护，减少中国上市公司的盈余管理的程度。但是，对上市公司的股权制衡度与上市公司盈余管理程度的假设，在实证中没有通过假设。这可能是因为，在中国"一股独大"的状况下，除了控股股东以外的其他大股东，往往会倾向于和第一大股东进行合谋，从而分得一部分利益。此外，通过在模型中加入交叉项，实证研究发现，国有控股的上市公司受到宏观治理环境的制约更大一些，最终控制人为国有控股的上市公司的盈余管理程度要小于民营控股的上市公司。

1.8.2 从投资者保护出发制约上市公司盈余管理的建议

从本书的理论讨论和实证分析中，我们可以看到，投资者保护和上市公司的盈余管理之间的确存在着较为显著的关系。好的投资者保护可以有力地制约上市公司的盈余管理程度。但是，中国的投资者保护还存在一定的不完善性，导致中国上市公司的盈余管理程度还较为严重，证券市场上的大量投资者权益依旧受到上市公司的大股东和管理层的侵害。根据本书的理论探讨和实证分析，我们可以从以下几个方面对中国的投资者保护提出一些有意义的建议，来进一步规范上市公司的盈余管理程度，提高证券市场的效率，保证资本市场的健康发展：

第一，提高资本市场的效率和信息的披露程度。中国证券市场上大量的投资者进行投资操作的时候主要参考的因素均是上市公司披露的财务信息和他们对其他交易、并购等事项的不定期的自愿性质的信息披露。但是，上市公司对信息的披露往往存在不愿意披露和不及时披露等问题，导致资本市场上的投资者无法及时根据公司经营管理状况的变化调整自己的投资策略，而使自己的权益受到损害。因此，提高中国资本市场的效率和信息的披露程度就要求通过适合的政策和鼓励措施，来激励上市公司的管理层进行自愿披露，同时，加强对信息披露的规范，保证披露的信息的可靠性。这就要求证监会等监管部门和上海证券交易所、深证证券交易所等市场中介部门，增强对上市公司信息披露及时性和准确性的监管。

第二，完善证券的监管制度。从本书的实证分析中我们可以看到，中国证券市场的监管部门等对上市公司的公开批评和惩罚对于上市公司进行盈余管理的控制和约束的效果还是较为显著的。因此，进一步制定证券市场监管制度，可以有效地控制上市公司的盈余管理程度。但是，中国证券市场的监管部门目前对于上市公司的惩罚力度还较轻。深圳证券交易所和上海证券交易所，对于上市公司信息披露不及时只是进行了公开批评，计入上市公司诚信档案的处理方法，而没有更为严厉的经理制裁等方面的处罚。而证监会所指定的处罚力度相比于国外较为成熟的法律体系而言处罚力度还较小。因此，可以通过进一步加大中国相关的法律、法规对证券市场和上市公司的监管和惩处力度，增加上市公司进行盈余管理的成本，从而减少他们进行盈余管理的程度。

第三，继续推进国有股减持，发展多元化的股权持有形式，促进上市公司股权结构的优化。通过实证分析我们可以看到，第一大股东持股的比例越高会导致上市公司的盈余管理的程度也相应地越高。但是，中国上市公司在现阶段股权结构中，其他大股东对控股股东的制衡还不足，从而导致盈余管理的程度较大，投资者权益受损。因此，在中国的上市公司中推广多元化的持股形式，在保证一定的股权集中度的基础上，形成若干大股东相互制约的模型，通过鼓励员工持股、银行法人持股等方式，增加上市公司的利益相关者对上市公司的监管，控制盈余管理的程度。

1.8.3　研究局限及展望

虽然本书较为成功地建立了上市公司盈余管理程度与投资者保护之间的度量模型，并获得了较好的实证结果。但是，本书作者也意识到，在本书的研究中，因为受到各方面因素的限制，导致本书的研究结果也具有一定的局限性。具体表现在以下几个方面：

第一，在宏观层面的代理变量的选取上，还较为粗糙。这主要表现为，本书所利用的是樊纲等人编制的市场化指数，这一指数在描述法制变量的时候，所用的指标描述的是市场中介和法制的发展程度，并不能在严格意义上代表不同地区的法制程度，这也导致在回归模型中，这一变量的 P 值较大，回归效果不显著。

第二，受数据可获得性的限制，本书在使用投资者宏观层面的保护变量指数时，使用樊纲等人 2007 年报告中的最近年份，即 2005 年的数据代替了 2006—2008 年的指数。这一方面是因为其他的替代数据在数据的全面性和代表性上远不如该报告中的指数。樊纲等人编制的《中国各地区市场化指数》是在大量的统计和调查资料的基础上，运用了“主因素分析法”而编制出来的，包括了五大方面 23 个基础指标，具有较高的可靠性和代表性。如果只是采用其中一部分的指标作为替代，无法全面地反映出中国经济的现状。另外，根据樊纲、王小鲁和朱恒鹏(2007)的数据，这些指标对于中国内地的 31 个省份评分的排序，在 2001—2005 年都较为稳定。这表明了宏观治理环境的改变是一个日积月累的长期过程，同时，我们也可以预期在本书的数据年度 2006—2008 年期间，这种宏观治理环境的指数在不同省份之间的排序也不会发生较大的突变。利用 2005 年的数据还是能够较好地反映出宏观层面的投资者保护环境间的地区差异对不同上市地的上市公司盈余管理程度的影响。此外，之前国内其他学者的研究也大多采用较早的指数来对上市公司进行分析。比如，陈胜蓝和魏明海(2006)利用了樊纲和王小鲁(2003)报告中用 2000 年中国各省、市市场化指数对中国 2001—2003 年的 2543 家上市公司的数据进行分析；王立军(2007)同样运用了 2000 年市场化进程指数作为投资者宏观环境保护的指标，对 2002—2004 年的 2310 个上市公司的数据进行了分析。

但是，不可否认，采用这种方式进行数据的替代和回归分析，也会对模型的回归效果产生一定的影响。

第三，正如本书在实证部分中所分析的一样，本书所建立的回归模型的拟合优度较小，这与之前的一些学者在对上市公司盈余管理进行的一些相关性研究中所得到的拟合优度都较小是一致的。但是这种现象的存在说明还有其他的一些会影响到上市公司盈余管理程度的因素没有被挖掘出来，因此可以作为下一阶段深入分析和挖掘的一个方向。

第2章 >>>

盈余管理及其市场反应
——中国市场实证分析

2.1 引 言

中国因为过去30年高速的主体经济发展而成为了新兴国家中的超级大国。伴随着经济的高速发展，中国的股市近年来也经历了飞速的成长。中国市场为全世界的投资者提供了分散风险和夸张投资的有效投资渠道。本书将研究中国市场中财务报告的质量以及其影响。

中国公司财务报告的可信度对于市场中资本的有效分配起到了举足轻重的作用。尽管中国现行的会计准则被认为非常接近北美的会计准则，但是会计数据的质量却大大低于发达国家。这种差异可能源自不同法制体系、法治环境以及推行会计准则的力度。在这种状况下，国际投资者需要了解中国公司的财务报告所含信息质量低于发达国家。

本章着重研究中国公司按要求披露的财务报告的质量，因为财务报告或许是投资者最为依赖的信息来源。对于盈余管理程度不同的公司，我们还将研究投资者对其盈余管理行为的反应。在我们对盈余质量的研究中，公司治理结构也被认为是影响公司盈余管理与投资者反应的重要因素。我们希望本书为投资者和法规制定机构提供有效的信息，以更好地理解财务信息。

过去20年中，盈余管理在美国学术界对财务的实证研究中占据重要地位。盈余管理是指公司管理层在会计报表或者相应交易中运用主观判断，调整会计收益信息，从而达到自身利益最大化的行为。中国资本市场与中国主体经济一起经历了飞速的发展，同时盈余管理行为也引起了学者、投资者和监管者的注意。已有的实证研究已经发现了在中国市场中盈余管理的行为确实存在。除此之外的问题需要用实证分析进一步研究，包括投资者是否能够识别盈余管理行为以及公司特征能否影响盈余管理。

本章首先将界定盈余管理的内涵和外延，并分析盈余管理在中国市场的存在性。其次,我们将检测投资者对盈余管理行为的反应。再次,我们将分析在盈余管理过程中,公司特征能否对投资者的反应形成影响。最后,我们将提出结论和进一步研究的建议。本章的行文结构如下:第一节,背景介绍。本节主要解释了本节的背景信息以及研究目的。第二节,文献综述。本节将介绍盈余管理的定义、特点、动机和度量模型,并进一步对各种盈余管理度量模型进行比较。第三节,中国市场的盈余管理。本节包括对数据的描述性分析、计量模型的选择、实证假设以及实证结果的解释。第四节,市场对盈余管理的反应。如果市场的反应在年报公布之后与盈余管理程度显著相关,则投资者能够在一定程度上识别盈余管理并做出反应。第五节,盈余管理市场反应与公司治理结构。本节进一步检测公司特征对盈余管理行为的影响,以及对市场反应的作用。第六节,稳健性检验。本节采用不同的计量模型得到新的盈余管理度量值,检测各个实证分析的结果是否成立。第七节,结论。总结本章的研究并对今后进一步研究提出建议和展望。

2.2 文献综述

2.2.1 盈余管理研究概述

Healy 等(1998)定义盈余管理为"公司管理层在财务报告中采用主观判断或者改变相关交易结构。其目的是调整财务报告以对利益相关方产生误导,或改变合约结果"。公司管理层的主观判断在财务报告中非常常见,经理人也会采用会计技巧对利润进行正向或负向的调整,只有严重的盈余管理才被视作欺诈行为。①

早期关于盈余管理的文献始于 20 世纪 60 年代,这些研究主要集中在资本市场,其理论基础是机械假设:股价和盈余之间的关系是纯机械的。在这种假设之下,投资者做出的投资决定完全取决于财务报告的账面价值,所以投资者极易被错误的财务信息所误导。因为,被用作预测股价的账面价值和股价之间的实际联系是机械而不可知的(Ball,1972;Kaplan 和 Roll,1972)。对财务报告进行正向的收益调整会带来正的异常收益,而对财务报告进行负向的调整则会带来负向的异常收益②,这样的逻辑并没有考虑到财务调整对

① 中国会计法规禁止公司进行财务欺诈或者隐瞒重要信息。但是这些法律并不对欺诈和盈余管理进行区分。原因之一可能是对规范的财务报告没有统一的标准,很难对盈余管理进行界定,而且一些成熟的盈余管理手法也难以被发现。

② 异常收益是指实际收益和预期收益之差。

现金流的影响(Ball 和 Brown,1968)。

从 20 世纪 90 年代开始,研究的重心转移到了盈余管理潜在的原因上。Dechow 和 Skinner(2000)通过对四类盈余管理的研究,将盈余管理的潜在动机划分为了资本市场动机①和合约动机②两类。这四类对盈余管理的研究分别是:首次公开发行(IPO)以及增发(SEO)过程中的盈余管理行为,公司管理层为了达到利润底线而采取的盈余管理行为,盈余管理造成的市场反应,以及盈余管理对市场的影响。之前的研究也发现公司在进行重要的资本市场操作之前进行盈余管理,这些事件包括了管理层收购(Perry 和 Williams,1994)、IPO(Teoh、Welch 和 Wong,1998a)、SEO(Shivakumar,2000)以及股权收购(Louis,2004)。

在盈余管理程度方面的研究中,Teoh 等(1998a)发现在 IPO 过程中,若用异常应计项目度量盈余管理,盈余管理的程度大约为总资产的 4%。Erickson 和 Wang(1998)发现在股权收购中异常应计利润占总资产的 2%左右。Shivakumar(2000)发现了在 SEO 之前一单位异常盈余的增加会导致 SEO 之后的净利润下降 8%。

2.2.2　盈余管理的动机

盈余管理的动机有三个大类:资本市场动机、合约动机以及规避监管的动机。

资本市场动机是指公司管理层在一系列资本市场活动过程中进行的盈余管理行为。Perry 和 Williams(1994)发现异常应计利润(盈余管理的代理变量)在管理层收购之前显著为负。Teoh 等(1998a)发现公司在增发之前会呈现显著为正的异常盈余。同时研究也发现在 IPO 和股权融资收购过程中公司进行盈余管理的证据(Teoh 等,1998b;Erickson 和 Wang,1998)。

除此之外,公司的财务数据还被用来规范公司与利益相关方合约的履行。所以,管理层有动机改变财务数据以达到合约中的相关规定。DeFond 和 Jiambalvo(1994)发现有借款协议的公司会进行盈余管理以避免潜在的违反协议的损失。同时,公司高层薪酬合约也是导致盈余管理的动机之一。Holthausen、Larker 和 Sloan(1995)发现设有奖金上限的公司在达到奖金上限时会调低收益。然而过往的研究并没有发现为了薪酬合约动机进行盈余

① 资本市场动机是指在一系列资本市场活动过程中的盈余管理行为以影响资本配置。这些资本市场活动包括首次发行、增发及收购兼并。

② 合约动机是指对财报进行盈余管理以影响合约规定的结果,造成对其他利益相关方的损害。

管理的直接证据。

此外，一些行业的监管往往与公司财务数据挂钩，如银行业的资本充足率要求、保险业的最低财务指标要求等。Scholes、Wilson 和 Wolfson(1990)发现银行在临近最低资本充足率要求时会调高贷款损失准备金，调低贷款坏账勾销。但是，在规避监管动机的盈余管理研究中，学者也没有发现直接的证据。

2.2.3 盈余管理市场反应相关研究

相关文献对于财务报告数据与资本市场的反应进行了研究。两者可能的联系之一在于实际和预期盈余之差，或者叫意外盈余。Soffer、Thiagarajan 和 Walther(2000)发现在控制了盈余数据公布之前以及公布日的信息之后，有正的意外盈余的公司往往在这段时期内有正的市场异常回报。Beyer(2007)也发现了管理层为了减小管理层预测误差而在盈余数据公布日前后进行盈余管理。公司现金流越不稳定，则管理层进行盈余管理的动机越强烈。在控制披露的盈余和意外盈余的大小之后若出现正的意外盈余，则公司在盈余公布日的股价会更高。

其余的研究集中在盈余管理对市场表现的影响程度。很多学者发现就长期而言，股市异常收益与盈余管理程度呈现负的相关关系(Sloan，1996；Xie，2001)，此外，在一系列公司重大事件之后的长期股市表现与事件之前的盈余管理相关(Teoh 等，1998a，1998b；Louis，2004)。

以上的所有研究都发现了市场对盈余管理的反应，证实了投资者对盈余管理行为的识别。但是也有一部分研究持相反的观点，例如，Balsam 等(2002)发现一般的投资者和技巧丰富的投资者(以机构持股比例作为代理变量)都不能识别在盈利数据公布日前后的盈余管理行为。其他研究则发现在重大公司事件前后，投资者无法完全识别由于盈余管理造成的股价波动(Teoh 等，1998a，1998b)。Louis(2004)则指出，只要投资者没有办法完全看穿管理层的行为，事件前期的盈余管理行为就很可能导致事件之后的异常盈余，这说明投资者无法识别盈余管理行为。

从这些研究看来，投资者是否能够识别盈余管理及其市场反应依然是有意义的研究问题。尤其在中国这样被认为缺乏效率的市场，这样的研究尤为有意义。

2.2.4 公司治理与盈余管理

许多研究认为优化的公司治理结构能够有效减少盈余管理行为，并且提高财务报告的质量及可信性。Hung(2001)发现旨在加强投资者保护的公司治理机制能够增加应计利润的可信度。Agrawal 等(2002)发现两种公司治理变量的提高可以有效改善盈余质量,这两种变量分别是董事会中有财务背景的董事的比重以及董事会中独立董事的比重。Zhang 等(2006)也发现了最大股东的持股比例和公司盈余管理程度存在正相关,证明了不良的公司治理结构可引致盈余管理行为。Sun 和 Liang 等(2008)采用修正的 Jones 模型研究了不同类型的中国上市公司,研究发现私营企业的盈余质量高于国有企业。所有这些研究都表明了公司治理结构对于盈余管理行为存在不同程度的影响。在本书中,我们将尝试把各种公司治理指标简化为几个标量,使我们在简化研究的同时避免多重共线性问题。

2.2.5 中国市场中的盈余管理

很多研究都证明了中国市场上存在重大事件引致的盈余管理行为。Qian 等(2005)发现在 1998 年之前,中国公司为了达到对高管进行股权激励的标准而进行盈余管理。Guojin 等(2006)分析认为若公司高层的回购不是基于信号传递的目的,那么公司在回购之前就有人为降低收益的动机,而这种回购前的盈余管理行为是回购之后经营状况改善以及股市正向波动的诱因之一。与 Erickson 和 Wang(1999)的研究类似,Louis(2004)发现被收购的公司在收购之前倾向于人为高估盈利报告。其他盈余管理的动机还有增发等。Xie 等(2007)用 Fama-French 三阶段模型研究了股票增发配股过程中的盈余管理行为。研究结果表明了中国上市公司为了达到不断变化的配股要求而进行盈余管理。Zhang 等(2006)也发现了中国上市公司为了在配股过程中提高股价而进行正向的盈余管理(调高操纵性应计利润)。他们通过对盈余分布的研究进一步发现了增发配股的公司在增发配股之前的一年以及增发当年有着显著为正值的操纵性应计利润。

中国也有学者研究盈余管理行为导致的资本市场反应。Zhang 等(2007)认为盈余管理也是有成本的,而且盈余管理只在短期内达到管理层的目的。在理性市场的假设之下,市场对收购兼并过程中的盈余操纵将会有负向的反应。尤其是当收购兼并是从管理层自大的动机[①]出发的时候,收购方长期的市场表现会显著下降;在短期若管理层的盈余管理行为十分明显则短期的经营表现将受到严重影响,投资者也会做出负向的反应。

Zhang 等(2006)在增发过程中的高盈余管理行为会导致增发之后 3 年盈

① 自大的收购兼并动机,是指收购方的经理人对收购兼并产生的经济效益过于自信,以至于在收购兼并中超额支付。

余的下降以及股票市场上的逆向表现。所以可以认为投资者会被盈余管理的行为误导而高估股票的价值，由此而导致了资本市场上资源的不合理配置。Xie(2007)也发现了增发导致的盈余管理造成了增发之后盈余的下降。此外，在首次发行之后财务表现的下滑也与盈余管理相关。Lu(2006)研究表明在首次发行之前存在盈余操纵的公司在发行之后业绩表现下滑，并且操纵性应计利润有反转的趋势。

上述这些文章集中讨论了重大事件引致的盈余管理行为，本书则侧重于研究在年度报告过程中的盈余管理行为。[①] Yue 等(2009)采用了在净利润中现金成分的比重来测度盈余质量，并且发现了年报发布前后市场反应有着显著的差别。对盈余管理行为显著的公司，市场出于投机的动机首先给出了较高的预期，但是股价在接下来会显著下跌，表明了就长期而言投资者可以识别收益中认为增高的成分。由此可见，市场能够识别盈余管理并做出反应。在本书的实证部分，我们将在不同模型下考察盈余管理的市场反应。

2.2.6 盈余管理代理变量及度量模型的研究总结

一直以来，盈余管理的度量问题都难以达成一致，因为学术界对于高质量盈余的组成说法不一。常见度量盈余管理的方法有三种：第一种方法是通过直接检验特定的账目来估计公司是否进行盈余管理。这种方法通常以全面理解会计条目为基础，当某一财务指标或比率占盈余质量主导地位的时候，该方法比较可行。[②] 第二种方法是采用检测盈余的分布来判断盈余管理。当在某种显著性水平下出现盈余的非连续性分布时，可以认为存在盈余管理行为。[③] 第三种方法是应计利润法。公司的经理人来自两个部分：现金流和对现金的人为调整(应计项目)。前者比较难以操纵，所以盈余管理主要集中在后者。Healy(1985)首次采用应计利润作为盈余管理的度量指标。他定义总应计利润(TA)为净利润(NI)和经营性现金流量(CFO)之差，并将总应计利润区分为不可操纵性应计利润(正常应计利润)和可操纵性应计利润(异常应计利润)。前者一般随着经营状况而波动，管理层可以操纵的应计利润为后者。所以可操纵性应计利润可以度量盈余管理的程度。

$$TA = NI - CFO \tag{2.1}$$

---

① 年报所含的信息对投资者至关重要，若投资者被年报中的盈余管理误导，则导致市场中资源的无效配置。

② 如银行中的不良贷款拨备以及保险业中的赔偿金准备。

③ Burgstahler 和 Dichev(1997)采用分布图和统计描述的方法检验了公司是否对盈利或亏损进行操纵。

$$TA = NDA + DA \tag{2.2}$$

式中：TA 为总应计利润；NI 为净收入（或净利润）；CFO 为净经营性现金流量；DA 为可操纵性应计利润；NDA 为不可操纵性应计利润。

前两种方法无法测度出盈余管理的程度和大小，所以第三种方法在国内外文献中被普遍采用。该模型实质上检测操纵性应计利润是否显著为零。操纵性应计利润显著异于零说明了盈余管理行为确实存在，而操纵性应计利润显著大于零代表正向的盈余管理，操纵性应计利润显著小于零表明了负向的盈余管理。我们可以从年报中得出经营性现金流和净利润，从而得出总应计利润（两者之差），所以操纵性应计利润（DA）取决于如何定义正常应计利润（NDA）。

我们按照以往的研究将应计利润作为盈余管理的度量。因为盈利中的应计利润成分更加依赖财务人员的预期，所以也更易操纵。应计利润的灵活性使得它成为考量盈余管理的有效工具，这种方法在研究中被普遍采用。很多研究试图将应计利润中的非操纵性部分和操纵性成分分离出来，包括 DeAngelo 模型（1986）、Healy 模型（1985）、Jones 模型（1991）、修正的 Jones 模型（Dechow、Sloan 和 Sweeny，1995）以及其他模型，以下是最常见的一些模型。

1. Healy 模型

$$NDA_t = \sum_t \frac{TA}{T} \tag{2.3}$$

式中：NDA_t 为在 t 时期的非操纵性应计利润；TA 为 t 时期总应计利润；t 为整个事件期；T 为估计期内总的天数。

该模型认为一个公司的非操纵性应计利润在某一特定时期内保持不变，所以操纵性应计利润在估计期内服从随机分布。从长期而言，操纵性应计利润之和应该为零，在估计期之内服从以下公式：

$$\sum TA_t = \sum (DA_t + NDA_t) = \sum DA_t + \sum NDA_t = T \times NDA_t \tag{2.4}$$

非操纵性应计利润在估计期内应该等于总应计利润的平均值，即

$$NDA_t = \sum_t \frac{TA}{T}$$

2. DeAngelo 模型

$$TA_t = TA_{t-1} + \varepsilon_t \text{或 } DA = TA_t - TA_{t-1} = TA_t - NDA_t \tag{2.5}$$

DeAngelo 改进了 Healy 模型，他假设一段时期内的非操纵性应计利润等于上一期的总应计利润（TA），所以操纵性应计利润（DA）是两期总应计利润（TA）之差。若公司没有进行盈余管理，那么 DA_t 应该为零，反之亦然。

3. Jones 模型

Jones 发现操纵性应计利润不服从随机游走，当销售收入、固定资产、总应计利润和公司总折旧增加时，操纵性应计利润会随之增加。所以非操纵性应计利润应该由以下回归测度：

$$\frac{NDA_t}{A_{t-1}} = \alpha\left(\frac{1}{A_{t-1}}\right) + \beta_1 \frac{\Delta REV_t}{A_{t-1}} + \beta_2 \frac{PPE_t}{A_{t-1}} \tag{2.6}$$

式中：A_{t-1} 为第 $t-1$ 期的总资产；ΔREV 为第 $t-1$ 期和第 t 期应收账款之差；PPE_t 为第 t 期的固定资产；α, β_1, β_2 为分行业回归的回归系数。

$$\frac{TA_t}{A_{t-1}} = \alpha\left(\frac{1}{A_{t-1}}\right) + \beta_1 \frac{\Delta REV_t}{A_{t-1}} + \beta_2 \frac{PPE_t}{A_{t-1}} + \varepsilon_t \tag{2.7}$$

4. 修正的 Jones 模型

Dechow、Sloan 和 Sweeney(1995)认为 Jones 模型没有充分考虑盈余管理对日常经营的影响，应计利润的增加将导致应收账款的增加。为了消除这种影响，他们提出了修正的 Jones 模型：

$$\frac{TA_t}{A_{t-1}} = \alpha\left(\frac{1}{A_{t-1}}\right) + \beta_1\left(\frac{\Delta REV_t - \Delta REC_t}{A_{t-1}}\right) + \beta_2\left(\frac{PPE_t}{A_{t-1}}\right) + \varepsilon_t \tag{2.8}$$

5. 截面(修正)Jones 模型

除了用截面数据回归之外，截面(修正)Jones 模型和修正 Jones 模型定义完全相同。由于时间序列模型需要长时期的样本数据，采用一定时期内的分行业截面数据回归则不需要长时期样本。①

Thomas 等(2000)对比了以上的模型发现采用截面数据(行业而非公司)回归的 Jones 模型具有较高的解释能力。Sloan 等(1995)也对比了不同的估计模型并发现修正的 Jones 模型具有最高的解释能力。他们发现当非操纵性应计利润与经营性现金流负相关时，普通 Jones 模型无法区分操纵性应计利润与非操纵性应计利润。

2.3 中国市场的盈余管理

2.3.1 样 本

我们所有关于中国市场在上海证券交易所和深圳证券交易所上市的公

① 两种方法都有其缺陷。时间序列的方法假设了回归变量在回归期限内是稳健的，而截面回归的方法则假设在同一行业内的公司是同质的。中国股市发展的时间相对较短，缺少时间序列需要的长度，所以截面回归的方法更适合本书。

司数据都来自于 CSMAR 数据库，时间跨度从 2001 年至 2008 年。数据包括：财务报告公布日期、每个公司财务报告完整数据、审计师意见以及审计费用、公司治理数据、全市场日均收益率、个股日均收益率、无风险利率、公司的行业和交易信息。

最初的样本包含了 1264 家上市公司从 2001 年至 2008 年的年报数据。为了减少分割市场造成的影响，我们删除了 B 股数据。同时，我们仅保存了在 8 年期间内所需数据完整的公司，并且剔除了金融企业①。调整后的样本容量为 947 家公司，7792 个公司年。这些样本的行业分布如下：工业(57.53%)、公共事业(7.06%)、服务业(9.63%)以及房地产业(5.25%)。

2.3.2　盈余管理的度量

基于之前的讨论，应计利润法是度量盈余管理的有效方式。在众多区分操纵性应计利润与非操纵性应计利润的计量模型中，修正的 Jones 模型有最高的解释能力和更好的预测能力(Thomas 等，2003)，所以本书将采用修正的 Jones 模型作为盈余管理的代理变量。

尽管实证研究发现了修正的 Jones 模型有较高的解释能力，对操纵性应计利润和非操纵性应计利润的区分依然因为不完备而受到质疑。Larcker 和 Richardson(2004)采用了一种更加贴近现金流的方式解决了区分两种应计利润的问题。他们的模型相较普通的截面修正的 Jones 模型更有解释力。此外，该模型还能识别出与未来现金流及股价收益负相关的操纵性应计利润。与普通的修正的 Jones 模型(模型(2.8))所不同的是，改进后的模型以收入变量和总固定资产为自变量对总应计利润进行回归。② 该模型还进一步增加了两个新的变量以改进模型的预测能力，这两个新的变量是账面价值对市值比率(BM，作为未来成长性的代理变量)和经营性现金流量(CFO)。③ 改进后的模型如下：

$$TA = \alpha + \beta_1(\Delta Sales - \Delta REC) + \beta_2 PPE + \beta_3 BM + \beta_4 CFO + \varepsilon \tag{2.9}$$

式中：TA(总应计利润)为净利润和经营性现金流量之差；ΔSales 为本年度相比上年度销售收入的变化；ΔREC 为年末比年初应收账款的变化额；PPE 为

① 对于金融机构而言，它们盈余管理的动机与普通公司不同，主要为了符合监管的要求；它们盈余管理的操作与普通公司也存在差异，例如卖出贷款或者资产证券化，所以传统的盈余管理测度方法对金融机构无效；它们的财务报表结构与一般公司有异。

② 控制销售收入可以考量营运资金的变化，而控制固定资产则基于日常折旧的考虑。

③ 盈余管理的动机与今后增长的可能性以及目前经营状况相关。在 Jones 模型中增加了这两个变量(BM 和 CFO)可以更充分地测算总应计利润的变动。

年末固定资产总值。所有的变量都除以总资产进行标准化处理。回归模型的残差值就是我们需要的盈余管理的度量——操纵性应计利润(DA)。

2.3.3 实证结果

表 2.1 是模型中所有所需变量的统计性描述。PPE 是经过总资产标准化处理的固定资产值,所有小于 1 的 PPE 都是合理的。账面市值比率测算了公司未来的成长性,所有的数据也都处于合理的区间内。对其他的变量而言,一些异常值超出了合理的范围之外,影响了模型的准确性,我们删除了前后 2%区间的样本数据[①],表 2.2 给出了处理后样本的统计性描述,数据都处于合理范围之内。

表 2.1 总样本及分行业描述性统计

		TA	ΔREC	ΔSales	PPE	CFO	BM
房地产业	均值	0.13	0.00	−0.04	0.05	−0.06	0.97
	中值	0.07	0.00	0.00	0.02	−0.04	0.98
	最小值	−0.34	−0.08	−2.61	0.00	−0.38	0.01
	最大值	2.02	0.13	0.42	0.38	0.34	1.91
	标准差	0.28	0.02	0.36	0.08	0.12	0.31
工业	均值	−0.25	−0.04	0.00	0.31	0.16	0.86
	中值	−0.05	0.00	0.03	0.28	0.05	0.91
	最小值	−1844.93	−869.58	−210.30	0.00	−0.52	0.01
	最大值	6.25	0.24	1.02	0.80	62.79	1.85
	标准差	4.87	0.75	0.50	0.18	2.68	0.25
公共事业	均值	0.02	0.01	0.05	0.38	0.08	0.85
	中值	−0.03	0.00	0.02	0.38	0.07	0.89
	最小值	−0.28	−0.17	−1.13	0.00	−0.14	0.00
	最大值	2.35	0.15	0.50	0.84	0.31	1.29
	标准差	0.31	0.04	0.20	0.22	0.08	0.22
服务业	均值	−0.04	−0.01	0.05	0.30	0.06	0.84
	中值	−0.04	0.00	0.04	0.28	0.07	0.84
	最小值	−0.48	−0.32	−1.13	0.01	−0.28	0.15
	最大值	0.35	0.08	0.75	0.92	0.23	1.64
	标准差	0.11	0.04	0.25	0.21	0.09	0.26

① 结果处理的样本还有 968 家公司,共计 7744 个公司年。

续表

		TA	ΔREC	ΔSales	PPE	CFO	BM
集团行业	均值	−0.12	−0.29	−0.24	0.20	0.03	0.78
	中值	−0.02	0.00	0.04	0.19	0.04	0.79
	最小值	−20.00	−47.97	−36.27	0.00	−1.17	0.01
	最大值	761.54	0.20	2.56	0.90	0.37	2.10
	标准差	1.47	3.53	2.94	0.16	0.13	0.30
总样本	均值	−0.16	−0.08	−0.04	0.27	0.11	0.85
	中值	−0.03	0.00	0.03	0.24	0.05	0.88
	最小值	−1844.93	−869.58	−210.30	0.00	−1.17	0.00
	最大值	761.54	0.24	2.56	0.92	62.79	2.10
	标准差	22.66	9.87	2.65	0.18	0.77	0.34

表 2.2　数据筛选后总样本描述性统计

		TA	ΔREC	ΔSales	PPE	CFO	BM
总样本	均值	−0.03	0.00	0.05	0.28	0.05	0.83
	最小值	−8.92	−5.29	−16.97	0.00	−1.17	0.00
	最大值	6.25	0.24	2.56	0.92	1.07	2.10
	标准差	0.26	0.17	0.34	0.18	0.09	0.25

我们首先将所有的公司划分到 5 个行业中去，分别是房地产业、工业、公共事业、服务业以及集团行业。之后对每个行业每一年的截面数据进行回归，由于我们有 5 个行业共 8 年的数据，所以一共有 40 个回归。回归的系数以及相关检验参见附录表 1 到附录表 5。

从回归的结果来看，公共事业、服务业和房地产业的回归具有较高的解释能力。我们观察到：①该模型可以解释各个行业中截面数据的变异。②不同行业的公司在应计利润的结构上有着明显的差异，造成了不同行业模型解释能力的差异。此外，我们还注意到了超过 70%的回归系数 t 检验在 10%的水平上显著，证明所选取的解释变量的有效性。与之前假设相一致的是，我们发现对(Sale-REC)的回归系数大多显著为正，而 PPE、BM 和 CFO 的回归系数显著为负。这表明应计利润会随着销售收入的提高、企业成长性(用 BM 比率的倒数测度)的增加而增加，且随着资本集中度(PPE)和产生现金能力(CFO)而减小。

根据模型(2.9)，所有回归的残差就是我们需要得到的操纵性应计利润(DA)，即我们对盈余管理的度量。表 2.3 给出了操纵性应计利润的统计性描述。

表 2.3　操纵性应计利润(DA)的统计性描述

	均　值	均值 t 检验	标准差	最小值	最大值
DA	0.00	0.00	0.21	−5.83	4.77
|DA|	0.09	37.86	0.20	0.00	5.83
	均　值	均值 t 检验	标准差	最小值	最大值
正值 DA	−0.101	−22.44	0.26	−5.83	0.00
负值 DA	0.073	35.52	0.14	0.00	4.77

注：本表展示了，操纵性应计利润及其绝对数的均值、均值 t 检验、最大值、最小值以及标准差，并进一步计算了所有正值操纵性应计利润和负值操纵性应计利润的统计性描述。

从表 2.3 中可见，我们对经过删选的 7744 个公司年度数据进行回归，得到了操纵性应计利润的估计值，操纵性应计利润的均值为零并且 t 检验不显著。由于我们用最小二乘法回归，所以得到均值为零的残差符合模型的设计。

早期对盈余管理的研究由于围绕重大事件周期展开，所以这些研究设定了盈余管理的方向(增加收益的盈余管理或者减少收益的盈余管理)①。许多近期的研究与这种假设不同，它们假设大多数公司都会或多或少地进行盈余管理，所以从总体来说，盈余管理的方向是不唯一的。② 我们的结果适用于第二种假设：①我们研究了年度财务报告过程中的盈余管理，在此过程中公司为了不同的目的在不同的时期进行增加收益的盈余管理或减少收益的盈余管理。所以盈余管理的程度(以操纵性应计利润的绝对值衡量)却大于零。②我们样本回归了 968 家公司在 8 年内的数据，求均值时不同公司增加收益的盈余管理和减少收益的盈余管理会相互抵消，所以操纵性应计利润的均值很可能接近零。因为在采用何种操纵性应计利润来代表盈余管理的问题上没有达成共识，所以我们将在之后的研究中全部采用两种度量标准：操纵性应计利润(测算带有方向性的盈余管理)及其绝对值(测算所有方式盈余管理的程度)。

本章的研究采用了改进的 Jones 模型回归得到了操纵性应计利润指标。我们的结果和非方向性盈余管理假设一致，平均的盈余管理程度是总资产的约 9%。换言之，上市公司经常参与到增加收益的盈余管理或减少收益的盈

① 即方向性盈余管理假设。该假设认为盈余管理要么增加盈余，要么减少盈余，所以应该用操纵性应计利润的数值表示盈余管理。

② 即非方向性盈余管理假设。该假设认为盈余管理在不同的阶段既可增加盈余，又可减少盈余，所以应该采用操纵性应计利润的绝对值表示盈余管理。

余管理中，而且盈余管理的程度也相对较大。下一步的研究将探讨在中国市场中，投资者是否能够发现盈余管理并做出反应，因为市场反应能够决定资源的合理配置。

2.4　市场对盈余管理的反应

2.4.1　样　本

本章所需的数据全部来自 CSMAR 数据库，主要的数据如下：①968 家[①]公司 2001—2008 年的日收益率；②2001—2008 年整个市场的日收益率[②]；③年报公布日期数据；④以 2001—2008 年的日银行存款利率作为无风险利率；⑤本章第 3 节中得到的盈余管理的度量指标。

2.4.2　实证方法

学者研究市场反应主要采用两种方式：会计研究法和事件研究法。会计研究法依靠对重要财务指标和比率的判断而确定公司经营状况的改变，即对事件前后公司的运营状况进行分析从而得出市场的反应。事件研究法主要通过计算累计超额收益（CAR）或者平均超额收益（AAR），以之作为市场反应的代理变量。如果事件含有信息量并且该信息释放到市场中，那么在事件期内累计超额收益就会有明显的变化。如果市场对该信息的反应是无偏的，那么累计超额收益在一定时期后会保持在一定的数值上。

我们的研究采用了平均累计超额收益（CAAR）测算市场对盈余管理的反应。其中关键的步骤就是确定基准模型。超额收益（AR）可以定义为实际收益（R）和基准收益（NR）之差。

$$AR_{i,t} = R_{i,t} - NR_{i,t} \tag{2.10}$$

本书中我们采用市场模型来计算基准收益：

$$R_{i,t} = \alpha_i + \beta_i R_{m,t} + \varepsilon_{i,t} \tag{2.11}$$

式中：$R_{i,t}$ 和 $R_{m,t}$ 为期内 i 公司和整个市场的收益。

超额收益的定义就是以下模型的残差或者估计误差：

$$NR = \hat{\alpha}_i + \hat{\beta}_i R_{m,t} \tag{2.12}$$

式中：$\hat{\alpha}$ 和 $\hat{\beta}$ 是 OLS 回归的回归系数。

---

①　因为我们测算市场对盈余管理的反应，所以样本需要和第 3 章保持一致。

②　市场的回报率是沪、深两市总的回报率，采用流通股市值平均法。

平均累计超额收益(CAAR)是市场反应的代理变量,由以下公式给出:

$$\text{CAAR} = \frac{1}{N}\sum_{i=1}^{N}\sum_{t=t_1}^{t_2}\text{AR}_{i,t} \tag{2.13}$$

本章的原假设是:

H1:总体而言,投资者能够识别盈余管理并做出反应。从实证的角度讲,操纵性应计利润和平均累计超额收益的相关系数显著为负。

2.4.3 实证结果

我们分析投资者在了解了全部财务报告信息之后能否对盈余管理做出反应。我们取事件期前的200天作为估计期,估计窗口为(−230,−31),并根据模型(2.11)来估计每个公司的市场风险因子 β_i。对于异常盈余的估计而言,我们更加关注投资者对盈余管理的发现过程,所以采用了平均超额累计收益来测算一个时期内(而非某个时间点)的异常收益情况。该事件期的跨度为31天,我们将测算从时间窗口(−1,+1)到时间窗口(−1,+30)的过程中市场的反应。时间窗口越大,越多的投资者可以深入理解和分析财务报告,并发现盈余管理的迹象。

我们之所以采用财务报告公布日为零时间点,因为在我们的研究中,投资者必须得到完整的财务报告才能分析会计数据的真实性,区分盈余管理(Baber 等,2006)。尽管主要的财务信息在财务报告公布之前就已经披露,但投资者只有得到完整的财报才能对操纵性应计利润和非操纵性应计利润进行区分。通过模型(2.13)进行事件研究得出的平均超额累计收益可见图2.1。

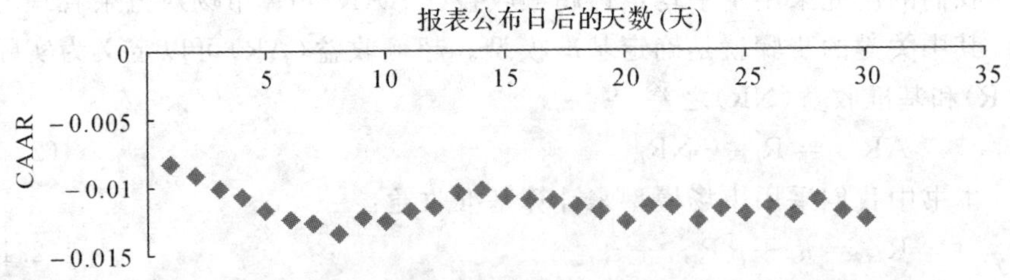

图 2.1 所有公司的 CAAR(−1,1)到 CAAR(−1,30)

所有公司的全部平均超额累计收益为很小的负值,在公布日10天之后相对稳定。10天之后稳定的CAAR表示市场从之后对信息没有新的反应,所以没有新的超额收益的增加或减少,所有对信息的反应均被市场所吸收,这样的结论与“长期而言,全部市场信息被充分反应”的观点一致。

为了进一步检验盈余管理对市场的影响,我们依据操纵性应计利润的大小将总的样本分为了 8 个分样本。第 1 个分样本(0,12.5%)有最小的操纵性应计利润值,第 8 个分样本(87.5%,100%)有最大的操纵性应计利润值,其他分样本依此类推,我们得出了以下的 CAAR 分布(见图 2.2 至图 2.5)。

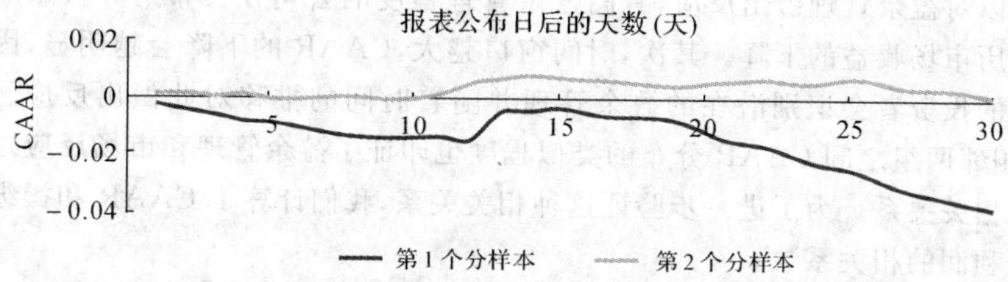

图 2.2 第 1 个分样本(0,12.5%)和第 2 个分样本(12.5%,25%)的 CAAR 分布

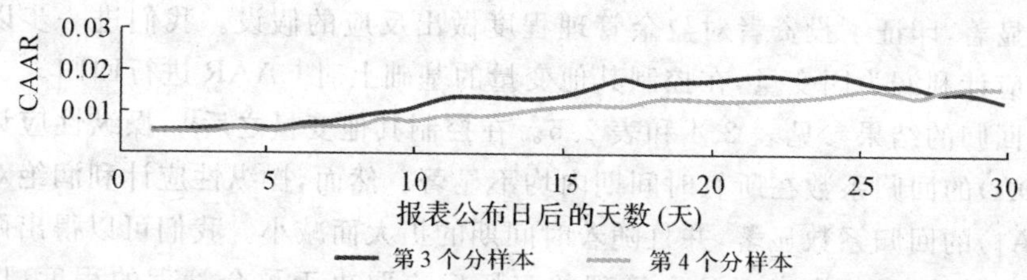

图 2.3 第 3 个分样本(25%,37.5%)和第 4 个分样本(37.5%,50%)的 CAAR 分布

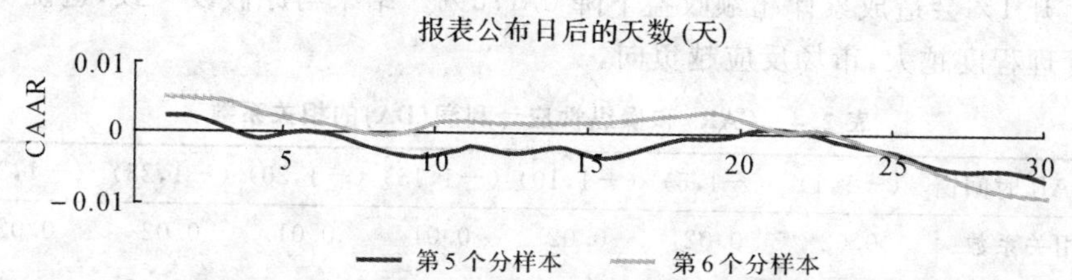

图 2.4 第 5 个分样本(50%,62.5%)和第 6 个分样本(62.5%,75%)的 CAAR 分布

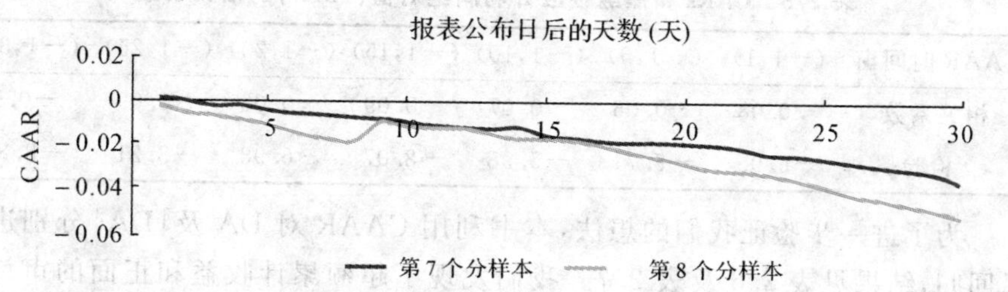

图 2.5 第 7 个分样本(75%,87.5%)和第 8 个分样本(87.5%,100%)的 CAAR 分布

8个分样本的CAAR分布显著不同，其中第1组、第7组和第8组的CAAR在事件日之后显著下降。这3组样本的相似之处在于它们的操纵性应计利润的绝对值都很高。这样的结果和我们的原假设相一致。首先，投资者可以对盈余管理做出反应，有高盈余管理程度的公司在公布财务数据之后会经历市场收益的下降。其次，时间窗口越大，CAAR的下降会越明显，因为更多的投资者会识别潜在的盈余管理并随着时间的推移对此做出反应。最后，相邻两组之间CAAR分布的类似程度也印证了盈余管理和市场反应之间存在相关关系。为了进一步验证这种相关关系，我们计算了CAAR和操纵性应计利润的相关系数。

我们发现了操纵性应计利润(DA)和超额累计收益(CAAR)之间的相关系数很小。但是操纵性应计利润绝对值(|DA|)和CAAR之间的相关系数较大并显著，印证了投资者对盈余管理程度做出反应的假设。我们进一步以操纵性应计利润为因变量，在控制其他变量的基础上对CAAR进行回归。

回归的结果参见表2.4和表2.5。在控制其他变量之后[①]，操纵性应计利润(DA)的回归系数在所有时间期内均不显著。然而，操纵性应计利润绝对值(|DA|)的回归系数显著，并且随着时间期的扩大而减小。我们可以得出两个重要的结论：①投资者对盈余管理的市场反应取决于盈余管理的程度(以操纵性应计利润绝对值(|DA|)度量)；②在30天的时间窗口内，盈余管理程度每上升1%会造成累计超额收益下降0.175%。结果与原假设一致，这说明盈余管理程度越大，市场反应越负向。

表2.4 CARs和操纵性应计利润(DA)的相关系数

CAAR时间窗	(−1,1)	(−1,5)	(−1,10)	(−1,15)	(−1,20)	(−1,25)	(−1,30)
相关系数	0.02	0.02	0.02	0.01	0.01	0.02	0.02
*t*检验	−1.88	−1.8	−1.93	−1.12	−1.17	−1.57	−1.4

表2.5 CARs和操纵性应计利润绝对值(|DA|)的相关系数

CAAR时间窗	(−1,1)	(−1,5)	(−1,10)	(−1,15)	(−1,20)	(−1,25)	(−1,30)
相关系数	−0.08	−0.06	−0.07	−0.09	−0.08	−0.09	−0.1
*t*检验	−6.95	−5.71	−5.98	−8.07	−6.98	−8.21	−8.88

为了进一步验证我们的想法，本书利用CAAR对DA及|DA|分别进行了回归，结果见表2.6及表2.7。我们发现了超额累计收益和正面的审计意

① 所有控制变量的描述性统计结果见附表14。

见、更高的 Tobin's Q、更高的杠杆率以及更高的资产回报率存在正相关。这些数据反映了投资者对财务报告的解读以及其关注的主要信息。说明投资者偏好有着更高盈利、更大杠杆，成长性高，并且有正面审计评价的公司。

本章研究发现了投资者对盈余管理的负向市场反应。下一章的研究将集中验证两个假设：①有效的公司治理结构可以限制盈余管理的行为；②更健康的公司治理结构可以帮助投资者更好地识别盈余管理。

表 2.6 市场对操纵性应计利润(DA)的反应

变量	CAAR01	CAAR05	CAAR10	CAAR20	CAAR30
截距项	−0.0988***	−0.1464***	−0.1756***	−0.1106	−0.2543**
	(0.00)	(0.00)	(0.00)	(0.28)	(0.04)
应计利润					
DA	0.0107	0.0159	0.0209	0.0376	0.0424
	(0.18)	(0.23)	(0.27)	(0.32)	(0.35)
控制变量					
AUDIT_OPINION	0.0147***	0.0392***	0.0611***	0.0704***	0.1240***
	(0.00)	(0.00)	(0.00)	(0.00)	(0.00)
FCFE	0.0003	−0.0005	−0.0010	−0.0014	−0.0021
	(0.59)	(0.55)	(0.37)	(0.52)	(0.43)
TOBINQ	0.0025**	0.0074***	0.0132***	0.0305***	0.0382***
	(0.04)	(0.00)	(0.00)	(0.00)	(0.00)
EPS	0.0023	0.0037	0.0024	0.0052	0.0150
	(0.32)	(0.34)	(0.67)	(0.63)	(0.26)
ROA	−0.0092	−0.0087	−0.0041	0.0045	0.0058
	(0.20)	(0.46)	(0.81)	(0.89)	(0.89)
D/A	0.0008	0.0020*	0.0034**	0.0087***	0.0097**
	(0.24)	(0.09)	(0.04)	(0.01)	(0.02)
ln(ASSET)	0.0036***	0.0048***	0.0054**	0.0027	0.0068
	(0.00)	(0.00)	(0.02)	(0.57)	(0.24)
调整后的 R^2	1.52%	3.12%	3.55%	1.80%	3.13%
F 检验	0	0	0	0	0

表 2.7 市场对操纵性应计利润绝对值(|DA|)的反应

变 量	CAAR01	CAAR05	CAAR10	CAAR20	CAAR30
截距项	−0.0962***	−0.1413***	−0.1669***	−0.0945***	−0.2348***
	(0.00)	(0.00)	(0.00)	(0.35)	(0.06)
应计利润					
|DA|	−0.0184**	−0.0416***	−0.0760***	−0.1430***	−0.1750***
	(0.03)	(0.00)	(0.00)	(0.00)	(0.00)
控制变量					
AUDIT_OPINION	0.0146***	0.0389***	0.0603***	0.0688***	0.1220***
	(0.00)	(0.00)	(0.00)	(0.00)	(0.00)
FCFE	0.0003	−0.0004	−0.0009	−0.0012	−0.0019
	(0.54)	(0.61)	(0.43)	(0.59)	(0.48)
TOBINQ	−0.0019	0.0060***	0.0107***	0.0259***	0.0326***
	(0.12)	(0.00)	(0.00)	(0.00)	(0.00)
EPS	0.0030	0.0052	0.0051	0.0104	0.0214
	(0.20)	(0.18)	(0.35)	(0.34)	(0.11)
ROA	−0.0135*	0.0238**	0.0370**	0.0587*	0.0740*
	(0.06)	(0.04)	(0.03)	(0.08)	(0.07)
D/A	0.0008	0.0018	0.0032*	0.0083***	0.0092**
	(0.29)	(0.12)	(0.06)	(0.01)	(0.02)
ln(ASSET)	0.0035***	0.0047***	0.0052**	0.0023	0.0063
	(0.00)	(0.01)	(0.03)	(0.63)	(0.27)
调整后的 R^2	1.60%	3.30%	3.88%	2.10%	3.43%
F 检验	0.00	0.00	0.00	0.00	0.00

注：回归的模型是 $CAAR_{i,t}=\alpha+\beta_{i,t}Accurals_{i,t}+\sum\delta_{i,t}Control_{i,t}+\varepsilon_{i,t}$，即将市场反应作为自变量，对应计利润以及其他控制变量回归。五列数据分别表示不同的时间窗口，控制变量的意义如下：AUDIT_OPINION—审计意见，若为非保留意见则为 1，否则为 0；FCFF—公司自有现金流；TOBINQ—托宾 Q，成长性指标；EPS—每股收益；ROA—总资产回报率；ln(ASSET)—总资产的自然对数；*，**，*** 分别表示双尾检验在 10%，5%，1%上显著，括号中是显著性水平。

2.5　盈余管理市场反应与公司治理结构

2.5.1　样　本

公司治理机构的作用在于影响管理层行为，使得他们为股东创造更大价值。本章中我们探讨不同的公司治理结构是否能够影响盈余管理行为及其市场反应。我们从 CSMAR 数据库中取得了所有 968 家公司的公司治理结构数据，之前章节关于市场和公司特点的数据在本章中也会继续采用。相关数据信息如下：①968 家公司每年大股东持股情况，包括所有前十大股东的持股比重；②公司管理层的报酬数据，包括每年现金报酬以及股权激励情况；③每年度公司内部治理情况的代理变量，包括董事会的构成、管理层持股比重、国有股比重、CEO 和董事会主席独立情况等；④盈余管理的度量指标为第 3 节中的操纵性应计利润（DA）及其绝对值，而市场反应的指标为第 4 节中的平均超额累计收益。

公司治理机制分为内部治理机制和外部治理机制。内部治理机制包括董事会的构成、公司所有权、高管的薪酬以及年度报告等。而外部治理机构则涵盖了审计师的权利、监管者的作用、机构投资者的影响以及法律结构等。在本书中，我们采用最大股东的持股比重来表示大股东的利益；同时用国有股比重表示国家因素对公司的影响；董事会的构成以及 CEO 和董事会主席的分离情况都可以判断董事会的独立性；高管的薪酬构成可以衡量高管与股东利益的相关度，但是由于数据缺失①，该指标无法进行回归。考虑到公司财务信息的透明度及可信性，我们认为发行 B 股或 H 股的公司会遵守更严格的会计制度，从而披露更可靠的财务信息。而被前八大审计公司审计的公司则被强势的审计师监管，从而具备了更好的外部治理结构。与 Bai 等在 2004 年的研究一致，我们采用第二到第十大股东的持股比重来代表外部治理结构。②

主要的公司治理指标说明如下：

Top_1——最大股东的持股比重；

Top_{2-10}——第二到第十大股东的持股比重之和；

NEG——流通股占所有股权的比重；

---

①　许多公司并不披露高管的薪酬，删除这些公司会造成样本不足。

②　活跃的外部治理机制在中国并不存在，所以本书与之前的研究一致，采用第二到第十大股东的持股比重作为公司控制权变量。

STATE——国有股的比重；

CEO——CEO 是否是董事会主席，虚拟变量，若 CEO 是董事会主席则取 1，反之取 0；

INDEP——独立董事在董事会中的比重；

BIG8——是否由综合实力最强的八家审计事务所审计，虚拟变量，若是则取 1，反之取 0；

BH——是否在 B 股或 H 股市场上发行，虚拟变量，若是则取 1，反之取 0。[①]

2.5.2 实证方法

由于公司治理结构的复杂特性，学术界并没有统一的度量冻死治理结构的指标。许多研究采用单一的指标或者复合系数来建造一个公司治理指数[②]，以衡量公司的治理质量。Larcker 等(2007)质疑这种方法并不能充分体现公司治理结构的多样性。这样的单一指标带来的后果是估计模型的不一致性且估计误差巨大，此外，单一的指标也不能直观解释。主成分分析法似乎是度量公司治理结构的有效方法，因为其能够在不损失信息的基础上将相关程度较高的治理结构变量整合，从而减少了变量的维度，为解释结果提供了便利。本章的原假设如下：

H2：保持其他变量不变，公司治理结构更好的公司参与盈余管理越少。

H3：保持其他变量不变，公司治理机构健康的公司的股东更容易发现盈余管理行为并做出相应反应。

2.5.3 实证结果

1. 分解主成分

表 2.8 和表 2.9 分别包含了所有公司治理结构变量的统计性描述以及相关系数。公司治理结构相关的变量(Top_1、Top_{2-10}、NEG 和 STATE)显著相关，关于董事会独立性的指标(CEO 和 INDEP)显著相关，而衡量外部控制权的指标(BH 和 BIG8)也显著相关。在这种情况下，主成分分析能够有效减少研究的维度。

所有主成分分析在 SPSS 软件下完成，从 p 个变量中可提取出 p 个主成分，而这些主成分所含的原始信息由单位根表示。判断主成分个数的方法很

① 公司治理变量的统计性描述见表 2.8，由于所有数据均处于合理区间，所以无需进行数据删选。

② Gompers 等(2003)采用 G-打分的方法将众多公司治理数据简化为单一指数。

多，第一种方法是常识判断[①]，选取单位根至少等于 1 的主成分，即选取的主成分至少比单一变量包含的信息要多。第二种方法则是看主成分的累积方差解释力之和，一般所有主成分需要解释 60%以上的原始信息。

表 2.8　公司治理结构变量的统计性描述

	Top_1	Top_{2-10}	NEG	STATE	CEO	INDEP	BIG8	BH
均值	0.38	0.18	0.49	0.30	0.13	0.35	0.19	0.10
标准差	0.16	0.13	0.17	0.24	0.33	0.05	0.40	0.30
最小值	0.01	0.00	0.03	0.00	0.00	0.00	0.00	0.00
最大值	0.85	0.59	1.00	0.97	1.00	0.67	1.00	1.00

表 2.9　公司治理结构的相关系数

相关系数	Top_1	Top_{2-10}	NEG	STATE	CEO	INDEP	BIG8	BH
Top_1	1.00							
	—							
Top_{2-10}	−0.53	1.00						
	(0.00)	—						
NEG	−0.55	−0.18	1.00					
	(0.00)	(0.00)	—					
STATE	0.60	−0.26	−0.43	1.00				
	(0.00)	(0.00)	(0.00)	—				
CEO	0.01	−0.01	−0.01	0.01	1.00			
	(0.28)	(0.37)	(0.26)	(0.43)	—			
INDEP	0.01	−0.01	−0.01	0.00	−0.27	1.00		
	(0.35)	(0.44)	(0.63)	(0.81)	(0.00)	—		
BIG8	−0.02	0.00	0.04	−0.01	−0.01	0.02	1.00	
	(0.18)	(0.80)	(0.00)	(0.69)	(0.50)	(0.11)	—	
BH	0.00	0.00	0.00	0.01	0.00	0.02	0.29	1.00
	(0.94)	(0.73)	(0.84)	(0.54)	(0.89)	(0.22)	(0.00)	—

注：相关系数的显著性在括号中表示。

① 常识判断也叫莱顿单位根检验。

表 2.10　主成分分析结果(1)总离差解释度

<table>
<tr><th rowspan="3">成　分</th><th colspan="6">总离差解释度</th></tr>
<tr><th colspan="3">单位根</th><th colspan="3">系　数</th></tr>
<tr><th>值</th><th>变量百分比(%)</th><th>累积百分比(%)</th><th>值</th><th>变量百分比(%)</th><th>累积百分比(%)</th></tr>
<tr><td>1</td><td>2.19</td><td>27.41</td><td>27.41</td><td>2.19</td><td>27.41</td><td>27.41</td></tr>
<tr><td>2</td><td>1.30</td><td>16.19</td><td>43.59</td><td>1.30</td><td>16.19</td><td>43.59</td></tr>
<tr><td>3</td><td>1.19</td><td>14.85</td><td>58.44</td><td>1.19</td><td>14.85</td><td>58.44</td></tr>
<tr><td>4</td><td>1.05</td><td>13.08</td><td>71.52</td><td>1.05</td><td>13.08</td><td>71.52</td></tr>
<tr><td>5</td><td>0.95</td><td>11.89</td><td>83.41</td><td></td><td></td><td></td></tr>
<tr><td>6</td><td>0.71</td><td>8.88</td><td>92.29</td><td></td><td></td><td></td></tr>
<tr><td>7</td><td>0.48</td><td>6.00</td><td>98.29</td><td></td><td></td><td></td></tr>
<tr><td>8</td><td>0.14</td><td>1.71</td><td>100.00</td><td></td><td></td><td></td></tr>
</table>

从表 2.10 中可见,采用第一种方法可选取 4 个主成分(单位根大于 1),此外这 4 个主成分的累积离差解释能力达到了总离差的 71.52%,大于 60%的界限,所以采用该方法是正确的。

基于上述分析,我们选取了 4 个主成分来概括全部 8 个公司治理结构变量所包含的信息。此外,我们进行共性检验(communalities evaluation)检验 4 个单位根的合理性。共性检验描述了原变量被主成分解释的信息的比率。在表 2.11 中可见,主成分能够至少解释单个变量 52%的原始信息(CEO),并最多解释 95%的单变量原始信息(Top_{2-10})。共性检验的结果都高于 50%的临界水平,这进一步验证了主成分分析的有效性。

表 2.11　Communalities Evaluation 共性检验

<table>
<tr><th></th><th colspan="8">共　性</th></tr>
<tr><th></th><th>Top_1</th><th>Top_{2-10}</th><th>NEG</th><th>STATE</th><th>CEO</th><th>INDEP</th><th>BIG8</th><th>BH</th></tr>
<tr><td>初始值</td><td>1.00</td><td>1.00</td><td>1.00</td><td>1.00</td><td>1.00</td><td>1.00</td><td>1.00</td><td>1.00</td></tr>
<tr><td>提取值</td><td>0.87</td><td>0.95</td><td>0.89</td><td>0.53</td><td>0.52</td><td>0.67</td><td>0.64</td><td>0.64</td></tr>
<tr><td colspan="9">提取方法:主成分分析法</td></tr>
</table>

2. 主成分载荷以及分类

载荷是指主成分和原始变量之间的相关性,表 2.12 描述了主成分在原始变量中的旋转载荷[①]。

主成分 1 在"Top_1"、"STATE"和"NEG"变量上有着较大的载荷。这些变量都与所有权结构相关。我们可以定义主成分 1(PAC1)为"所有权主成分"。总体而言,最大股东持股比重以及国有股比重越大,意味着公司治理结

① 通过旋转坐标轴,可以将载荷向原始变量集中,以便更好地解释主成分的意义。

构的恶化，因为这些公司更可能发生渠道效应。此外，更多的流通股比重意味着公司治理结构的改善。由于主成分 1 在“Top_1”和“STATE”的正载荷以及在“NEG”上的负载荷，可以认为主成分 1 是不健康的公司治理指标。

表 2.12 主成分旋转居正

主成分	Top_1	NEG	STATE	TTEN	BIG8	BH	CEO	INDEP
1	0.83	−0.85	0.79	−0.16	−0.03	0.02	0.01	−0.01
2	0.44	0.4	0.22	−0.96	0.01	−0.01	0	0.01
3	−0.01	0.03	0.01	0	0.82	0.74	−0.05	0.06
4	0.01	−0.02	−0.01	−0.01	0.02	0.01	0.73	0.72

注：提取方法：主成分分析法；旋转方法：旋转坐标轴法。

主成分 2 在变量“Top_{2-10}”上有较高的载荷，反映了股东的控制权。所以我们定义它为“股东控制成分”。第二到第十大股东的持股可以视作外部的控制并阻止可能的渠道效应的发生。由于在“Top_{2-10}”变量上的负载荷，主成分 2 也是不健康的公司治理指标。

主成分 3 在“BIG8”和“BH”上有较高的载荷，我们定义它为“外部控制成分”。公司年报被前八大审计事务所审计可以反应更准确的财务信息，这是因为前八大审计事务所关于信誉度的考虑会更加严格。此外，在 B 股和 H 股上市的公司也要遵循更加严格的国外会计准则，会计信息会更加准确，而成熟的境外投资者也能够对公司施加一定的外部监管。由此可见“BIG8”和“BH”将改进财务信息的准确性并带来更严格的外部监管。由于在这两个变量上的正载荷，我们定义主成分 3 为健康的公司治理指标。

主成分 4 在“CEO”和“INDEP”上有较高的载荷。它们都度量了公司董事会的独立性，我们将该主成分定义为“董事会独立性成分”。学者们一致认为 CEO 与董事会主席职位的分离，以及独立董事在董事会中比重的增加是良好公司治理结构的体现。但是由于主成分 4 在两个变量上都是正的载荷，所以我们很难解释该主成分在公司治理结构中的作用①。

3. 公司治理结构在盈余管理中的作用

本部分将回归一系列的方程以检验公司治理结构对盈余管理的影响。之前分离出来的主成分将作为解释变量，而被解释变量则是第 3 节的操纵性应计利润以及第 4 节的投资者反应。模型 1 是将操纵性应计利润对公司治理主成分进行回归，模型 2 在模型 1 的基础上增加了控制变量。模型 3 采用交

① 董事会独立性两个指标的矛盾也许源自在中国公司治理中，CEO 的独立性并不是有效的指标 Zhang and Wang(2007)。

互项的方法研究公司治理结构对投资者反应的影响，模型 4 在模型 3 的基础上增加了控制变量，相关模型如下：

模型 1 $\text{Accruals}_{i,t} = \alpha + \sum \beta_{i,t}\text{GovPc}_{i,t} + \varepsilon_{i,t}$

模型 2 $\text{Accruals}_{i,t} = \alpha + \sum \beta_{i,t}\text{GovPc}_{i,t} + \sum \gamma_{i,t}\text{Control}_{i,t} + \varepsilon_{i,t}$

模型 3 $\text{CAAR}_{i,t} = \alpha + \beta_{i,t}\text{Accruals}_{i,t} + \gamma_{i,t}\text{Accruals}_{i,t} \times \text{GovPc}_{i,t} + \sum \delta_{i,t}\text{Control}_{i,t} + \varepsilon_{i,t}$

模型 4 估计的模型是 $\text{Accruals}_{i,t} = \alpha + \sum \beta_{i,t}\text{GovPc}_{i,t} + \varepsilon_{i,t}$

表 2.13 是模型 1 的回归结果。第二列展示了用操纵性应计利润值回归的结果，所以公司治理结构中只有主成分 3(外部控制)是显著的，负的回归系数说明当外部监督增加时(在国外上市或者被大审计事务所审计)，公司更少地参与增加收益的盈余管理，说明外部治理结构可以有效抑制收益增加的盈余管理。第三列则表明主成分 1 的回归系数显著，负的回归系数暗示了公司治理结构越差(大股东股权更集中，国有股权更集中，流通股越少)时，公司盈余管理程度下降，这种发现与常识相违背。Beekes 等在 2010 年也发现了相似的矛盾，并解释了公司治理结构或者应计利润的估计错误都会导致这种矛盾。

表 2.13 模型 1 回归结果

变 量	操纵性应计利润	|操纵性应计利润|
截距项	0.0000 (1.0000)	0.0855 (0.0000)
主成分		
PAC1(所有权)	−0.0025 (0.3756)	−0.0044* (0.0728)
PAC2(股东控制)	0.0029 (0.2969)	−0.0006 (0.8207)
PAC3(外部控制)	−0.0065*** (0.0221)	0.0004 (0.8656)
PAC4(董事会独立性)	−0.0032 (0.2626)	−0.0008 (0.7719)
控制变量		
N/A		
调整后的 R^2	0.08%	0.05%
F 检验	0.0790	0.5428

表 2.14 展示了模型 2 的回归结果，相对模型 1 增加了一些控制变量，包

括了没有包含在主成分中的公司治理指标[①]，董事会规模(size of BOD)度量了董事会的有效性，管理层持股比重衡量了管理层和股东利益的一致性，资本负债率衡量了其他利益相关方(债权人)对公司的监管。回归的结果和模型 1 一致：主成分 3 对操纵性应计利润有负的回归系数，而主成分 1 对操纵性应计利润绝对值有正的回归系数。此外，我们发现负债率和操纵性应计利润绝对值有着显著的负向相关关系。负债率上升 1%会引致盈余管理程度下降 0.02%，这说明债权人可以有效监管公司，并减少了收益增加和收益减少的盈余管理行为。

此外，我们发现了公司治理主成分的回归系数在数值上较小。换言之，一个标准差的公司治理结构的改善只能导致不到 1%的盈余管理的减少。然而由于盈余管理已经用总资产标准化，所以折算为现金的盈余管理的改善还是可观的。

表 2.14　模型 2 回归结果

变　量	操纵性应计利润	|操纵性应计利润|
截距项	−0.1217 (0.0000)	0.2036 (0.0000)
主成分		
PAC1(所有权)	−0.0030 (0.2807)	−0.0034* (0.0942)
PAC2(股东控制)	0.0018 (0.5229)	0.0008 (0.7359)
PAC3(外部控制)	−0.0067** (0.0147)	−0.0012 (0.6168)
PAC4(董事会独立性)	−0.0036 (0.1891)	−0.0002 (0.9302)
控制变量		
BODSIZE	0.0002 (0.8713)	0.0008 (0.4894)
MGT_HOLDING	−0.0464 (0.7467)	−0.0371 (0.7633)
D/A	−0.0083*** (0.0000)	−0.0230*** (0.0000)
调整后的 R^2	5.43%	17.50%
F 检验	0.0000	0.0000

注：回归的模型是 $\text{Accruals}_{i,t} = \alpha + \sum \beta_{i,t}\text{GovPc}_{i,t} + \sum \gamma_{i,t}\text{Control}_{i,t} + \varepsilon_{i,t}$。相关控制变量为：BODSIZE—董事会规模；MGT_HOLDING—管理层持股；D/A—资产负债率。

① 由于这些公司治理结构变量与其他治理结构变量的相关性较小，所以不适合主成分分析，故单独考虑作为控制变量。

我们从第 4 节的分析中得出市场只对操纵性应计利润绝对值做出反应。此外，这种反应随着时间期的扩大而变得更加负向。我们在接下来的研究中考虑操纵性应计利润绝对值与公司治理结构的交互项对投资者反应的影响。

表 2.15 展示了模型 3 的回归结果，与之前研究一致的是，投资者会对操纵性应计利润绝对值做出负向反应。但是操纵性应计利润绝对值和公司治理结构的交互项并不显著，这似乎暗示了公司治理结构不能帮助投资者识别盈余管理。

表 2.15　模型 3 的回归结果

变量 \ CAAR	(−1,1)	(−1,5)	(−1,10)	(−1,20)	(−1,30)
截距项	−0.0087	−0.0115	−0.0119	−0.0097	−0.0195
	(0.0000)	(0.0000)	(0.0000)	(0.0223)	(0.0002)
解释变量					
ADA	−0.0229***	−0.0465***	−0.0641***	−0.1146***	−0.1871***
	(0.0000)	(0.0000)	(0.0000)	(0.0000)	(0.0000)
ADA * PAC1	0.0038	0.0060	−0.0009	0.0194	0.0407
	(0.3770)	(0.4057)	(0.9506)	(0.3530)	(0.1852)
ADA * PAC2	−0.0003	0.0052	0.0103	0.0180	0.0110
	(0.9470)	(0.4633)	(0.4461)	(0.3828)	(0.6623)
ADA * PAC3	−0.0036	−0.0020	−0.0079	−0.0051	0.0032
	(0.3736)	(0.7674)	(0.5494)	(0.7992)	(0.8956)
ADA * PAC4	−0.0025	0.0002	−0.0260	−0.0197	−0.0155
	(0.4960)	(0.9688)	(0.0304)	(0.2839)	(0.4909)
调整后的 R^2	0.69%	0.96%	0.49%	0.65%	1.15%
F 检验	0.0000	0.0000	0.0000	0.0000	0.0000

注：估计的模型为 $\mathrm{CAAR}_{i,t}=\alpha+\beta_{i,t}\mathrm{Accurals}_{i,t}+\gamma_{i,t}\mathrm{Accurals}_{i,t}\times\mathrm{GovPc}_{i,t}+\varepsilon_{i,t}$。

为更好地判断公司治理结构对投资者反应的影响，我们在模型中加入了一些控制变量①。

前三个控制变量是公司治理指标（未包含在主成分中）与操纵性应计利润绝对值的交互项，而其他的控制变量是财务报表中的财务信息，这些信息可能影响投资者决策。此外，我们控制了审计师意见，以更好地了解审计师意见在投资者理解财务报告和盈余管理之中的作用。

表 2.16 总结了模型 4 的回归结果，交互项 ADA * PAC1（所有权）有显著为正的回归系数，证明了健康的股权结构能够帮助投资者更好地识别盈余管

① 控制了这些变量之后，可以评估公司治理结构对投资者反应的直接影响。

理并做出反应。[①] 此外，我们还发现了 ADA * PAC3（外部控制）和 ADA * PAC2（股东治理）显著，在 ADA * PAC2 上显著正的回归系数说明更低的第二到第十大股东持股会造成投资者对盈余管理行为的反应不足，而显著为负的 ADA * PAC3 回归系数则说明更强的外部控制能够导致市场逆向的反应。此外，控制变量中的公司治理结构与应计利润交互项的显著性也都证明了健康的公司治理结构能够帮助投资者有效识别盈余管理。以时间窗口（－1,30）为例，当其他变量保持不变，当股权结构、股东治理、外部控制变量改善 1%，会造成投资者对盈余管理的反应分别下滑 0.09%、0.06%、0.07%。

另一个有意义的发现是有非保留审计意见的公司会展示出更好的市场反应，但是审计意见和应计利润的交互项却不显著。这说明投资者在识别盈余管理时并没有将审计师意见作为判断依据。

表 2.16　模型 4 回归结果

变量 \ CAAR	（－1,1）	（－1,5）	（－1,10）	（－1,20）	（－1,30）
截距项	－0.100877 0	－0.154659 0	－0.192394 0.0001	－0.133463 0.1877	－0.287668 0.0195
自变量					
ADA	0.0108 (0.6714)	－0.0006 (0.9880)	－0.0302 (0.6104)	－0.0486 (0.6810)	－0.1437 (0.3176)
ADA * PAC1	0.0071 (0.2462)	0.0164 (0.1009)	0.0228 (0.1091)	0.0619** (0.0295)	0.0907*** (0.0087)
ADA * PAC2	0.0058 (0.2701)	0.0166* (0.0544)	0.0233* (0.0586)	0.0526** (0.0327)	0.0626** (0.0366)
ADA * PAC3	－0.0174*** (0.0078)	－0.0254** (0.0174)	－0.0380** (0.0127)	－0.0601** (0.0484)	－0.0714** (0.0535)
ADA * PAC4	－0.0060 (0.2573)	－0.0058 (0.5071)	－0.0150 (0.2269)	－0.0153 (0.5357)	－0.0279 (0.3528)
控制变量					
ADA * BODSIZE	－0.0040** (0.0860)	－0.0051 (0.1778)	－0.0045 (0.3969)	－0.0144 (0.1782)	－0.0110 (0.3983)
ADA * D/A	－0.0018* (0.0752)	－0.0033** (0.0411)	－0.0059** (0.0107)	－0.0140*** (0.0025)	－0.0197*** (0.0005)
ADA * MGT_HOLDING	－13500 (0.2587)	－3.6086* (0.0643)	－4.6420* (0.0947)	－47406 (0.3931)	20770 (0.7581)

① 由于主成分 1 表示了不健康的公司治理结构，所以正的回归系数表示健康的公司治理结构能够导致更逆向的投资者反应，反之亦然。

续表

控制变量					
ADA * AUDIT_OPINION	0.006352	−0.00137	−0.02812	0.007635	0.024483
	(0.7130)	(0.9612)	(0.4836)	(0.9242)	(0.8017)
AUDIT_OPINION	0.0127***	0.0368***	0.0591***	0.0596***	0.1091***
	(0.0007)	(0.0000)	(0.0000)	(0.0006)	(0.0000)
FCFF	0.0000	−0.0004	−0.0022	−0.0032	−0.0053
	(0.9960)	(0.8018)	(0.3377)	(0.4861)	(0.3440)
TOBINQ	−0.0017	−0.0056***	−0.0105***	−0.0242***	−0.0323***
	(0.1517)	(0.0038)	(0.0002)	(0.0000)	(0.0000)
EPS	0.0016	0.0024	−0.0006	0.0007	0.0083
	(0.5300)	(0.5774)	(0.9222)	(0.9534)	(0.5716)
ROA	−0.0064	−0.0104	−0.0021	−0.0136	−0.0077
	(0.5218)	(0.5265)	(0.9288)	(0.7703)	(0.8910)
ln(ASSET)	0.0038***	0.0055***	0.0067***	0.0049	0.0099*
	(0.0002)	(0.0010)	(0.0048)	(0.3029)	(0.0839)
调整后 R 平方	1.82%	3.62%	4.22%	2.42%	3.84%
F 检验	0.0000	0.0000	0.0000	0.0000	0.0000

注：回归的模型是 $CAAR_{i,t} = \alpha + \beta_{i,t} Accurals_{i,t} + \gamma_{i,t} Accurals_{i,t} \times GovPc_{i,t} + \sum \delta_{i,t} Control_{i,t} + \varepsilon_{i,t}$。控制变量的解释如下：ADA * BODSIZE—董事会规模和操纵性应计利润的交互项；ADA * D/A—负债率和操纵性应计利润的交互项；ADA * MGT_HOLDING—管理层持股和操纵性应计利润的交互项；AUDIT_OPINION—审计师意见；FCFF—公司自由现金流；TOBINQ—托宾 Q；EPS—每股收益；ROA—总资产回报率；ln(ASSET)—总资产的自然对数。

通过本章的研究我们发现：①外部治理越好（跨境上市、被知名审计事务所审计以及债权人权力越大），越能够限制盈余管理行为。②外部治理结构的改善以及良好的内部治理结构（合理的所有者权利）能够帮助投资者识别盈余管理并做出反应。③监管投资者倾向于投资拥有良好审计师意见的企业，但是审计师意见并不是投资者判断盈余管理的依据。

2.6 稳健性检验

本章我们运用非修正的 Jones 模型[①]进行回归得到了操纵性应计利润指标，之后用新的操纵性应计利润作为盈余管理的代理变量重新对所有实证分析进行研究，通过采用新的代理变量进行稳健性检验。所有实证分析和回归的内容在附录表 6 到附录表 13 中给出，最主要的稳健性检验结果如下：

① 稳健性检验中运用全样本数据进行整体回归，而非分行业进行截面数据回归。

(1)附录表 6 的结果显示和第 3 节的结果一样,操纵性应计利润的绝对值显著异于零,一定程度上证明了中国上市公司在年报中的盈余管理行为。

(2)附录表 7 到附录表 10 中的相关性检验和回归检验证明了市场会对操纵性应计利润的绝对值做出逆向的反应,尤其在时间窗口扩大时,这种反应更加剧烈。这些结论和第 4 节的结论相吻合。

(3)从附录表 11 到附录表 12 中可见盈余管理和公司治理结构之间没有显著的关系,说明第 5 节前半部分的结论不稳健。

(4)与第 5 节后半部分的结果类似,强有力的外部治理结构能够帮助投资者更好地识别盈余管理(见附录表 13)。

2.7 结 论

本书研究了中国市场中的盈余管理以及其市场反应的特征。

首先,我们首先对盈余管理的背景以及相应文献进行了回顾。之后我们介绍了实证部分采用修正的 Jones 模型的原因和方法。在本章的第 3 节,我们运用改进的 Jones 模型对中国市场中的盈余管理进行了研究,主要发现如下结果:①改进的 Jones 模型在解释能力和变量回归系数的显著性等方面比较突出。②我们发现了操纵性应计利润的绝对值显著大于零,证明了中国市场上的盈余管理行为(无论是增加收益还是减少收益的盈余管理)普遍存在。

其次,我们进一步研究了投资者对盈余管理的反应,发现了操纵性应计利润绝对值和累计超额收益之间的负向相关关系,证明了投资者可以识别盈余管理并做出反应。更重要的是,投资者识别盈余管理的过程需要一定的时间,时间窗口越大,逆向反应越激烈。

再次,当投资者的反应明确了之后,我们进一步探究了公司治理结构对盈余管理和投资者反应的影响。我们运用主成分分析简化了分析的维度并保持了 71%原有的信息,通过一系列回归的分析,我们得出了以下主要结论:①强有力的外部治理结构能够抑制增加收益的盈余管理。②外部治理结构的完善、第二到第十大股东持股比率的增加以及负债率的增加能够帮助投资者更好地识别盈余管理。③第一大股东持股的集中、国有股的比重增加以及流通股比重的下降会造成投资者对盈余管理反应不足。④监管投资者倾向于投资具有良好审计意见的公司,但是投资者并不以审计意见作为判断盈余管理的依据。

最后,研究中发现的问题在于,公司治理结构与盈余管理的关系并不稳健。Larker 等(2007)也发现了由于应计利润的估计误差会导致结果的不一致。所以未来的研究应该进一步探讨如何改进估计应计利润的模型以得到稳健的结果。

第3章 >>>

上市公司治理结构对盈余管理影响研究

3.1 引 言

盈余管理是企业管理者在编制财务报告和执行交易中,运用个人判断改变财务数字,以达到误导利益相关人对公司财务表现的认识,或是影响那些基于会计数据的契约的结果(Healy 和 Wahlen,1999)。造成盈余管理现象的原因有很多,然而其最为根本的就是公司治理结构的不完善。公司治理结构可以分为内部治理和外部治理结构,内部治理是《公司法》所确认的一种正式制度安排,主要表现为股东大会、董事会、监事会和经理层互相制衡,共同实施对公司的治理。内部治理是公司治理的基础和核心。而在企业外部,债权人、政府、社会文化环境也影响着企业的经营活动,这些因素被称为外部治理结构。正因为内部治理是公司治理的基础和核心,并且内部治理对于微观企业来说有着更大的实际意义,所以本书所研究的公司治理结构限定为狭义上的内部治理结构。

国外关于公司治理结构与盈余管理的研究有很多,Beasley(1996)和Dechow等(1996)、Klein(2002)研究了独立董事与盈余管理的关系,他们的研究结论均表明董事会中独立董事的比例与公司盈余管理负相关。相反,Knoeber(1996)测出了独立董事与公司业绩之间存在着强烈的负相关,因而得出结论:太多的独立董事尽管有可能提高公司的盈余质量,但是也很有可能增大董事会对公司的不熟悉程度,从而很大程度地影响公司的业绩。除了董事会特征以外,国外一些学者也对公司治理结构的其他方面与盈余管理之间的关系进行了研究。Warfield 等(1995)研究了股权结构与盈余管理之间的关系,结论认为管理层持股可以降低代理成本,从而降低盈余管理行为。国外的研究主要集中于公司治理的某一方面,特别是董事会特征对于盈余管理的影响。除此之外,他们对股权结构也进行了少量的研究。

国内学者在这方面的研究起步较晚,但也取得了一些成果。例如,张逸杰等(2006)发现董事会中独立董事的比例与公司盈余管理的程度之间存在U形曲线关系。毛洪涛和吴将君(2007)对上市公司股权集中度与盈余管理的关系进行了实证研究,结论表明上市公司的股权集中度越高,大股东越容易进行盈余管理。石军(2009)认为独立董事制度可以减少盈余管理行为的发生。基于此结论该文提出完善独立董事制度是改善我国公司治理结构的一种有效途径。虽然国内关于此问题的研究也有了一定的成果,但关于公司治理结构对盈余管理影响的系统性实证研究却不多见。

在前人研究的基础上,本章将对我国上市公司治理结构对盈余管理的影响做系统性的实证研究。本章的后续部分结构如下:第二部分是理论分析及研究假设,即根据我国上市公司治理结构的特点,从理论上分析其对盈余管理的影响,并在此基础上给出了研究假设;第三部分是研究设计,包括数据选取、变量定义及计量模型的设定;第四部分是实证检验分析,全面阐述了公司治理结构各变量对盈余管理的影响;第五部分是研究结论与政策建议。

3.2 理论分析及研究假设

近年来,我国上市公司盈余管理现象之所以愈演愈烈,与我国上市公司特有的治理结构特点是分不开的,这里着重分析我国上市公司治理结构对盈余管理的影响。

首先,作为我国上市公司治理结构缺陷根源的“一股独大”现象给我国盈余管理留下了很大的运作空间。特别是对于国有上市公司而言,国有股股东控制了股东大会,进而控制了董事会,形成了所有权上的超强控制。但是由于所有者缺位、所有权虚化等原因,国有股股东——非人格化的国家并不能真正行使所有者的权利,造成了事实上的对企业经营管理信息的需求严重不足。另外,国有股股东在很大程度上失去了对经营者的监督和约束职能,使得失去监督的经理层在利益驱动下自然去制造失真的会计信息。

其次,“一股独大”还间接导致了董事会的内部人控制问题。在国有上市公司,董事会被经理层控制,而在民营上市公司,则董事会被大股东控制。由于没有健全、独立的董事会来保证公司的正常运作,监事会也并没有起到应有的监督作用,如此董事会失去了对经理人员的监督约束功能,演变成内部人实现自身利益的合法机构。当公司治理结构不完善,无法对管理层进行有效监控,出现内部人控制的情况后,经理人员可以充分地利用手中的权力为自身利益服务。

最后,我国上市公司不仅没有恰当的监督机制约束经理人,还缺乏有效的激励机制来调动经理人的工作热情。这两者的结合使得经理人实施盈余管理行为的风险很小而预期收益很大。这就使得经理人有了实施盈余管理行为的理性依据,盈余管理就不可避免地发生了。

公司治理结构的不同要素对盈余管理也有着不同程度的影响,本书将着重分析如下机制对盈余管理的影响,并提出相应的研究假设:

(1)一个合理的股权结构,可以有效地提高上市公司的价值。一般认为,上市企业若股权趋于分散,那么小股东就存在着"搭便车"的行为。而当上市公司的绝大部分股权集中在某些大股东手中的时候,这些大股东就有足够的激励去监督代理人的行为。但是,"一股独大"同样也产生了新的问题,即大股东侵占小股东利益的现象。这种"隧道挖掘"行为在中国也较为明显。本书认为大股东持股比例与公司价值之间存在着一个U形关系。即当大股东会利用其控股地位侵蚀公司利益,但是当大股东拥有股份数量达到一定量时,大股东的利益和公司的利益就会趋于一致,从而再次提高公司的价值。

假设1:第一大股东持股比例与盈余管理程度呈U形关系。

(2)除了第一大股东以外,其余各大股东的制衡作用也是非常重要的。他们将对公司治理水平产生正面的影响,这主要通过以下三种途径:第一,这些大股东可以积极参与公司治理,加强与大股东和管理层的交流沟通,降低信息不对称水平;第二,当第一大股东企图实施"隧道挖掘"行为而侵害到其他大股东利益时,这些大股东会出面阻止;第三,这些大股东可以监督第一大股东的行为,当第一大股东控制公司经营,导致经营情况不善时,他们还有可能联合起来争取公司控制权。在我国上市公司中,虽然存在"一股独大"的问题,但随着股东大会投票制度不断改善、公司并购行为日趋活跃和法人股上市流通,外部大股东的制衡作用或者说是公司控制权市场的治理作用也在逐步加强。由此,本书提出如下假设:

假设2:第二至第十大股东持股比例与盈余管理程度负相关。

(3)董事会组成对盈余质量的高低有着非常大的影响。董事会代表股东负责独立地对管理者经营的行为和绩效进行监督评价。一般常用的董事会组成的变量有董事会中独立董事的数量、董事会的大小、董事的专业性和董事会所拥有的股份数量。独立董事无论在发达的成熟市场例如英美市场,还是在中国这样的新兴市场都是公司治理结构的重要组成部分。在中国市场,从引进独立董事制度到现在逐步发展和完善,对独立董事既有肯定,也有质疑,一些研究例如魏刚(2007)没有发现独立董事的存在与上市公司的业绩有显著关系。除了我们在现状分析中提到的中国治理结构中独立董事的缺陷,也有一些文献验证了独立董事的作用,特别是在监督大股东,保护中小股东方面，叶康涛(2007)证实了独立董事的存在可以显著地减少大股东“掏空”上市公司的行为，即上市公司大股东非经营性占用上市公司资金的行为。因此，我们提出：

假设 3：独立董事比例与公司盈余质量成正比。

(4)在我国，由于一直以来的计划经济体制，以及种种政治和社会因素的影响，上市公司高管和普通员工的名义薪酬差距不大，他们的薪酬往往是通过很多隐性消费来实现。因此可能对高管的股权激励效果更好。而在我国，对管理者实行股权激励制度的上市公司越来越多，高管的股权激励可能更有利于高管从股东利益的角度出发对公司进行管理和经营。因而高的股权激励，或者说高管持股有可能会降低高管的盈余操纵的规模。由此，本书提出如下假设：

假设 4：管理者持股比例与盈余管理程度负相关。

(5)监事会是对公司财产状况和经营业务进行监督检查的机构，它的权利包括提议召开股东大会全、公司代表权和财务监督权等。本书第 3 章的分析表明我国监事会独立性较差，对监督经理人员的盈余管理几乎起不到作用。并且，监事会要充分发挥其监控功能，除具备独立性和任职能力外，还必须具有活力。衡量监事会是否具有活力，可看其开会的频率。有关研究发现，那些重新公布财务报告或者受到美国证券交易委员会(SEC)指责的公司，开会的次数少于其他公司。Chtourou 等(2001)的研究也指出，监事会开会的频率与盈余管理程度是负相关的。

假设 5：监事会开会次数与盈余管理程度负相关。

(6)国有上市公司是中国比较有特色的一种上市公司的治理结构。国有上市公司主要存在国有股“一股独大”、所有人缺位导致内部人控制问题。而民营上市公司虽然产权清晰，股东监控更有效率，但同样存在“一股独大”问题，也存在着大股东侵占小股东利益的情况。虽然两种上市公司有着不同的治理结构，但它们都有很强的盈余操纵的动机。为此我们提出：

假设 6：国有上市公司盈余质量要高于民营上市公司。

3.3 研究设计

3.3.1 数据来源与样本选择

本书选取的样本为 2008 年所有的 A 股上市的公司，由于金融类公司(包括银行、证券、保险)的会计政策、资产负债表特征都与其他公司不同，因此将其剔除出样本。另外，同时剔除掉 ST 公司和数据不全的公司，共剩下 724 家上市公司。利用 EViews 6.0 软件进行分析。上市公司财务数据来自 CCER 一般上市公司财务数据库，治理结构数据来自 CCER 上市公司治理结构数据库。

3.3.2 变量定义

1. 被解释变量

模型的被解释变量即盈余管理的程度，由于公司管理当局有动机把盈余调高或调低，而本书只关心盈余管理的程度而非方向。因此，本书用可控应计利润模型估算出来的可控应计利润的绝对值来表示盈余管理的程度，为便于研究，用 DA 表示，见表 3.1。

表 3.1 被解释变量定义

被解释变量	变量的度量
DA	可控应计利润的绝对值

关于 DA 的估计，本书使用目前国内外文献使用最多的修正后的 Jones 模型，并结合中国上市公司的实际情况进行了一定的修改。具体的计算过程如下：

首先对下式进行估计：

$$TA_t = \alpha_1(1/A_{t-1}) + \alpha_2(\Delta REV_t - \Delta REC_t) + \alpha_3 OCF_t + \alpha_4 NLA_t + \alpha_5 INR_t + \varepsilon_t \tag{3.1}$$

式中：TA_t 为经过 $t-1$ 年总资产调整后的总应计利润，总应计利润 = 净利润 − 经营现金净流量；A_{t-1} 为 $t-1$ 年的总资产；ΔREC_t 为经过总资产调整后的第 t 年的应收账款减去第 $t-1$ 年的应收账款的差额；ΔREV_t 为经过 $t-1$ 年总资产调整后的第 t 年的收入减去第 $t-1$ 年的收入之差；NLA_t 为经过 $t-1$ 年总资产调整后的第 t 年无形资产和其他非流动资产的总和；INR_t 为经过 $t-1$ 年总资产调整后的第 t 年的投资收益。

用(3.1)估计出模型参数 $\alpha_1, \alpha_2, \alpha_3$，然后估计出非可操控应计利润：

$$NDA_t = \alpha_1(1/A_{t-1}) + \alpha_2(\Delta REV_t - \Delta REC_t) + \alpha_3 OCF_t + \alpha_4 NLA_t + \alpha_5 INR_t + \varepsilon_t \tag{3.2}$$

式中：NDA_t 为第 t 年的非可操控应计利润，然后根据下式求出第 t 年的可操控利润绝对值：

$$DA = TA - NDA \tag{3.3}$$

2. 解释变量

解释变量主要为公司治理结构变量，主要包括股权结构、董事会构成、监事会变量、高管持股比例、控股股东性质等，具体如表 3.2 所示。

表 3.2　解释变量定义

解释变量	变量的度量
股权集中度(Top_1)	第一大股东持股比例:第一大股东持股数量/公司总股本
股权制衡度(Top_{2-10})	第二至第十大股东持股比例之和:第二至第十大股东持股数量之和/总股本
独立董事比例(ID)	独立董事数量/董事会总人数
监事会开会频率(FR)	一年中监事会开会次数
高管持股比例(Share)	高管持股数量/公司总股本
控股股东性质(SC)	第一大股东为国有股时为 1,民营为 0

3. 控制变量

影响盈余管理的变量当然不仅仅是公司治理变量,因此,为了模型更加准确,本书在借鉴国外文献的基础上,根据中国实际情况,还引入了一些控制变量,它们具体如下:

(1)公司规模。虽然目前学术界对于公司规模与盈余管理的关系的结论还很不一致,但普遍认为公司规模与盈余管理程度是相关的。Rajan 和 Zingles(1995)、Dehow 和 Dichev(2002)认为,规模大的公司可能公开了更多的公司信息,从而减少了信息不对称,降低盈余管理程度。

(2)资产负债率。在本书理论部分关于盈余管理动机的讨论中提到了债务契约动机。我国的公司治理结构中,债权人没有参与公司管理,因此,对债务人的约束主要是通过债务契约中的限制条件来进行。一般来说,资产负债率高的公司会受到债权人更多地监督,进行盈余管理的空间也越小。

(3)净资产收益率。在我国,由于特殊的监管政策,净资产收益率成为了很多上市公司盈余管理的目标,因此本书还选择了净资产收益率作为又一控制变量。

相关控制变量定义见表 3.3。

表 3.3　控制变量定义

控制变量	变量的度量
公司规模(Size)	公司总资产
资产负债率(LEV)	总负债/总资产
净资产收益率(ROE)	净利润/净资产

3.3.3 实证模型

最终本书所使用的检验公司治理结构对盈余管理影响的回归模型如下：

$$DA = \alpha_0 + \alpha_1 Top_1 + \alpha_2 Top_1^2 + \alpha_3 Top_{2-10} + \alpha_4 ID + \alpha_5 FR + \alpha_6 Share + \alpha_7 SC + \alpha_8 Size + \alpha_9 LEV + \alpha_{10} ROE + \varepsilon \qquad (3.4)$$

3.4 实证检验分析

3.4.1 样本描述性分析

本书选取了股权集中度、股权制衡度、独立董事占比、监事会开会频率、高管持股比例作为解释变量，对可控应计利润 DA 进行回归分析，通过对样本数据的初步分析，可以得到如表 3.4 至表 3.6 所示的描述性的统计数据。

表 3.4 所有样本的描述性统计数据

	样本数	最小值	最大值	均 值	标准差
股权集中度	724	0.0449	0.8642	0.3493	0.1505
股权制衡度	724	0.0056	0.6354	0.1807	0.1256
独立董事占比	724	0	1	0.5961	0.1811
监事会开会频率	724	0	15	4.9696	1.6412
高管持股比例	724	4×10^{-10}	0.7838	0.0441	0.1291
DA	724	3.59×10^{-6}	0.4544	0.0479	0.0551

表 3.5 国有上市公司的样本描述性统计数据

国有上市公司	样本数	最小值	最大值	均 值	标准差
股权集中度	481	0.0647	0.8642	0.3718	0.1517
股权制衡度	481	0.0056	0.6144	0.1568	0.1170
独立董事占比	481	0	1	0.5929	0.1817
监事会开会频率	481	0	12	4.8857	1.5869
高管持股比例	481	1.78×10^{-8}	0.2303	0.0028	0.0160
DA	481	4.47×10^{-5}	0.3282	0.0451	0.0506

表 3.6　民营上市公司的样本描述性统计数据

民营上市公司	样本数	最小值	最大值	均　值	标准差
股权集中度	243	0.0449	0.7680	0.3046	0.1382
股权制衡度	243	0.0138	0.6354	0.2281	0.1289
独立董事占比	243	0	1	0.6037	0.1799
监事会开会频率	243	0	15	5.1358	1.7350
高管持股比例	243	4.00×10^{-10}	0.7838	0.1260	0.1980
DA	243	3.59×10^{-6}	0.4545	0.0535	0.0627

由表 3.4 可以看出，我国上市公司样本中第一大股东持股比例最高的达 86.42%，均值也达到了近 35%，股权非常集中，“一股独大”的现象也是非常严重。除了第一大股东以外，第二至第十大股东的所持股份占比最高的有 63.54%，最低的只有 0.56%，平均也只有 18.07%，远远低于第一大股东持股比例。因此，单从持股比例上来看，第二至第十大股东对于第一大股东的制衡作用还是不够的。从独立董事占比来看，不同公司之间的差距还是较大，但大部分还是满足了证监会规定的独立董事占比 1/3 以上的要求。虽然数量上的要求满足了，但独立董事究竟有没有起到应有的作用，还是值得商榷，在接下来的实证研究中我们将会进一步阐述。其余两个指标，监事会开会频率和高管持股比例，不同公司也是相差巨大。对于高管持股比例，从均值和方差上可以看出，我国的高管持股比例相对来说还是很低的，对于盈余管理究竟有没有起到作用还有待研究。

表 3.5 和表 3.6 按照上市公司最终控制人的性质进行了分类。由于各个指标的标准差都相差不大，要比较可以从均值来看。从中可以看出，相比国有上市公司而言，民营上市公司有着更低的股权集中度、更高的股权制衡度、更高的独立董事占比、更高的监事会开会频率以及更高的高管持股比例。因此，总体而言，民营上市公司从各方面，公司治理结构都要好于国有上市公司。然而，对于可操控应计利润，不管是均值，还是方差，国有上市公司都要低于民营上市公司，这与我们之前所提出的假设 6 相符。分析其原因，本书认为可能是因为国有上市公司的薪酬激励机制还不到位，管理人员的薪酬与会计盈余挂钩不明显，导致国有上市公司的管理层可以通过其他途径来谋取私人利益，没有动力去进行盈余管理来修改会计盈余。

3.4.2　计量结果分析

首先由式(3.1)，获得盈余质量度量模型的各个参数，再根据式(3.3)算出可操控应计利润的绝对值 DA,再将 DA 与公司治理结构各变量以及控制变量按照式(3.4)进行回归,EViews 运行结果如表 3.7 所示。

表 3.7 盈余管理与公司治理结构变量回归结果

Variable	Coefficient	Std. Error	t-Statistic	Prob.
Top_1	−0.133144	0.058536	−2.274557	0.0232
Top_1-Square	0.254880	0.076090	3.349727	0.0009
Top_{2-10}	−0.079857	0.018056	4.422767	0.0000
ID	−0.000390	0.009134	−1.802665	0.0717
FR	0.000369	0.001229	0.300122	0.7642
Share	−0.000685	0.000732	−0.935065	0.3501
SC	0.004035	0.002100	1.921524	0.0549
Size	−0.002832	0.002137	−1.325270	0.1855
LEV	−0.007936	0.012109	−0.655411	0.5124
ROE	−0.035311	0.011171	−3.161000	0.0016
C	0.101243	0.045777	2.211638	0.0273

回归方程的拟合优度以及其他指标如表 3.8 所示。

表 3.8 回归结果的效果和拟合优度分析

评价方法	值	评价方法	值
R-squared	0.066181	Mean dependent var	0.047907
Adjusted *R*-squared	0.053084	S. D. dependent var	0.055056
S. E. of regression	0.053575	Akaike info criterion	−3.000400
Sum squared resid	2.046492	Schwarz criterion	−2.930742
log likelihood	1097.145	Hannan-Quinn criter.	−2.973515
F-statistic	5.053097	Durbin-Watson stat	2.047959
Prob(*F*-statistic)	0.000000		

从表 3.8 可以看出,回归方程的 *F* 值为 5.05,对应的显著性概率为 0,非常显著,因此方程整体是有意义的。模型的拟合优度为 0.067,调整后的拟合优度为 0.053。总体应计利润模型的拟合优度较低是学术界一直比较关注的问题,一般认为,由于影响盈余管理的因素非常多,它们之间的关系也非常复杂,本书所选取的变量不可能全面地解释盈余管理。另外,根据计量经济学中的大样本理论,当样本数量大于 30 时,该样本可以被认为是大样本,拟合优度低也是正常的。另外,DW 统计量的值接近 2,证明方程的残差不存在自相关。

由表 3.7 的回归结果,我们可以看出:

(1)第一大股东持股比例(Top_1)的系数为－0.133,并且该系数在5%的显著性水平下是显著的,而持股比例的平方项(Top_1-Square)前的系数为0.255,在1%的显著性水平下显著。该结果充分表明了在我国的上市公司中,大股东持股比例与盈余管理程度存在着U形关系。即在持股比例较低时,大股东持股比例的增高有利于盈余管理程度的降低,而一旦超过了某个限度后,大股东持股比例再升高,盈余管理程度反而越厉害,该结论与假设1相符。这是由于一旦大股东获得了控制地位以后,其会利用这个控制权进行“隧道挖掘”,有能力和有条件进行盈余管理,侵害中小股东利益。笔者根据系数的计算,该持股比例的转折点在26.1%,而我国上市公司第一大股东平均持股比例为35%,在转折点右边的上市公司占比为68.3%。由此可见,我国上市公司“一股独大”的局面对于盈余管理有着非常显著的负面影响,加大了上市公司的盈余管理行为。

(2)第二至第十大股东持股比例(Top_{2-10})的系数在1%的显著性水平下显著,但其系数为0.08大于零。这与我们的假设2(股权制衡度与盈余管理成负相关)刚好相反。因此我们可以得出结论,除了第一大股东以外,其他大股东的制衡作用在我国上市公司中并不明显。究其原因,笔者认为,这是因为股权制衡度相对于“一股独大”来说,还是偏低的。第二至第十大股东平均持股比例为18.07%,与第一大股东平均持股35%相比,并不能对其产生很大的约束作用。相反,在这种情况下,其很有可能与大股东进行合谋,共同操纵会计信息进行盈余管理,谋取这些大股东的共同利益。

(3)独立董事(ID)的系数为－0.00039,在10%的显著性水平下能通过检验。该检验结果支持假设3(独立董事比例与盈余管理程度负相关)。虽然系数为负,但其绝对值相当小,由此可见,独立董事虽然对盈余管理有作用,但这个作用也是非常小的。这主要是由于我国独立董事制度不完善,独立董事不独立,不“懂事”,而使得其形同虚设造成的。

(4)监事会开会次数(FR)变量未能通过显著性检验。这说明假设4(监事会开会次数越多,盈余管理程度越小)不成立。这是由于我国的监事会有名无实,监事会成员多为大股东委派或为各部门负责人,缺乏相应的激励和约束机制,没有监督的动力,造成了我国上市公司监事会制度的整体失效。

(5)高管持股(Share)变量也未能通过显著性检验。这也说明假设5(高管持股比例越大,盈余管理程度越高)不成立。结果不显著可能的原因是,我国上市公司高管持股比例总体偏低,起不到应有的激励作用。

(6)控股股东股权属性(SC)系数为0.004,且在接近5%的显著性水平下通过了检验。这证明了民营上市公司的盈余管理程度要高于国有上市公司,假设6成立。这个结果也和描述性分析中的结果一样。一般国有上市公司由于国有股“一股独大”,所有人缺位而造成董事会被经理层控制,其盈余管理较民营公司更为严重。然而实证研究结果推翻了这个推论。这可能是因为国有上市公司本身制度上的特点,公司并不是以利润最大化为唯一目的,更注重社会责任因素。上市公司高管的目标函数也不仅仅是薪酬,还有职位升迁、级别提升等。而民营上市公司更加注重经营业绩,考核也更注重这一指标。这样一来,国有上市公司高管对盈余管理的激励程度没有民营上市公司的高管强烈。

(7)在三个控制变量,即公司规模(Size)、资产负债率(LEV)、净资产收益率(ROE)中,只有净资产收益率的系数在1%的置信水平下显著,其他两个变量都不显著。这表明在我国上市公司中,公司规模不会对盈余管理程度有很大影响,同时,盈余管理的债务契约动机在我国可能也不是很普遍。而净资产收益率系数非常显著且为负,表明亏损公司有非常强烈的动机进行盈余管理,这也与本章的理论分析一致。

3.4.3 进一步的研究

为了进一步地证明公司治理结构对公司的盈余质量有着非常重要的影响,本书还将做进一步研究,检验是否治理结构得到改善的公司盈余质量也得到了提高。中国的上市公司在近几年治理水平逐年提高,得到了显著的改善,特别是在股权分置改革以后,我国资本市场的根本性制度问题得到解决,进入了全流通时代。“一股独大”的局面也必将由于全流通的来临而有所缓解。随着大股东控制权的稀释,股权制衡机制必将加强,从而改善公司治理。这从南开大学公布的公司治理指数 $CCGI^{NK}$①上也可以看出,从2003年到2008年,公司治理指数平均值从49.62上升到57.49,公司治理情况有了较大程度的改善。如果近年来公司治理的改善带来了盈余管理水平的降低,那么关于公司治理与盈余管理的关系就能得到进一步的验证。本书的进一步研究就是要在时间的维度上继续深入分析,使得本书的实证分析结论更加具有说服力,更好地为政策制定提供参考依据。

本书将使用平衡面板数据来验证是否盈余管理与公司治理的关系会随着时间的变化而变化。本模型的设计将引入时间虚拟变量与公司治理的交叉项,以截面数据的估计方法来估计面板数据,以期在总体上考察时间维度

---

① 该指数由南开大学公司治理研究中心于2003年开始发布,主要包括一个总指数和股东治理、董事会治理、监事会治理、经理层治理、信息披露。

的影响。在剔除了数据不全的公司以后，本书选取了 240 家 A 股上市公司，时间跨度从 2004 年到 2008 年。用于估计的模型如下：

$$\begin{aligned} DA = {} & \alpha_0 + \alpha_1 \mathrm{Top}_1 + \alpha_2 \mathrm{Top}_1^2 + \alpha_3 \mathrm{Top}_{2-10} + \alpha_4 \mathrm{ID} + \alpha_5 \mathrm{FR} + \\ & \alpha_6 \mathrm{Share} + \alpha_7 \mathrm{SC} + \alpha_8 \mathrm{Top}_1 \times \mathrm{Time} + \alpha_9 \mathrm{Top}_{2-10} \times \mathrm{Time} + \\ & \alpha_{10} \mathrm{ID} \times \mathrm{Time} + \alpha_{11} FR \times \mathrm{Time} + \alpha_{12} \mathrm{Share} \times \mathrm{Time} + \\ & \alpha_{13} \mathrm{Size} + \alpha_{14} \mathrm{LEV} + \alpha_{15} \mathrm{ROE} + \alpha_{16} \mathrm{Time} + \varepsilon \end{aligned} \tag{3.5}$$

Time 为时间虚拟变量，考虑到 2007 年以后基本上所有上市公司都完成了股改，因此，对于 2007 年、2008 年，Time 赋值为 1，2004—2006 年，Time 赋值为 0。为了控制其他变量，例如股改以来监管的加强，以及 2007 年以后新《会计准则》的实施的影响，除了交叉项以外，本书也单独加入了 Time 项。这里需要关注的是 $\alpha_8 \sim \alpha_{12}$ 的符号，我们预计随着公司治理结构的改善，盈余管理程度将会降低，则 $\alpha_8 > 0$，$\alpha_9 < 0$，$\alpha_{10} < 0$，$\alpha_{11} < 0$，$\alpha_{12} < 0$。

方程(3.5)的估计结果如表 3.9 和表 3.10 所示。

表 3.9　加入时间虚拟变量后的回归结果

Variable	Coefficient	Std. Error	*t*-Statistic	Prob.
Top_1	−0.043083	0.035511	−1.485711	0.1376
Top_1-Square	0.101190	0.041373	2.445823	0.0146
Top_{2-10}	0.034481	0.014669	2.350649	0.0189
FR	−0.000871	0.000914	−0.952908	0.3408
ID	−0.026516	0.013097	−2.024515	0.0431
SC	0.003551	0.002095	1.695239	0.0903
Share	−0.053597	0.086868	−0.616997	0.5374
Size	-6.10×10^{-5}	0.001223	−0.049921	0.9602
LEV	0.010957	0.006465	1.694716	0.0904
ID * Time	−0.006624	0.010716	−1.862370	0.0628
FR * Time	−0.003356	0.001464	2.292393	0.0221
Top_1 * Time	0.015256	0.022944	0.664925	0.5062
Top_{2-10} * Time	−0.005915	0.002133	1.772118	0.0766
Share * Time	−0.018085	0.014794	−1.222504	0.2218
Time	0.009015	0.157743	0.057152	0.9544
ROE	−0.010359	0.002316	−4.473016	0.0000
C	0.038934	0.027966	1.392185	0.1641

表 3.10　加入时间虚拟变量后回归的效果分析

评价方法	值	评价方法	值
R-squared	0.066181	Mean dependent var	0.047907
Adjusted R-squared	0.043406	S.D. dependent var	0.041897
S.E. of regression	0.040977	Akaike info criterion	−3.537539
Sum squared resid	1.986407	Schwarz criterion	−3.465429
log likelihood	2139.523	Hannan-Quinn criter.	−3.510376
F-statistic	4.400334	Durbin-Watson stat	2.055717
Prob(F-statistic)	0.000000		

由表 3.10 可知，方程(3.5)回归结果的 F 值为 4.4，对应的显著性概率为 0.0000，说明方程的整体效果显著。虽然新增了不少变量，但模型的总体拟合优度为 0.056，比方程(3.4)没有下降多少。因此，回归效果不错。

由表 3.9 的回归结果可以看出，独立董事比例与时间虚拟变量的交叉项系数为负，并且在 10%的置信水平下通过检验。因此，我们可以认为，近年来，随着独立董事占比的上升，上市公司的盈余管理行为也得到了一定程度的收敛。监事会开会频率和时间虚拟变量的交叉项系数也为负，并且通过了 5%置信水平下的检验。虽然，从方程(3.4)的回归结果来看，监事会对于盈余管理的效果并没有体现，但从时间维度上来看，我国上市公司监事会制度确实得到了改善，而这种改善也对公司的盈余管理起到了制约作用。然而，从系数的绝对值非常小可以看出，这种制约作用也是非常不明显的。

第二至第十大股东持股比例与时间虚拟变量交叉项的系数亦为负，并且在 10%的置信水平下通过了检验。这表明随着股权制衡度的逐年提高，大股东的盈余管理行为也受到了限制。近年来，以基金为代表的机构投资者越来越多，上市公司的十大股东名单中不乏机构投资者的名字。他们积极参与公司治理，通过股东大会、私下协商和基金联合等方式来参与公司治理，对“一股独大”的控股股东盈余管理行为起到了制约作用。

其他几个变量，如管理层持股、第一大股东持股比例与时间虚拟变量交叉项的系数都不显著。这表明我国近年来“一股独大”治理结构缺陷还没有得到根本性的改善，另外，对管理层的激励机制也还没有很好地落实到位，他们还是有动机进行盈余管理。

综上所述，近年来我国上市公司的治理结构整体上有了一定程度的改善，而这种改善也确实带来了盈余管理程度的降低，但降低的程度有限，其原因是公司治理没有从根本上得到改善。诸如“一股独大”之类的我国公司治理结构问题的根源未能得到解决，上市公司盈余管理的现象也就不会得到大幅度的减少。要从根本上改变我国上市公司盈余管理愈演愈烈的现象，就必须从公司治理结构入手，从各个方面完善我国的公司治理机制。

3.5 研究结论与政策建议

本书实证分析的结论表明：我国上市公司的“一股独大”现象加深了公司的盈余管理行为；独立董事的确在一定程度上抑制了上市公司的盈余管理；监事会制度整体失效，对公司的盈余管理没有起到制约作用；高管持股比例对于盈余管理的作用也不显著。另外，进一步的研究表明，近年来我国上市公司治理结构的改善确实在某些方面制约了盈余管理。这些结论表明，公司治理结构的确对盈余管理有着根本性的影响。

由于我国上市公司治理结构的不完善，才导致了上市公司盈余管理行为严重。为了进一步遏制盈余管理行为，就必须完善上市公司的治理结构，为此，结合实证分析，本书提出如下政策建议：第一，优化股权结构，分散股权，实现股东多元化，特别是引入银行持股和职工持股机制，并大力发展机构投资者，加强对大股东的监督，形成股东之间的制约机制；第二，建立健全董事会制度，加强独立董事的独立性以及专业性，并为独立董事建立合理的薪酬机制；第三，明确监事会职责，加强监事会的专业性，完善监事会运作程序以及绩效考核机制，以充分有效地发挥监事会的职能；第四，建立起包括薪酬、奖金、股权激励等在内的完善的激励制度，并强化股东大会、董事会和监事会等对经理层的监督，来有效制约经理层的盈余管理行为。

第4章 >>>

中国上市公司盈余管理与融资成本

4.1 引 言

4.1.1 研究动机

平滑收益，是企业进行盈余管理的一种重要方法。这种方法，是指通过对应计利润的调整来对经营性现金流量的变化进行补偿，使得即使在经营性现金流量每年变化较大的情况下，收入也不会发生较大变化的盈余管理方法。人们将平滑收益分为真实的平滑收益和虚假的平滑收益。真实的平滑收益往往会影响企业的现金流，这些相关行为包括改变企业的投资时机、为高风险客户提供促销折扣和供应链融资来提高销售。虚假的平滑收益则几乎不影响现金流，而是通过会计手段之间的选择，实现企业盈余波动的最小化，使其符合企业管理层所预期的投资者对公司业绩的期望。大部分公司的经理都喜欢采取在年度间平滑收益的行为，从而使企业的收益呈现一种稳定的、逐年增长的财务现象。通常认为收益波动较为剧烈的公司，往往是经营风险较高的公司，它会使得投资者降低对企业的信心，从而增加企业的融资成本。与此相反，如果企业的账面收益保持持续稳定增长，财务信息的使用者会认为公司的经营风险较小，从而增强对公司的投资信心，使公司获得较低的融资成本。另一种理论则认为，平滑收益是一种可辨认的盈余操纵手段，投资者会通过提高融资成本的方式来惩罚企业所进行的盈余操纵行为。很多学者都对平滑收益问题展开研究，有人认为企业的平滑收益是企业管理者对未来的预期的一种反映，也有一些人认为平滑收益是一种盈余操纵，扭曲了企业实际的经营发展状况。为了探究平滑收益与企业股权融资成本之间的真实关系，我们将通过实证方法对此进行研究。

4.1.2　研究背景

2003 年 1 月，美国第二大住房抵押贷款公司——联邦住房抵押贷款公司(Freddie Mac)宣布重编 2000—2002 年度财务报表，重述其先前经过平滑化处理的会计收益。同年 11 月，重编后的报表显示，截至 2002 年 12 月 31 日，实际调增利润达 50 亿美元，2000 年以前调增 6 亿美元，2000—2002 年调增 44.56 亿美金，其中：调增 2000 年度净利润 11.19 亿美元，调减 2001 年度净利润 9.89 亿美元，调增 2002 年度净利润 43.26 亿美元。Freddie Mac 的报表重述金额超过 70 亿美元，是美国公司史上金额调整巨大的报表重述之一。2000—2002 年，其净收益标准差由 13.31 提高到 31.55。通过会计处理，2001 年净利润的下降被处理为净利润增长，从而形成收益稳定增长的态势。在这一丑闻被披露后，美国联邦住宅企业监管署对 Freddie Mac 处以 1.25 亿美元的高额罚金，高官不得不辞职或被迫离职。2000—2002 年，Freddie Mac 年度报表调整情况如表 4.1 所示。

表 4.1　Freddie Mac 年报调整(2000—2002 年)

年　份	净收益(亿美元)				
	调整前	比上年增长	调整后	比上年增长	调整量
2000	25.47		36.66		11.19
2001	41.47	62.82%	31.58	−13.86%	−9.89
2002	57.64	38.99%	100.9	219.51%	43.26

从企业的性质上来看，Freddie Mac 是一家典型的金融企业，其盈利来源于承担风险的风险溢价，而其经营成果的好坏取决于对风险进行管理的效果。在 1989 年美国金融改革之前，Freddie Mac 的主要业务是通过发行有担保的“按揭参与凭证”(将一级市场发放的按揭贷款打包，形成按揭池，并以此为支持，发行有担保的按揭证券)，从按揭贷款利率与“按揭参与凭证”利率的差额中套利。由于“按揭参与凭证”是一种过渡性证券，Freddie Mac 仅仅承担了按揭信用风险。而在信用体系相对发达的美国市场上，Freddie Mac 通过发行“按揭参与凭证”而承担的相应风险并不大。在金融管制放松之后，Freddie Mac 获准以另一种方式参与二级市场。即通过发行短期和长期债券筹资，继而以所筹资金购买并持有按揭证券，并从按揭利息收入与举债利息支出的差额中套利。这种经营模式，使得 Freddie Mac 面临巨大的利率风险。为了对利率风险进行对冲，在进行上述操作的同时，Freddie Mac 高度依赖衍生金融工具进行避险。这项业务的最终收益也在调整衍生金融工具损益后

确定。因为在风险管理中引入了衍生金融工具,Freddie Mac 的市场风险被成倍放大。从 20 世纪 90 年代开始,第二种方式成为 Freddie Mac 的主要业务模式,Freddie Mac 的业务模式发生了重大转变。迄今为止,Freddie Mac 既是世界上最大的债券发行商之一,也是衍生金融工具的最大使用者之一。

近年来,Freddie Mac 迅速发展壮大的原因就在于其在资本市场上所享有绝对的筹资成本优势。由于其本身所拥有的强大政府背景,Freddie Mac 可以轻易地从债券市场上以低廉的成本筹资(Freddie Mac 的信用等级稍低于美国财政部,而远高于其他 AAA 级企业)。然而,正是这种巨大的融资优势让 Freddie Mac 渐渐陷入了一种怪圈:一方面,Freddie Mac 大量使用衍生金融工具套期保值的业务模式,使得其自身的发展类似于典型的高风险对冲基金,其运营业绩呈现波浪状的起伏都是正常的和可预期的;另一方面,波动性的经营业绩使得公司的管理层不得不面对高风险和不确定性,但是这显然与债券的低利率不相匹配。作为 Freddie Mac 财务信息的主要需求方——华尔街的分析师和购入 Freddie Mac 债券的投资者,都难以容忍 Freddie Mac 的经营业绩大起大落,前者向来偏好"持续稳定增长",后者则绝大多数为明显的风险厌恶者。在这种市场环境下,对外展示业绩稳步增长的态势不仅可以营造低风险的氛围,而且可以据此降低融资成本。通过 Freddie Mac 的教训,我们看到平滑收益与股权融资成本之间存在着对应的关系,即收益越平滑,融资成本越低。虽然这一行为可能被外部投资者发现并遭受相应的惩罚,但是这往往需要一段时间才能发现。本书所关心的重点在于中国的上市公司的平滑收益现象,以及这一现象与融资成本的关系。

在我国,企业管理层也会通过盈余管理从而使企业账面盈余达到所期望的水平。这些行为既包含合法的操控性行为,如企业管理层在企业会计准则、会计制度所允许的范围内,通过会计方法的选择、进行职业判断从而导致的账面盈余的变动;企业对其经营活动或交易进行重组,进而达到即期或持续影响企业账面盈余的行为。这当中也包括非法的或欺诈性的操纵行为,包括通过编造、虚构交易来调整账面盈余的行为。随着 2007 年我国新《企业会计准则》的实施,会计政策的可选择性已经有所下降,例如应收坏账准备的计提方法原本可在备抵法中的应收账款余额百分比法及账龄分析法中自由选择,但是新准则中规定只允许采用账龄分析法等。同时,会计政策的强制性要求不断提高,例如在新准则颁发之前,上市公司在发生亏损不可逆转的情况下,往往可以通过加大资产减值的计提力度,在来年再通过巨额资产减值的转回的方法,实现扭亏为盈,这是以往实务界常用的盈余管理手段。然而在新准则中明确规定,长期资产减值一旦计提,就不允许转回,这种方法减少了上市公司利用长期资产减值进行盈余管理的空间。随着会计政策的不断细化，减少了企业进行会计处理的随意性，对抑制上市公司盈余管理有一定的作用。

尽管新会计准则在各个方面都进行了细化，但是仍然存在着盈余管理的空间，沈烈和张西萍(2007)便提出随着公允价值运用面的拓展，客观上增大了企业管理层有意识地借助公允价值新的运用领域进行盈余管理的可能性；资产减值中的会计选择与职业判断增多，给企业管理层留下的弹性空间自然也有所增大。

4.1.3 研究视角与内容

平滑收益作为企业盈余管理的一种方式，已经成为了诸多职业经理人美化公司业绩的重要手段。有人认为企业的平滑收益是企业管理者对未来的预期的一种反映，收益越平滑，则企业越可以通过较低的股权融资成本来获得资金；也有一些人认为平滑收益是一种盈余操纵，扭曲了企业实际的经营发展状况，投资者会通过提高融资成本的方式来惩罚企业所进行的盈余操纵行为。为了能够清楚地解释平滑收益与企业股权融资成本之间的关系，本书将会对收益平滑性、市场波动性、财务风险、偿债资产比例、企业规模、股票流动性、账面市值比、资产周转率、大股东持股比例和机构持股比例等变量进行统计回归。同时，由于一方面平滑收益会影响投资者对于企业收益的判断，从而影响企业的股权融资成本；另一方面，企业管理层也会考虑外部投资者的投资偏好，从而采用会计处理的方式，实现企业的平滑收益。在这种情况下，平滑收益便会具有内生性，于是下文中采用了两阶段最小二乘估计法(2SLS)。

本章后几节的内容主要包括以下几个部分：第二部分将着重对国内外的研究现状做出分析，分别介绍国内外学者对于盈余管理与融资成本问题的不同看法，包括盈余管理的认识、盈余管理的动机分析等内容；第三部分将会对盈余管理、平滑收益和股权融资成本的各种不同的核算方式进行详细的阐述，这也将有助于我们探究不同的核算方式对于本书的研究结果究竟是否会产生影响；第四部分将着重从实证分析的角度出发，对我国上市公司的收益平滑性状况做出判断，同时通过国别比较分析我国上市公司的整体收益平滑性水平，另外本书还将采用多种方法对我国不同行业的收益平滑性及股权融资成本做出准确核算；第五部分将重点讨论平滑收益的内生性问题，通过两阶段最小二乘估计法(2SLS)实现对平滑收益与股权融资成本之间相互关系的准确估计；第六部分集中讨论了平滑收益与研究员跟踪之间的关系，由于之前的研究都建立在有研究员跟踪的企业之上，因此我们有必要对研究员跟踪与企业平滑收益之间的关系进行分析；而在第七部分也就是总结部分，我们对文章的研究结果进行了仔细的梳理，同时也阐明了本次研究的局限性。

4.2 国内外研究评述

4.2.1 国外关于盈余管理与融资成本的研究成果

大量的研究已经证明，盈余管理对市场具有一定的影响，许多研究表明会计盈余报告与证券价格变动存在着正相关的关系，能够为公司带来直接或间接现金流量的会计政策会对证券价格产生影响，会计盈余与市场风险度量系数β呈现高度的相关性。在国外对盈余管理的研究存在以下假说，例如契约观（包括债务起源和管理报酬契约）、规避监管观（包括行业监管和反托拉斯监管）、政治成本等其他因素。平滑收益作为盈余管理的方法之一已经受到了极大关注。

平滑收益分析中多选用企业会计盈余作为研究的起点，而不是现金流。实证分析发现相对于营运现金流（cash flow from operation）来讲，利润对于股票价格的变动更具有解释力。Bowen、Burgstahler 和 Daley（1987）认为营运现金流和利润都对彼此提供了补充信息。Ball 和 Brown（1968）发现利润比营运现金流包含了更多信息。同样，Beaver 和 Dukes（1972）提出，与营运现金流相比，企业利润与证券超额收益的相关性更高，在这里营运现金流的核算都是通过间接法计量（净利润＋折旧＋摊销＋损耗）进行的。Dechow（1994）发现，由于营运现金流的计量与企业当期应收收益不匹配的问题，会计分期越短，利润与股票收益的相关性更高。Graham、Harvey 和 Rajgopal（2005）通过调查数据发现 308 名对此问题作出回答的 CFO 中，有 159 名选择利润（earning）作为最重要的财务指标，超过了收入（revenue）和营运现金流。而对于亏损企业，营运现金流和其他的流动性指标比利润更重要。

收益平滑概念最早是由 Hepworth（1953）提出，他认为公司会蓄意地平滑收益。Gordon（1964）提出四个条件：管理者在会计原则中选择的标准是能最大化其效用或福利的；管理者的效用随着职位安全感、收入及公司规模的增长而增加；管理者效用部分取决于股东对公司业绩的满意程度；股东对公司收益的增长及收入稳定性的满意程度对于管理者达到预期效用是至关重要的。在四个条件都满足的情况下，管理者在其能力范围内会平滑报告利润及报告理论的增长率。

Beidleman(1973)证明了平滑收益的现象确实存在。Subramanyam(1996)不仅指出平滑收益现象大量存在,而且操控性应计利润可以预测企业未来的盈利能力和股利变化。Bhattacharya、Daouk和Welker(2003)认为,利润平滑的程度会对市场定价产生重要的影响。Graham、Harvey和Rajgopal(2005)还发现绝大多数的企业经理都更偏好平滑的收入增长,401名接受调查的财务主管中,96.9%的受访者表示,他们更偏好平滑的收入增长路径,78%的受访者为了平滑收益宁愿放弃企业实际的经济价值。选择这一增长路径的原因包括以下几个方面:投资者眼中较低的风险(88.7%);较低的融资成本(57.1%),这是因为企业的外部投资者仅需要较低的风险溢价作为补偿;较高的风险评级(42.2%);便于分析师和投资者对于企业的未来收益进行判断(79.7%)以及较高的股票价格。平滑收益除了带来较低的风险溢价之外,同时向企业的客户、供应商和投资者传达了企业目前运营状况良好的信息。

关于平滑收益的研究主要存在两个流派。一部分学者认为,平滑收益是公司管理层向外部投资者传递企业内部信息的方式,通过平滑企业短期的波动,从而传达更为有效的数据。而另一部分学者则认为,平滑收益是一种盈余操纵,是企业管理层试图愚弄外部投资者和分析员的方法,从而获得更多的个人收益。

支持第一种说法的主要包括Ronen和Sadan(1981),他们认为平滑收益能够提高外部信息使用者预测未来利润的能力;Kirschenheiter和Melumad(2002)认为平滑收益是为了提高收益报告准确性的均衡策略。这方面的研究也得到了许多实证结果的支持。Hunt、Moyer和Shevlin(2000)发现平滑收益有助于提高企业的市盈率。Tucker和Zarowin(2006)则发现,具有平滑收益曲线的企业,其股票价格的变动包含了更多关于企业未来收入的信息。Wang和Williams(1994)也认为,收益平滑能够增加报告利润的信息价值。Michelson、Jordan-Wagner和Wootton(2000)发现,企业收益越平滑,则其累计的平均非正常收益就越高。

支持第二种说法的主要包括Lambert(1984),Healy(1985),Moses(1987),DeFond和Park(1998),Fudenberg和Tirole(1995)等人。Lambert(1984)从委托—代理理论分析企业管理者行为,由于管理者行为不可见而导致的激励问题会导致管理者朝着事前所预计的利润方向平滑收益。Healey(1985),Moses(1987)认为企业平滑收益与经理人的奖金制度密切相关。DeFond和Park(1998)也认为平滑收益与经理人职位的安全性密切相关。Fudenberg和Tirole(1995)认为管理层存在获得在位租金的动机。管理层可以通过平滑收益来最小化被企业解雇的风险。红利和收益平滑性的存在就是基于股东对于管理层的经营管理的评价标准。

另外，许多其他学者也都对企业进行平滑收益的动机做出了分析。

Hepworth(1953)提出平滑收益的动机主要来自于税收激励，以及与投资者和供应商保持稳定关系。Goel 和 Thakor(2003)认为由于存在非对称信息，外部投资者获得企业估值的相关信息是有成本的。市场上的投资者中，一部分愿意支付这一成本来获得这些估值信息，而另一部分则对这些信息毫无所知，当这两种投资者在市场上进行交易时，信息空方将会面临损失。较大的收益波动为信息多方带来更多的信息优势，当市场上存在大量信息空方的时候，收益的波动越大，则信息空方所遭受的损失就越严重。为此，企业的管理层通过平滑收益的方式来影响投资者对于收益波动的预期，从而影响股票价格。Dye(1988)认为在企业管理层和当前公司股东的合约是不可见的情况下，在位股东希望通过平滑收益来影响潜在股东对于公司价值的评估。Moses(1997)则分析了影响收入平滑收益的诸多因素，包括企业规模、分红计划、实际利润与预期利润的差异等，而工会和管理层持股与平滑收益无关。

Trueman 和 Titman(1988)指出，收益的波动性会提高企业的破产风险，从而提高企业的融资成本，所以平滑收益是为了最小化成本。Li 和 Richie 通过对美国上市公司的研究发现，具有平滑收益的企业具有更低的债券信用价差和信用违约掉期价差，以及更高的信用评级。Francis、LaFond 和 Olsson 等(2004)研究了七个变量与股权融资成本之间的关系，包括应计利润的质量、持久性、可预测性、收益平滑性、价值相关性、及时性和保守性。若只考虑平滑收益对股权融资成本的影响，则两者密切相关，相关系数为 0.125，t 统计量为 4.32。若将这些因素都包含在模型中，则对股权融资成本影响最大的因素则是应计利润质量，平滑收益的影响被大大降低了。

Chung 和 Jo(1996)认为市场分析员往往选择那些具有较好表现的企业进行跟踪分析，这主要是由于分析这类企业往往仅需要较少的成本而且企业的市场化程度高。Ronen 和 Sadan(1981)认为具有平滑收益的企业就属于这部分表现较好的企业。所以，市场分析员往往会选择具有平滑收益的企业进行跟踪分析。而机构投资者也偏好这一类企业则是由于平滑收益使得这企业具有较低的风险。Dey(2004)研究了机构投资者和分析师如何看待企业平滑收益的问题。他将平滑收益分为真实平滑收益和虚假平滑收益，文章研究结果显示，分析师跟踪与真实平滑收益正相关，而分析师跟踪与机构投资都与虚假的平滑收益负相关。同时，在有较多分析师跟踪和机构投资的企业中，平滑收益的现象相对较少。在建立模型的过程中，他考虑到企业在进行平滑收益的决策时会考虑到分析师和机构投资者的反应，所以解释变量被内生化，所以采用2SLS模型进行回归。

4.2.2 国内关于盈余管理与融资成本的研究成果

国外关于收益平滑的研究已经取得了很多研究成果，与此相比，国内的研究则刚刚处于起步阶段。

孙铮和王跃堂(1999)利用上市公司净资产收益率分布总体检验的方法发现，上市公司的盈余操纵突出表现在配股现象、微利现象和重亏现象。

吴东辉(2001)利用Jones模型对中国上市公司的应计项目选择进行的研究表明，财务杠杆和企业规模对应计项目的选择有影响。在IPO年度和争取配股资格的公司中，反常应计项目明显增加，但未发现企业使用应计项目避免摘牌的现象。

陆建桥(1999)指出亏损上市公司为避免连续三年亏损以逃避政权管理部门的管制，在亏损当年及其前后年度采取盈余管理行为，这些行为主要是通过应计利润项目来达到的。文章在盈余管理计量模型，即修正的Jones模型中，又引入了无形资产和其他长期资产摊销额。

李歆、汤灿和凌芳(2007)分析认为，我国连续盈利上市公司总体上存在平滑收益行为，这种行为在垄断行业、国家扶持行业表现得尤为明显，出于极高收益区的上市公司更有动机，而公益性行业进行平滑收益的可能性较低。上市公司进行收益平滑的目标函数是在确保再融资资格的前提下使其接近于行业的平均利润率。

4.2.3 盈余管理与融资成本研究的创新之处

融资成本是企业采用平滑收益方式进行盈余管理的重要动因之一，目前国内还没有详细分析上市公司平滑收益与融资成本关系的文献。有的文章认为平滑收益可以带来较低的融资成本，因为这代表企业具有较低的风险，另一种理论则认为企业的平滑收益是一种盈余操纵行为，会降低企业的价值。

一方面，我们通过国外所进行的研究可以看到平滑收益会对企业的融资成本有一定的影响；另一方面，当企业进行平滑决策的时候，也会考虑到这种影响，所以融资成本并不是一个外生变量，而应该是一个内生变量，我们将通过两阶段最小二乘法(2SLS)模型对这一模型进行详细的考察。Li和Richie在文章中指出，2SLS模型或许是一种更好的模拟显示的模型。Dey(2004)研究了机构投资者和分析师如何看待企业平滑收益的问题，采用了2SLS模型，认为机构投资者和分析师应该是一个内生变量，因为平滑收益不仅会影响这些市场中的复杂投资者的行为，同时企业在进行决策的时候也会考虑到这些外部复杂投资者的行为。考虑到平滑收益的内生性，我们在进行 OLS 模型检验后，通过 2SLS 模型进行检验，分析当平滑收益作为内生变量后对于结论的影响。

同时模型在对平滑收益进行核算的时候，采用了三种方法。第一种方法是通过计算 $\sigma(\text{Inc})/\sigma(\text{CFO})$，这种方法主要是在控制现金流的情况下，考虑营业利润的波动。第二种方法是通过计算 $\rho(\Delta\text{ACC}, \Delta\text{CFO})$，即核算应计利润变动与现金流变动的相关系数，这种方法主要是考虑是否存在通过对现金流的影响来对应计利润进行操纵。最后一种方法也是本书的核心方法，是通过核算 $\rho(\Delta\text{DAP}, \Delta\text{PDI})$ 来衡量企业的平滑收益，这种核算方法主要是通过区分真实的平滑收益和虚假的平滑收益，从而针对虚假的平滑收益进行分析的方法。在文章的分析中，我们会看到不同的核算方法会对我们的结论产生影响。

在对股权融资成本进行核算时，采用了 Gebhardt、Lee 和 Swaminathan (2003)的模型，与 CAPM 相比，这种方法更具有实践意义。该模型在考虑收益的同时也考虑到了融资成本带来的影响。通过未来收益的折现来求得企业的股权融资成本。

4.3 盈余管理与股权成本的度量

4.3.1 盈余管理计量方法

盈余管理计量方法主要包括总计项目分离法、具体项目法和分布检测法。应计利润分离法，是通过回归模型将利润分离为非操控应计性利润和操控性应计利润，并通过操控性应计利润来衡量盈余管理的大小和程度。应计利润，是指那些不直接形成当期现金流入或流出，但按照权责发生制和配比原则应计入当期损益的那些收入或费用(或净资产的增加或减少部分)，比如折旧费用、摊销费用、应收账款增加额等。根据应计利润的易操纵程度，可以将利润区分为操纵性应计利润和非操纵性应计利润。常用的计量模型有 8 种，它们分别是：

1. Healy(1985)模型

Healy 模型为：

$$\text{NDA}_t = 1/n\sum_t(\text{TA}_t/\text{A}_{t-1})$$

式中：NDA_t 为公司经过第 $t-1$ 期期末总资产调整后的第 t 年的非操控性应

计利润；A_{t-1} 为公司第 $t-1$ 期期末总资产；TA_t 是公司第 t 期的总应计利润。

2. DeAngelo(1986)模型

DeAngelo 模型为：

$$NDA_t = TA_{t-1}/A_{t-2}$$

式中：NDA_t 为公司经过第 $t-1$ 期期末总资产调整后的第 t 年的非操控性应计利润；A_{t-2} 为公司第 $t-2$ 期期末总资产；TA_{t-1} 为公司第 $t-1$ 期的总应计利润。

3. Jones(1991)模型

Jones 模型为：

$$NDA_t = \alpha(1/A_{t-1}) + \beta(\Delta REV_t/A_{t-1}) + \delta(PPE_t/A_{t-1})$$

式中：NDA_t 为公司经过第 $t-1$ 期期末总资产调整后的第 t 年的非操控性应计利润；A_{t-1} 为公司第 $t-1$ 期期末总资产；ΔREV_t 为第 t 期收入和第 $t-1$ 期收入的差额；PPE_t 为第 t 期期末固定资产价值；α、β、δ 为公司特征参数，可以通过 OLS 回归取得：

$$TA_t/A_{t-1} = a(1/A_{t-1}) + b_t(\Delta REV_t/A_{t-1}) + c(PPE_t/A_{t-1}) + \varepsilon_t$$

式中：TA_t 为公司第 t 期的总应计利润；A_{t-1} 为公司第 $t-1$ 期期末总资产；ΔREV_t 为第 t 期收入和第 $t-1$ 期收入的差额；PPE_t 为第 t 期期末固定资产价值；ε_t 为误差项。

4. 修正的 Jones 模型

修正的 Jones 模型为：

$$NDA_t = \alpha(1/A_{t-1}) + \beta[(\Delta REV_t - \Delta REC_t/A_{t-1}] + \delta(PPE_t/A_{t-1})$$

式中：NDA_t 为公司经过第 $t-1$ 期期末总资产调整后的第 t 年的非操控性应计利润；A_{t-1} 为公司第 $t-1$ 期期末总资产；ΔREV_t 为第 t 期收入和第 $t-1$ 期收入的差额；ΔREC_t 为第 t 期净应收款项和第 $t-1$ 期净应收款项的差额；PPE_t 为第 t 期期末固定资产价值。

5. 行业模型(Dechow、Sloan 和 Sweeney，1995)

行业模型为：

$$NDA_t = \alpha + \beta \text{median}_j(TA_t/A_{t-1})$$

式中：A_{t-1} 为公司第 $t-1$ 期期末总资产；TA_t 为公司第 t 期的总应计利润；$\text{median}_j(TA_t/A_{t-1})$ 为同行业中非样本公司经过第 $t-1$ 期总资产调整的第 t 期应计利润的平均年值。

6. 截面 Jones 模型(DeFond 和 Jiambalvo，1994)

截面 Jones 模型采用考察期的数据估计参数，而不是用时间序列数据估计，与基本的 Johns 模型相似。

7. 截面修正的 Jones 模型

截面修正的 Jones 模型也是采用考察期的数据估计参数，与修正的 Jones 模型相似。

Bartov、Gul 和 Tsui(2001)对以上模型进行了总结，并通过分析操控性应计利润和收到非标准物保留审计意见的可能性之间的关系，对上述计量模型揭示盈余管理的能力进行了检验和评价。检验结果表明，与时间序列模型相比，截面 Jones 模型和截面修正的 Jones 模型能够更好地揭示公司的盈余管理。

8. 业绩控制模型(Kothari、Leone 和 Wasley，2005)

业绩控制模型为：

$$NDA_t = \alpha(1/A_{t-1}) + \beta(\Delta REV_t/A_{t-1}) + \delta(PPE_t/A_{t-1}) + \gamma(ROA_t)$$

式中：NDA_t 为公司经过第 $t-1$ 期期末总资产调整后的第 t 年的非操控性应计利润；A_{t-1} 为公司第 $t-1$ 期期末总资产；ΔREV_t 为第 t 期收入和第 $t-1$ 期收入的差额；PPE_t 为第 t 期期末固定资产价值；ROA_t 为第 t 期的资产收益率，这种方法被 Tucker 和 Zarowin(2006)、Li 和 Richie 用于计量非操控性应计利润。

具体项目法是专门针对具体的应计利润项目进行研究。例如，针对坏账准备的研究(McNichols 和 Wilson，1988)，针对保险行业的索赔损失准备的研究(Beaver 和 McNichols，1998)。

分布检测法通过检查报告盈余在特定水平周围的不连续分布来计量盈余管理。已有的研究发现在特定的盈余水平周围，往往出现比预期更少(或更多)的观察值，这表明在这些特定的盈余水平附近存在着盈余管理行为。Burgstahler 和 Dichev(1997)运用直方图和描述性统计研究了公司是否通过盈余管理来避免盈余减少或亏损的情况。

4.3.2 平滑收益的核算方法

平滑收益作为本书主要的计量指标，它的确定主要有两种方法，第一种方法是通过计算 $\rho(\Delta DAP, \Delta PDI)$，即操控性应计利润变动与扣除操控性应计利润的净收益变动之间的相关系数来衡量企业收入的平滑性。

为了计算操控性应计利润，我们通过业绩控制模型(Kothari、Leone 和 Wasley，2005)来核算：

$$Accrual_t = \alpha(1/A_{t-1}) + \beta(\Delta REV_t/A_{t-1}) + \delta(PPE_t/A_{t-1}) + \gamma(ROA_t) + \varepsilon_t$$

式中：$Accrual_t$ 为第 t 期的总应计利润，其核算方法是当年的净利润和经营性现金流之差；A_{t-1} 为公司第 $t-1$ 期期末总资产；ΔREV_t 为第 t 期收入和第 $t-1$ 期收入的差额；PPE_t 为第 t 期期末固定资产价值；ROA_t 为第 t 期的资产收益率。NDP，即非操控性应计利润是模型线形回归的拟合值，在获得拟合的非操控性应计利润后，我们通过下述公式来核算平滑收益：

$$\text{Income Smooth Index} = \rho(\Delta \text{DAP}, \Delta \text{PDI})$$

式中：DAP 为操控性应计利润；PDI 为非操控性收入，其核算方法为净利润与操控性应计利润之差。DAP 是实际利润与通过盈余计量所获得的非操控性应计利润拟合值之间的偏差值。这种衡量方法被 Tucker 和 Zarowin(2006)，Li 和 Richie 所采用。Myers 和 Skinner(2002)，Leuz、Nanda 和 Wysocki(2003)采用的方法与此类似，通过操控性应计利润与营运现金流之间的相关系数作为衡量企业收入平滑性的指标。

Leuz、Nanda 和 Wysocki(2003)在文章中介绍的另一种方法是通过考察营业利润(operating income)的标准差与营运现金流(cash flow from operation)的标准差之间的比值来衡量。其中，营运现金流＝营业利润－应计利润(accruals)，应计利润的计算方法，在上一部分已经有所介绍。Hunt、Moyer 和 Shevlin(2000)通过构造非操控性净利润(nondiscretionary net income)的标准差与营运现金流的标准差之比来衡量平滑收益。其中，非操控性净利润＝营运现金流＋非操控性应计利润(nondiscretionary accruals)。Franacis 等(2004)则构造了如下模式：

$$\text{Smoothness} = \frac{\sigma(\text{NIBE})}{\sigma(\text{CFO})}$$

式中：NIBE 为非经常项目前损益(net income before extraordinary item)与总资产的比值；CFO 为营运现金流与总资产的比值。

4.3.3 股权融资成本的衡量

企业的融资方式分为内部融资和外部融资两种，内部融资主要是指留存收益融资，而外部融资又主要分为债权融资和股权融资。本书主要考察平滑收益与股权融资成本之间的关系，所以我们提出下列针对股权融资成本的核算方法，并通过分析比较，采用最为贴近实际的核算方法，进行实证分析。

股权融资成本的基本构成部分是定期向股东支付的红利或者股息。但股息仅仅是股权融资的部分成本来源，由信息非对称性引致的交易成本以及双重纳税的税收成本则是股权融资成本的重要构成部分。叶康涛和陆正飞(2004)在计算股权成本的时候一共考虑八个方面，包括市场波动性、经营风险、财务风险、破产成本、信息不对称、流动性、市场异常性和代理问题。股权融资包括发行优先股和普通股、留存收益的运用等具体形式。由于本书主要涉及外部融资问题，故融资成本的分析不涉及留存收益。同时由于我国上市公司很少发行优先股，这里仅就普通股融成本问题进行分析。普通股作为权益性资本，其资本成本的确定可以采用不同的方法，在目前现有的文献以下五种方法被广泛运用。

1. CAPM 模型

资本资产定价模型(capital asset pricing model，CAPM)是分析企业组合资产中各种财务资产的风险与报酬率之间的关系的一种模型。由于资本成本是公司进行投资时可接受的最低报酬率，故公司股票的最低报酬率模型即为普通股资本成本模型：

$$r = R_f + (R_m - R_f) \times \beta$$

式中：r 为股票未来收益率；R_f 为预期无风险资产收益率，通常用长期政府债券的到期收益率或短期国库券的利率代替；β 为股票的市场风险系数；R_m 为市场报酬率或平均股票报酬率。

2. 股利折现模型

经典的红利折现模型如下所示：

$$p_t = \sum_{t=1}^{\infty}(1+r)^{-t}E_t[d_{t+r}]$$

式中：p_t 为证券在 t 时刻的价格；r 为预期权益资本成本；d_t 为 t 年度的每股红利。

3. EBO 方法

Edwards 和 Bell(1961)，Ohlson(1995)通过红利折现模型提出了 EBO 短期价值方程形式，其基本形式如下所示：

$$p_t = b_t + \sum(1+r)^{-t}E_t[x_{t+r} - rb_{t+r-1}] + (1+r)^{-T}E_t(p_T - b_T)$$

式中：p_t 为证券在 t 时刻的价格；b_t 为公司在 t 时刻的每股账面价值；r 为预期权益资本成本；x_t 为 t 年度的每股收益。

4. Gebhardt、Lee 和 Swaminathan 方法

Fama 和 French 等(1997)通过实证研究发现，通过 CAPM 模型得到的股权融资成本并不准确。Gebhardt、Lee 和 Swaminathan(2003)从一个可供选择的 EBO 评价模型开始，利用净资产收益率与账面价值的概念重铸了资本成本的计量公式：

$$p_t = b_t + \sum_{i=1}^{\infty}(1+r)^{-i}E_t[(\mathrm{ROE}_{t+i} - r)b_{t+i-1}]$$

式中：p_t 为证券在 t 时刻的价格；b_t 为公司在 t 时刻的每股账面价值；r 为预期权益资本成本；ROE_t 为 t 时期的净资产收益率。

叶康涛和陆正飞(2004)在对融资问题进行考虑时，对股权融资成本的衡量就是通过这一模型建立的。不过在文章的分析中，他们采用的是斯腾斯特公司发布的中国上市公司股权融资成本数据作为分析依据，他们认为斯腾斯

特公司采用的EVA模型作为核算模型与Gebhardt、Lee和Swaminathan(2003)所提出的净收益折现模型较为一致。本书作者在对股权收益成本进行核算的时候,并没有从外界数据库中直接获取数据,而是通过Gebhardt、Lee和Swaminathan(2003)所提出的方法针对股权融资成本进行核算。我们认为这种核算方法得到的数据更为准确。

4.4 实证分析与统计性描述

4.4.1 我国上市公司的平滑收益现象

在对盈余管理进行的统计性描述中,我们首先使用分布检测法。分布检测法通过检查报告盈余在特定水平周围的不连续分布来计量盈余管理。已有的研究发现在特定的盈余水平周围,往往会出现比预期更少(或更多)的观察值,这表明在这些特定的盈余水平附近存在着盈余管理行为。Burgstahler和Dichev(1997)运用直方图和描述性统计研究了公司是否通过正向盈余管理来避免盈余减少或亏损的情况。Burgstahler和Dichev(1997)认为,公司收益率和收益波动率应该是服从正态分布的。因为根据大数定律,在样本满足足够大的条件下,分布应该服从正态分布。通过对美国公司1976—1994年数据的研究发现,企业往往会通过正向盈余操纵来避免收益的减少和损失。在他们的研究结果中发现,在跨部门的盈余的统计分布当中,较低的盈余减少和损失出现的频率较低,而较小的盈余增加和获利出现的频率较高,企业当中存在着正向盈余管理,孙铮和王跃堂(1999)将之定义为微利现象。孙铮和王跃堂(1999)也进行了类似研究,但是其研究变量选择了上市公司净资产收益率。他们认为由于上市公司净资产收益率受到众多指标因素影响,而且无法从中找出某一具有特别贡献的指标,而且指标间近乎独立,所以净资产收益率这一随机变量也应该服从正态分布。在这一前提下,他们得出了类似的结论:中国的上市公司也存在盈余操纵的倾向,即微利现象。

本书首先选取了除金融类企业外所有上市A股企业2000—2008年的净资产收益率作为分析对象,共选取1726家企业。我们剔除了全部金融相关行业的数据,包括银行、证券和保险等行业的相关企业的数据。Burgstahler和Dichev(1997)认为金融行业由于受到了监管层的管理,所以企业管理层倾向于避免收益的减少和损失。在这种情况下,在对我国的数据进行分析的时候,我们也同样剔除了金融行业的数据,来对我国其他类型企业进行收益分布的分析。由于部分企业出现了数据缺失,我们将这部分企业剔除,最后得到了1686家企业。为了避免极端值对数据的影响,我们剔除净资产收益率最大及最小的数据,这些数据所占的比例约为1%。我们通过图4.1可以明确地看到净资产收益率在0处骤降,同时数据明显地呈现双高峰状态,高峰第一次出现在1%~2%,第二次出现在7%~8%,而且公司正向厚尾现象比较明显。这些都表明,亏损上市公司有意将其净资产收益率提高到1%~3%这个区间内,从而改变了净资产收益率正态分布的趋势。孙铮和王跃堂(1999)对这一特殊的微利现象给出了自己的解释,认为这一异常现象是由于证券市场的特别处理和摘牌的监管政策引起的。特别处理包括以下三点:①标注"ST"代码,与其他上市公司区别;②5%的每日涨跌幅限制;③中期报告同样需要经过审计。特别处理的范围包括财务出现异常状况的企业,如公司出现连续两年亏损,或每股净资产低于面值;自然灾害、重大事故等导致公司停止生产经营活动的时间;实际可能赔偿金超过公司净资产的法律诉讼等。摘牌则是指中止其股票在交易所挂牌交易,而摘牌的前提则是公司连续三年亏损。面对处罚政策的压力,微亏企业往往希望通过盈余操纵来避免被特殊处理和摘牌,这就使得管理层希望借助盈余操纵来实现扭亏转盈。他们认为,由于这些该被特殊处理和摘牌的公司未被特殊处理和摘牌,就会继续不受限制地蚕食资源,占用资源,导致市场风险增加,资源被低效或无效占用,甚至浪费。

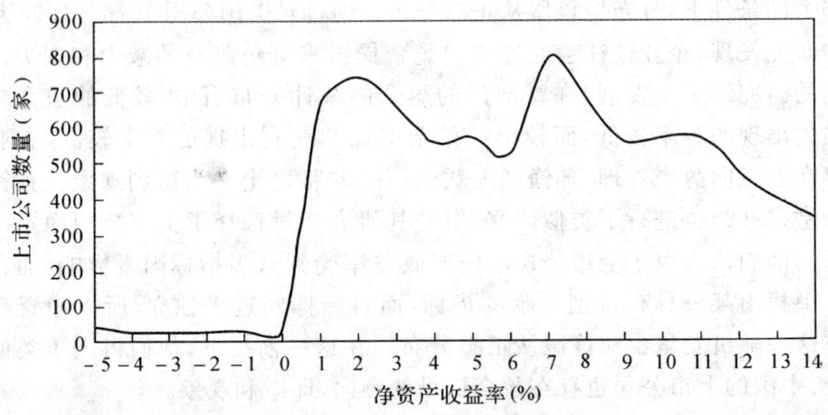

图4.1　2000—2008年A股上市公司(非金融类)净资产收益率

在对净资产收益率进行分析后,我们希望考察净资产收益率的波动情况。为了避免极端值对数据的影响,我们剔除了净资产收益率变动最大和最小的1%部分的数据。在净资产收益率变动的图4.2当中,我们看到了比较近似于正态分布的曲线。其均值落于0和1之间,这就是我们看到的平滑收益。在我们所收集到的数据中,30%的净资产收益率变动落在了[-1,1]的区间内,50%的净资产收益率变动落在了[－3,3]的区间范围内。收益具有较强的平滑特性,这也就是本书研究的重点,即平滑收益。

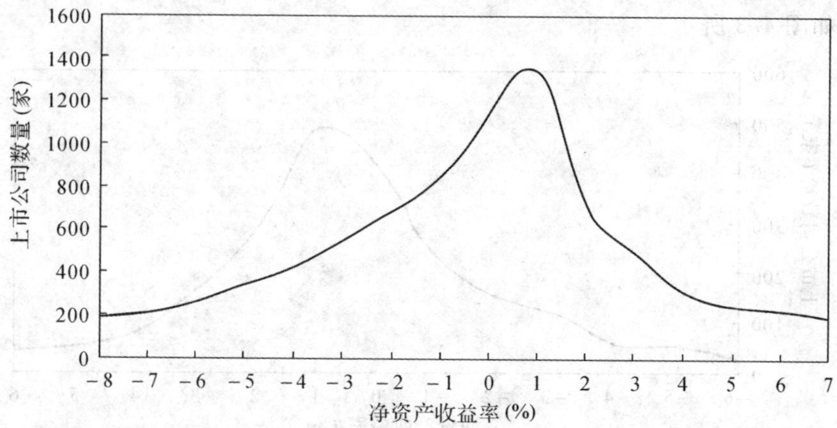

图4.2　2000—2008年A股上市公司(非金融类)净资产收益率变动

我们已经看到大部分企业净资产收益率变动呈现平滑变动的特性,我们希望看到企业净资产收益率的连续波动,即平滑收益是否具有持续性。我们会对上年净资产收益率较为平滑的企业的净资产收益率变动来进行观察。首先选取上一年净资产收益率变动较为平滑的企业(净资产收益率落在[－3,3]的波动区间内),作出其当年的净资产收益率变动图,如图4.3所示。同样为了避免极端值的影响,我们剔除了最大和最小的1%的数据。在上年收益较为平滑的企业当中,我们看到了更为平滑的企业收益波动。净资产收益率变动落在[－2,3]区间内的数据占了全部数据的80%以上,远远高于图4.2中的50%,同时企业的波动范围也更窄,我们认为企业具有保持连续平滑收益的倾向。

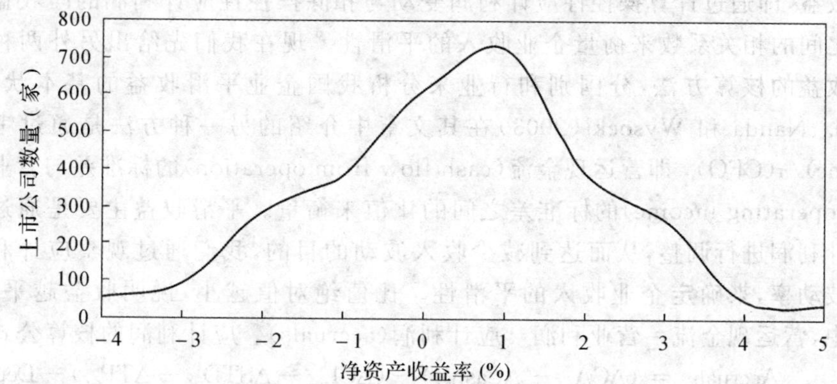

图4.3　2000—2008年A股上市公司(非金融类)净资产收益率变动
(上一年净资产收益率平滑变动)

我们继续对连续两年平滑收益的企业进行研究，发现其第三年出现平滑收益的可能性仍有非常高，维持在 75%左右，同时其波动范围仍有收窄的趋势，如图 4.3 所示。

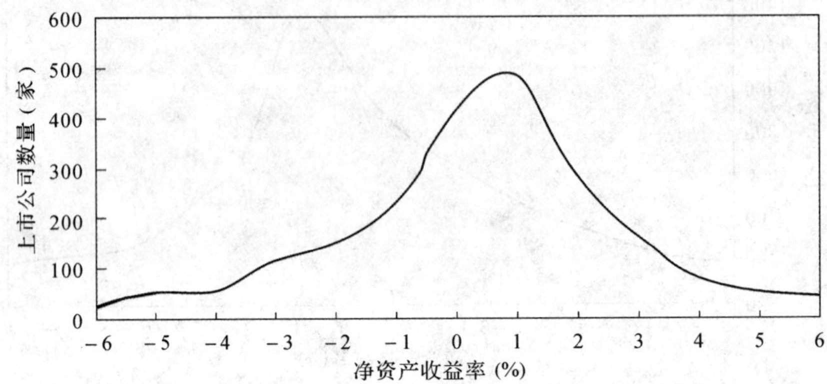

图 4.4　2000—2008 年 A 股上市公司(非金融类)净资产收益率变动
(连续两年净资产收益率平滑变动)

通过对净资产收益率和净资产收益率变动的统计性描述，我们发现企业存在着微利现象，同时净资产收益率的波动保持着较强的平滑收益性，而这种特性尤其容易出现在连续的平滑收益之后。

4.4.2　平滑收益统计性描述

平滑收益的核算方法有很多种，本章介绍了三种衡量平滑收益的方法，在本书进行回归时，主要采用的是通过计算 $\rho(\Delta DAP, \Delta PDI)$ 来测算企业的平滑收益，即通过计算操控性应计利润变动与扣除操控性应计利润的净收益变动之间的相关系数来衡量企业收入的平滑性。现在我们先给出另外两种平滑收益的核算方法，分国别和行业来分析我国企业平滑收益的基本状况。Leuz、Nanda 和 Wysocki(2003)在其文章中介绍的另一种方法是通过考察 $\sigma(\text{Inc})/\sigma(\text{CFO})$，即营运现金流(cash flow from operation)的标准差与营业利润(operating income)的标准差之间的比值来衡量。平滑收益主要是通过对应计利润进行调整，从而达到减少收入波动的目的，我们通过观察应计利润的波动率，来确定企业收入的平滑性。比值绝对值越小，说明收益越平滑。其中，营运现金流＝营业利润－应计利润(accruals)。应计利润的核算公式为

$$\text{Accrual}_{i,t} = (\Delta CA_{i,t} - \Delta Cash_{i,t}) - (\Delta CL_{i,t} - \Delta STD_{i,t} - \Delta TP_{i,t}) - Dep_{i,t}$$

式中：$\Delta CA_{i,t}$ 为流动资产的变动量，是现金及现金等价物的变动量；$\Delta CL_{i,t}$ 为流动负债的变动量；$\Delta STD_{i,t}$ 为流动负债中短期负债的变动量；$\Delta TP_{i,t}$ 为应付

税款变动量；$Dep_{i,t}$ 为当年的摊销折旧费用。短期负债之所以从应计利润的核算中被剔除，主要是由于短期负债主要与企业的融资活动相关，不属于企业的营运活动。在计算营业利润和营运现金流时都要相应除以年初总资产。

我们从 WIND 数据库中提取了 1995—2008 年的全部数据，2008 年上市 A 股总数已经达到 1726 只，除去 2008 刚上市的股票(时间期间太短)，我们一共获得了 1720 个所需变量，即营业利润与运营现金流标准差之比。通过计算，我们得到这 1720 个变量的均值为 0.584，标准差为 0.386。

Leuz、Nanda 和 Wysocki(2003)的文章给出了部分国家和地区的营业利润与经营现金流标准差之比，这些国家和地区，包括奥地利、希腊、韩国、葡萄牙、意大利、中国台湾、瑞士、新加坡、德国、日本、比利时、中国香港、印度、西班牙、印度尼西亚、泰国、巴基斯坦、荷兰、丹麦、马来西亚、法国、芬兰、菲律宾、英国、瑞典、挪威、南非、加拿大、爱尔兰、澳大利亚和美国。Leuz、Nanda 和 Wysocki(2003)认为欧洲大陆和亚洲表现出比美洲经济体更强的收益平滑性。而从作者得到的中国的数值在表 4.2 中的排位来说，其收益相对美国来说更加平滑，而相对于其他欧洲大陆国家则并没有那么平滑的收益。当然，Leuz、Nanda 和 Wysocki(2003)数据选取的时间段更早，而中国的数据选取的是 1995—2008 年的数据，尽管如此，我们仍然可以看出中国的收益情况，在世界范围内来说相对波动更为剧烈。

表 4.2　中国收益平滑性与各国(地区)情况比较

国家(地区)	σ(Inc)/σ(CFO) 营业利润与营运现金流标准差之比
奥地利	0.345
韩国	0.399
葡萄牙	0.402
希腊	0.415
中国台湾	0.431
中国香港	0.451
新加坡	0.455
瑞士	0.473
印度尼西亚	0.481
意大利	0.488
荷兰	0.491
巴基斯坦	0.508
德国	0.51
印度	0.523
比利时	0.526
西班牙	0.539

续表

国家(地区)	σ(Inc)/σ(CFO) 营业利润与营运现金流标准差之比
芬兰	0.555
丹麦	0.559
日本	0.56
法国	0.561
马来西亚	0.569
英国	0.574
中国	**0.584**
泰国	0.602
爱尔兰	0.607
瑞典	0.621
澳大利亚	0.625
南非	0.643
加拿大	0.649
挪威	0.713
菲律宾	0.722
美国	0.765

Leuz、Nanda 和 Wysocki(2003)的研究更多地侧重于国家间的平滑收益的对比，本书作者则将这种评价方法用来分析中国企业的收益平滑性。通过对我国非金融类 1720 家企业的数据进行分析，我们发现采掘业，电力、煤气及水的生产和供应业，农、林、牧、渔业和制造业行业相关企业的收益平滑性相对其他企业来得要低。而房地产业、建筑业、批发和零售贸易业，则具有相对较高的收益平滑性。中国各行业收益平滑性如表 4.3 所示。

表 4.3 中国各行业收益平滑性

行业分类	σ(Inc)/σ(CFO) 营业利润与营运现金流标准差之比
采掘业	0.69
电力、煤气及水的生产和供应业	0.61
制造业	0.61
农、林、牧、渔业	0.6
信息技术业	0.57
社会服务业	0.56
交通运输、仓储业	0.54
传播与文化产业	0.53

续表

行业分类	$\sigma(\text{Inc})/\sigma(\text{CFO})$ 营业利润与营运现金流标准差之比
综合类	0.53
房地产业	0.49
批发和零售贸易行业	0.47
建筑业	0.45

当我们只考虑 ST 企业的时候，我们发现更为有趣的现象。目前我国共有 164 家标有“ST”的企业，当我们只考虑这 164 家企业的时候，我们发现其均值达到了 0.84，而在剔除这 164 家企业之后，营业利润与营运现金流标准差之比的绝对值均值下降达到了 0.558。数据表明那些经营不善的企业，其收益波动性超过了经营状况相对良好的企业。

Leuz、Nanda 和 Wysocki(2003)在文中还介绍了另外一种衡量收益平滑性的方法，通过比较 $\rho(\Delta\text{ACC},\Delta\text{CFO})$，即应计利润变动与营运现金流变动的相关系数来描述收益的平滑性。这一变量建立的逻辑如下：企业管理层在进行盈余操纵的时候，往往是通过影响企业的营运现金流来完成的。例如，企业会通过更为激进的收入确认政策以及延迟成本确认的方法来掩盖企业当前的营运现状。同样，企业也会通过降低应计利润的方式为未来的发展留下更多资金。我们会发现，应计利润变动与营运现金流变动存在负相关性。当应计利润变动与营运现金流变动呈现更强的负相关性时，企业具有更为平滑的收益。通过对 WIND 数据库提取的 1996—2008 年非金融类 1713 只股票数据进行分析，得到我国上市公司平均应计利润变动与营运现金流变动的相关系数为－0.856，处于 Leuz、Nanda 和 Wysocki(2003)所选择的 32 个国家和地区的中游(见表 4.4)。中国的排名从整体上来说与通过计算营业利润与营运现金流标准差之比所得到的结论相互印证。

表 4.4　中国收益平滑性与各国(地区)情况比较

国家(地区)	$\rho(\Delta\text{ACC},\Delta\text{CFO})$ 应计利润变动与营运现金流变动相关系数
希腊	－0.928
韩国	－0.922
奥地利	－0.921
巴基斯坦	－0.913
意大利	－0.912
葡萄牙	－0.911

续表

国家(地区)	$\rho(\Delta ACC,\Delta CFO)$ 应计利润变动与营运现金流变动相关系数
日本	-0.904
中国台湾	-0.898
新加坡	-0.882
丹麦	-0.875
瑞士	-0.873
泰国	-0.868
德国	-0.867
印度	-0.867
西班牙	-0.865
荷兰	-0.861
马来西亚	-0.857
中国	**-0.856**
中国香港	-0.85
法国	-0.845
南非	-0.84
比利时	-0.831
印度尼西亚	-0.825
芬兰	-0.818
英国	-0.807
菲律宾	-0.804
澳大利亚	-0.79
爱尔兰	-0.788
瑞典	-0.764
加拿大	-0.759
美国	-0.74
挪威	-0.722

根据国内全部A股上市企业分行业数据的研究结果显示，批发和零售贸易行业的应计利润变动与营运现金流变动高度负相关，是我国收益最为平滑的行业，企业通过对应计利润的会计处理来弱化企业实际现金流对于营业利润的影响，从而实现平滑的营业收入。而传播与文化产业是应计利润变动与营运现金流变动相关性最小的行业，企业较少通过对应计利润的操纵来实现收入的平滑性。与此相对应的是，叶康涛和陆正飞(2004)利用2000—2001年的数据分析得到，传播与文化、电子等新兴产业的股权成本相对较高，而纺

织、建筑、交通运输、金属与非金属制品等传统产业的股权成本相对较低。尽管由于不同数据库导致行业分类的不同，但是我们基本上可以看到具有更为平滑收益的行业，其股权融资成本相对较低，而收益波动性更强的企业，其股权融资成本更高，这在传播与文化产业可以得到初步的认证。后面，我们将通过更为深入的分析来研究平滑收益与融资成本之间的关系。

除了以上两种方法之外，还有一种考察收入平滑性的方法被学术界广为应用，即通过计算操控性应计利润变动与扣除操控性应计利润的净收益变动之间的相关系数来衡量企业收入的平滑性。由于我们对股权融资成本的核算采用了 Gebhardt、Lee 和 Swaminathan(2001)的方法，所以我们将首先选取那些有未来三年(2009—2010)净资产收益率预测数据的企业进行分析，共计 1163 家。同时，我们需要考虑到在计算平滑收益的时候需要至少五年的数据，所以 2004 年以后上市的公司都无法包含在分析样本中。经过剔除，我们共选择了 787 家企业作为我们的分析样本。这 787 家企业分属证监会分类行业中的采掘业，传播与文化产业，电力、煤气及水的生产和供应业，房地产业，建筑业，交通运输、仓储业，农、林、牧、渔业，批发和零售贸易行业，社会服务业，信息技术业，制造业，综合类共 12 类行业中的 47 个子行业。中国各行业收益平滑性如表 4.5 所示。

表 4.5　中国各行业收益平滑性

行　业	$\rho(\Delta ACC, \Delta CFO)$ 应计利润变动与营运现金流变动相关系数
传播与文化产业	−0.56
采掘业	−0.62
建筑业	−0.77
交通运输、仓储业	−0.8
房地产业	−0.83
社会服务业	−0.85
信息技术业	−0.86
电力、煤气及水的生产和供应业	−0.87
制造业	−0.87
农、林、牧、渔业	−0.88
综合类	−0.89
批发和零售贸易行业	−0.91

为了计算操控性应计利润，我们通过业绩控制模型(Kothari、Leone 和 Wasley,2005)来核算。

$$\text{Accrual}_t = \alpha(1/A_{t-1}) + \beta(\Delta \text{REV}_t/A_{t-1}) + \delta(\text{PPE}_t/A_{t-1}) + \gamma(\text{ROA}_t)$$

式中：$Accrual_t$ 为第 t 期的总应计利润，$Accrual_t$ =（当年净利润－当年经营性现金流）/ 总资产；A_{t-1} 为公司第 $t-1$ 期期末总资产；ΔREV_t 为第 t 期收入和第 $t-1$ 期收入的差额；PPE_t 为第 t 期期末固定资产价值；ROA_t 为第 t 期的资产收益率。其中，$Accrual_t$，ΔREV_t 和 PPE_t 的核算需要除以年初总资产，进行调整。NDP 的非操控性应计利润是模型线形回归的拟合值，其数据需要通过面板数据回归得到。

表 4.6　中国各行业收益平滑性

行业分类	平滑收益
房地产业	－0.35
建筑业	－0.37
信息技术业	－0.44
批发和零售贸易行业	－0.6
制造业	－0.69
传播与文化产业	－0.76
综合类	－0.78
社会服务业	－0.81
采掘业	－0.82
农、林、牧、渔业	－0.84
交通运输、仓储业	－0.9
电力、煤气及水的生产和供应业	－0.98

此外，利用公式 Income Smooth Index＝ $\rho(\Delta DAP, \Delta PDI)$，便可得到表 4.6 所示平滑收益衡量结果。式中：DAP 为操控性应计利润；PDI 为非操控性收入，PDI＝净利润－操控性应计利润；DAP 为实际利润与通过盈余计量所获得的非操控性应计利润拟合值之间的偏差值。这种衡量方法被 Tucker 和 Zarowin(2006)，Li 和 Richie 所采用。Myers 和 Skinner(2002)，Leuz、Nanda 和 Wysocki(2003)采用的方法与此类似，以操控性应计利润与营运现金流之间的相关系数作为衡量企业收入平滑性的指标。

为了保证与股权融资成本核算的对应性，我们从 WIND 数据库中选取了 2004—2008 年间相应的 787 家企业来进行分析。我们看到房地产业、建筑业、信息技术业的收益波动较大，而电力、煤气及水的生产和供应业，交通运输、仓储业，农、林、牧、渔业则表现出更为明显的平滑收益性。

4.4.3　股权融资成本的核算

在文献综述部分，我们已经介绍了几种计算公司股权融资成本的方法，包括传统的 CAPM 模型、股息折现模型以及 EBO 模型和 GLS 模型，在本书中，我们将借鉴 Gebhardt、Lee 和 Swaminathan（2003）提出的核算方法，来计算中国上市公司的股权融资成本。

Gebhardt、Lee 和 Swaminathan（2003）所核算的隐含股权融资成本是能够使预期未来现金流的折现值与股票现值相等的内部收益率。

$$p_t = b_t + \sum_{i=1}^{\infty}(1+r)^{-i}E_t[(\mathrm{ROE}_{t+i}-r)b_{t+i-1}]$$

式中：p_t 为 t 时期股票价格；b_t 为 t 时期企业账面价值；$E_t[\cdot]$ 为根据 t 时期的信息所得到的预期；r 为公司股权融资成本；ROE_{t+i} 为 $t+i$ 时期净资产收益率。

上式在对股权融资成本的核算当中采用了无限期折现模型，但是实际数据测算的过程，需要确定预测期限。Gebhardt、Lee 和 Swaminathan（2003）采用两阶段模型来估计股权融资成本：首先，计算未来两年的预期净资产收益率；然后，采用未来的行业平均净资产收益率替代个体企业的净资产收益率。采用这种方法是因为在未来一段时期内，个体企业的发展将向其行业平均靠拢。其计算数据核算公式如下：

$$p_t = b_t + \frac{\mathrm{FROE}_{t+1}-r}{(1+r)}b_t + \frac{\mathrm{FROE}_{t+2}-r}{(1+r)^2}b_{t+1} + \mathrm{TV}$$

式中：b_t 为当前年报内每股账面价值；r 为股权融资成本；FROE_{t+i} 为第 $t+i$ 期预计每股净资产收益率，在前三年的时间中，通过计算 $\mathrm{FEPS}_{t+i}/b_{t+i-1}$ 获得 FROE_{t+i} 的数值，其中 FEPS_{t+i} 为第 $t+i$ 期预期每股净收益；b_{t+i-1} 为第 $t+i-1$ 期每股账面价值。部分企业的预期净资产收益率在 WIND 数据库中已经存在，在计算的时候直接提取了数据，没有对数据进行进一步的处理。

每股账面价值可以通过下式计算：

$$b_{t+i} = b_{t+i-1} + \mathrm{FEPS}_{t+i} - \mathrm{FDPS}_{t+i}$$

式中：FDPS_{t+i} 为第 $t+i$ 期预计每股分红，其计算通过 $\mathrm{FDPS}_{t+i} = \mathrm{FEPS}_{t+i} \times k$ 得到；k 为当前股息支付率。

对于 TV 的计算，我们采用如下公式：

$$\mathrm{TV} = \sum_{i=3}^{T-1}\frac{\mathrm{FROE}_{t+i}-r}{(1+r)^i}b_{t+i-1} + \frac{\mathrm{FROE}_{t+T}-r}{r(1+r)^{T-1}}b_{t+T-1}$$

在本书中，我们计算 $T=4$ 的情况下所得到的股权融资成本。Gebhardt、Lee 和 Swaminathan（2003）主要采用的计算方法是令 $T=12$，不过 Gebhardt、Lee 和 Swaminathan（2003）同样计算了 $T=6,9,15,18$ 和 21 的情况下所得的数值，发现这几种情况下，所得到的结果基本相同。本章的分析期限选择 $T=4$，这是由于 WIND 数据库中个体企业的预测数据仅提供至 2011 年，所以我们选择 2009—2011 年的预测数据作为模型数据进行估算，2012 年的数据采用预测行业净资产收益率。

在估算行业净资产收益率的时候，我们首先将所选企业(金融类企业除外)根据所属证监会行业分为12个子行业，分别是采掘业，传播与文化产业，电力、煤气及水的生产和供应业，房地产业，建筑业，交通运输、仓储业，农、林、牧、渔业，批发和零售贸易行业，社会服务业，信息技术业，制造业，综合类。每一大类中，各子行业的特性不尽相同。例如，尽管同属房地产业，房地产开发和经营业与房地产管理业、房地产中介服务业的净资产收益率往往会有很大的区别，所以根据证监会行业分类，作者将这12个大行业，分为56个子行业，部分子行业中并不涉及相关企业，而且由于本书数据筛选的方法，在本书的分析研究中所涉及的子行业共47个。我们剔除各行业净资产收益率最大和最小的5%的数据，避免极端值对于行业平均值造成的影响。同时，在对行业净资产收益率的核算中，我们扣除亏损企业的净资产收益率，作者认为这样的计算方法可以更好地反映长期行业均衡回报率。

在对2006—2012年的每股账面价值进行核算时，涉及了对于每股收益和每股股息的估计，首先对2006—2008年的每股账面价值，我们选择当年实际每股账面价值作为计算依据。对于WIND数据库已经给出的部分企业2009—2011年的每股账面价值估计值，我们直接从数据库中提取对应数据。

每股收益的估计通过下式进行估计：

$$FEPS_{t+3} = FEPS_{t+2}(1 + Ltg)$$

式中：Ltg为每股收益长期增长率，在缺少估计值的情况下，我们采用前两年的每股收益复合增长率来进行估计。2009年的每股收益，我们利用(前三季度的每股收益×1.33)来进行估计，2010—2012年的数据我们通过上式来估计，估计的过程中我们剔除了2008年金融危机对于数据的影响。同时在文章中，我们剔除了收益为负的企业，仅考虑取得正收益的企业，这个是出于对模型有解的考虑。

Gebhardt、Lee和Swaminathan(2003)在估计股息支付率的时候采用的是最近一年的股息支付率，但是考虑到我国股息支付率并不稳定，在计算的过程中，我们采用了三年移动平均的方法来估算股息支付率。对于产生负收益的企业我们用股息除以(0.06×总资产)的方法来估计股息支付率。对于股息支付率小于0或大于1的企业，我们令其股息支付率为0。

在计算股权成本的过程中，本书从WIND数据库中选取了除金融类企业外所有行业在2004年12月之前已经上式的企业，剔除B股数据，剔除缺少数据和收益为负的企业，对剩余787家企业的股权融资成本进行核算(见表4.7)。

表 4.7　中国分行业股权融资成本

行业分类	股权融资成本(%)
电力、煤气及水的生产和供应业	7.5
综合类	8.32
农、林、牧、渔业	8.91
传播与文化产业	9.03
社会服务业	9.48
建筑业	10.17
交通运输、仓储业	10.84
批发和零售贸易行业	11.97
房地产业	12.03
制造业	13.14
信息技术业	13.45
采掘业	16.19

从表 4.7 中，我们可以看到电力、煤气及水的生产和供应业，综合类，农、林、牧、渔业的股权融资成本更低，而这些企业的收益也显得更为平滑。同时采掘业、信息技术业、制造业的股权融资成本更高。通过行业间相关性分析，我们发现，那些收益越平滑的企业，其股权融资成本越低，而收益波动越剧烈的企业，其股权融资成本越高。

4.5　平滑收益的内生性问题

一方面，通过国外所进行的研究可以看到平滑收益会对企业的融资成本有一定的影响；另一方面，当企业进行平滑决策的时候，也会考虑到这种影响。所以融资成本并不是一个外生变量，而应该是一个内生变量，需要通过两阶段最小二乘法(2SLS)模型对这一模型进行详细的考察。下面，我们将分别针对影响平滑收益和股权融资成本的因素进行筛选，针对上文所提到的787 家企业进行分析。在这里，我们仅仅采用了横截面模型，因为我们认为这一方法并不会影响最终的结论，尽管通过面板数据会得到更为准确的结论。

4.5.1　影响股权融资成本的因素

在针对股权融资成本进行分析的时候，我们采用了叶康涛和陆正飞(2004)的模型。模型选择 β 系数、负债率、账面市值比和企业规模这四个变量对模型进行回归，R^2 达到了 28%。通过横截面回归，发现 β 系数与股权融资成本呈正相关关系，这与CAPM的结论一致。同时负债率越高，股权成本反而越低，这是由于我国上市公司的负债行为还处在被动负债阶段，即上市公司并非出于提高股东回报动机而进行主动负债融资。此外，账面市值比越高，股权成本越低，这意味着账面市值比较高的企业，其风险较低。同时，企业规模越大，股权成本反而越高，这反映了人们热衷于炒作小盘股，导致规模较大企业的股票价格被低估。叶康涛和陆正飞(2004)的文章主要针对2000年和2001年的数据进行回归分析。但是通过2005年的股权分置改革，作者认为有更多的因素，尤其是代理问题指标需要纳入分析体系当中。

作者认为影响企业股权融资成本的因素有如下几点：收益平滑性、市场波动性、财务风险、偿债资产比例、企业规模、股票流动性、账面市值比、资产周转率、大股东持股比例和机构持股比例。

1.收益平滑性

叶康涛和陆正飞(2004)将收益平滑性定义为经营风险，其收益波动性的计算公式为企业近三年净利润标准差与近三年净利润平均值的比率。在其最后的分析结论中，叶康涛和陆正飞并没有将这一因素纳入模型，这可能与他们的数据测算方法有关，也可能与模型的选择有关，当然也有可能是由于当时人们并没有将收益平滑性纳入到对股权融资成本的考虑当中。在本书当中，我们对于收益平滑性的定义与其不同。其定义方法是通过计算$\rho(\Delta DAP, \Delta PDI)$来衡量企业的平滑收益。

2.市场波动性

CAPM模型指出，企业股权融资陈本主要取决于股票的β系数。通过叶康涛和陆正飞(2004)的结论，我们可以看出当β系数越大，则股票价格波动幅度越大，从而股东相应会要求更高的回报，即股票融资成本越高。这里β系数的计算是通过计算2008年日度数据计算的，其标的指数为上证综合指数。

3.财务风险

企业最优资本结构的MM定理指出，企业负债率越高，则企业面临的破产风险也随之上升，从而股东相应会要求高回报以弥补其承担的破产风险，即股权成本上升。叶康涛和陆正飞(2004)的结论显示，我国企业存在着相反的结论，即负债率越高，股权成本反而越低。这是由于我国上市公司的负债行为还处在被动负债阶段，即上市公司并非出于提高股东回报动机而进行主动负债融资。同样，由于作者是通过2000年和2001年的数据进行测算，当时我国的《破产法》还没有实施(《破产法》于2007年实施)，在破产体系尚不完善的时期，得到上述结论是完全有可能的，不过我们认为通过2008年计算的数据可能会对结论进行修正。这里本书作者同样采取企业负债占总资产的比重来衡量企业的财务风险。

4. 偿债资产比例

这里以有形资产占负债的比重来反映企业破产之后的偿债比例，其比重越大，说明企业可以用来偿债的资产比重越大，其破产成本越低。

5. 企业规模

企业规模越大，则其越容易为公众所理解，其股权融资成本业会相应降低，企业规模以其总资产作为核算指标。叶康涛和陆正飞(2004)认为企业规模越大，股权成本反而越高，反映了人们热衷于炒作小盘股，导致规模较大企业的股票价格被低估。但是，随着我国金融体系的不断完善，以及金融制度的改革，我们认为企业规模越大，其受到的外界监督越多，越容易为外界所了解，股权成本应该会相应地降低。

6. 股票流动性

流动性越高的股票越容易得到投资者的眷顾，从而降低其股权融资成本，这里以股票的换手率来反映其流动性。

7. 账面市值比

通过叶康涛和陆正飞(2004)的测算，公司的账面市值比较高，则其股权融资成本越低。这表明市场不仅没有低估账面市值比较高的企业股票价值，反而有可能高估了这些企业的股票价值，或意味着账面市值比较高的企业风险较低。

8. 代理问题

Bai 等(2002)认为第一大股东持股比例越高，则越容易出现“一股独大”的现象，其股权融资成本越高，资产周转率的高低能够反映管理曾在多大程度上有效使用公司的资产。资产周转率越低，则企业的代理问题越严重。

9. 机构持股

机构持股越多的企业，说明其受到外界的关注较多，往往可以通过获得较低的股权融资成本

我们从 WIND 数据库中获取上述相关变量，即 2008 年 787 家企业的数据，通过逐步进入法，将各个回归变量分别带入模型，通过对比 R^2 来选择本书适合的分析模型，这里我们将平滑收益当做外生变量来进行考虑，分析其对股权融资成本的影响。

如表 4.8 所示，模型 6 的 R^2 达到了 11.2%，我们认为该模型具有较强的解释能力。我们在这里最关注的问题是收益平滑变量。我们看到当企业的收益越平滑，也即平滑系数 Income Smooth Index$=\rho(\Delta\text{DAP},\Delta\text{PDI})$ 其相关系数越小(其负相关性越大)的情况下，企业的股权融资成本越高。这说明外

部投资者都是属于风险厌恶者，并且仍然认为收益波动更为剧烈的企业，往往需要更多的风险溢价进行补偿。

表 4.8 逐步回归结果

变　量	模型 1	模型 2	模型 3	模型 4	模型 5	模型 6
常数	11.533	12.495	12.445	11.853	12.236	11.819
资产周转率	0.77*	0.806*	0.797*	0.799*	0.717*	0.688*
资产负债率		−0.019*	−0.016*	−0.017*	−0.018*	−0.017*
企业规模			−0.015*	−0.015*	−0.015*	−0.017*
β系数				0.632*	0.631*	0.779*
收益平滑					0.409**	0.407**
机构持股						0.008**
R^2	0.049	0.076	0.091	0.099	0.106	0.112

注：* 表示在 1%的置信水平下显著，** 表示在 5%的置信水平下显著；各回归变量的 VIF 都显著小于 5，表明模型不存在严重的多重共线性问题。

除此之外，企业的资产周转率与股权融资成本正相关，这与我们之前的判断相符，即企业的资产周转率越高，其资产利用率较低。这说明存在较为严重的代理问题，从而带给企业较高的股权融资成本。企业负债率与股权融资成本负相关，即负债率高的企业，其股权融资成本较高。虽然这并不符合MM 的经典理论，但是这与叶康涛和陆正飞(2004)的结论相同。这是由于我国上市公司的负债行为还处在被动负债阶段，即上市公司并非出于提高股东回报动机而进行主动负债融资。企业规模与股权融资成本负向相关，这与我们之前的判断相符，即企业规模越大，则其更容易受到外界的关注，信息也更为透明，从而降低了企业的股权融资成本。β系数与股权融资成本同样是正相关，这与 CAPM 理论相符，即β系数越高，说明企业所面临的市场波动越大，从而导致更高的股权融资成本。

4.5.2 平滑收益的内生性问题

在前文中，尤其是 Freddie Mac 的实例中我们看到，不仅平滑收益会对股权融资成本产生影响，股权融资成本也同样会影响企业管理者进行会计处理时的决策，通过实现较为平滑的收益，达到降低股权融资成本的目的。这就导致了平滑收益的内生性问题。本书作者希望通过两阶段最小二乘法(2SLS)解决这个问题。在对工具变量进行选择时，本书作者选择 Li 和 Richie 的方法，即选择应计利润(accrual)作为工具变量。我们希望通过这个模型可以解决平滑收益的内生性问题。

我们首先以平滑收益为因变量对上述变量进行回归。这些变量包括：Beta 系数、资产偿债比例、企业规模、股票流动性、账面市值比、第一大股东持股比例、资产周转率、机构持股比例以及应计利润这九个变量，通过回归获得平滑收益的拟合值。然后对股权融资成本进行回归，回归变量包括：Beta 系数、资产偿债比例、企业规模、股票流动性、账面市值比、第一大股东持股比例、资产周转率、机构持股比例以及平滑收益的拟合值。相关回归结果如表 4.9 所示。

表 4.9 两阶段最小二乘法回归结果

	平滑收益 $\rho(\Delta DAP,\Delta PDI)$	股权融资成本
常数	−0.910476	13.92592 (12.62)
平滑收益拟合值		1.772246 (1.62)
Beta 系数	0.013921	0.680579 (2.85)
资产负债率	0.001497	−0.023478 (−4.48)
账面市值比	−0.200294	−0.162257 (0.26)
企业规模	−0.000471	−0.015729 (−3.53)
资产偿债比例	4.52×10^{-6}	−0.000486 (−1.36)
资产周转率	0.184108	0.484045 (2.17)
股票流动性	-5.62×10^{-5}	−0.000414 (−1.39)
第一大股东持股比例	0.001915	−0.004439 (−0.85)
机构持股比例	−0.000373	0.003696 (0.97)
应计利润	0.011514	
R^2	0.092013	0.115249

注：()内为 t 值。

从回归结果上来看，股权融资成本的 R^2 达到了 11.5%，仍旧保持了较强的解释力。同时我们看到在考虑了内生性之后，平滑收益与股权融资成本的相关性仍旧保持不变，即收益越平滑，也即操控性应计利润与非操控性收入之间的相关关系越明显，则股权融资成本越低。这与我们在假设平滑收益为外生条件下得到的结论是一致的。Beta 系数仍旧保持了正值，这说明市场波动与股权融资成本之间确实存在正相关的关系，这也印证了 CAPM 理论。资产负债率与股权融资成本之间保持了负相关的关系，这再次印证了上市公司并非出于提高股东回报动机而进行主动负债融资的这一现象。同时，企业规模与股权融资成本负相关，企业规模越大，股权融资成本越高。资产周转率与股权融资成本保持正相关的关系，即资产利用率越高，股权融资成本越低。通过两阶段最小二乘法将平滑收益的内生性考虑进来之后，我们得到了与将平滑收益作为外生变量相一致的结论。同时我们看到，即使我们将平滑收益作为内生变量来处理，账面市值比、资产偿债比、股票流动性、第一大股东持股比例和机构持股比例，由于 t 值过小，未能进入模型。尤其是账面市值比，在叶康涛和陆正飞(2004)文章的结论中，公司的账面市值比较高，则其股权融资成本越低。这表明市场不仅没有低估账面市值比较高的企业股票价值，反而有可能高估了这些企业的股票价值，或意味着账面市值比较高的企业风险较低。然而通过 2008 年数据的核算，我们发现账面市值比这一因素对于股权融资成本的影响相当微弱。资产偿债比同样没能进入模型，这主要是因为在通常情况下，我们认定企业是可以持续经营的，除非在特殊的情况下，即企业的生存难以为继的情况下，我们才需要考虑资产偿债比。所以在模型检验中，资产偿债比无法通过检验，但是作为个体企业，在面临破产情况下，资产偿债比是企业股权融资成本的重要考虑因素。股票流动性并没有进入模型，可能是由于企业在对公司股权融资成本进行分析的时候，更多的是从企业的经营状况来分析，而不是从股票市场流动性来进行考虑。而大股东持股比例和机构持股同样没有进入模型，可能也是由于在对公司进行股权融资的时候，并没有对于企业的股权结构进行考虑。

4.5.3 稳健性检验

在前面的分析中，我们提到了三种方法来衡量企业收益的平滑程度，这三种方法包括 $\rho(\Delta DAP, \Delta PDI)$，即操控性应计利润与非操控性收入变动相关系数；$\sigma(Inc)/\sigma(CFO)$，即营业利润与营运现金流标准差之比；$\rho(\Delta ACC, \Delta CFO)$，即应计利润变动与营运现金流变动相关系数。在前文中，我们通过两阶段最小二乘法(2SLS)分析股权融资成本对平滑收益的回归，我们得到如下的结论，即收益越平滑的企业，股权融资成本越低。为了证明结果的稳健性，我们采用不同的方法测量企业平滑收益，应用两阶段最小二乘法(2SLS)对数据进行分析。

首先我们利用营业利润与营运现金流标准差之比作为平滑收益的核算方式。在变量的选取上，我们采用了同上述模型相同的变量。我们从WIND数据库中获取上述相关变量，即2008年787家企业的数据进行分析，相关结果如表4.10所示。

表4.10　两阶段最小二乘法回归结果

	平滑收益 σ(Inc)/σ(CFO)	股权融资成本
常数	0.951073	12.177
平滑收益拟合值		0.10333 (0.097261)
Beta系数	−0.016249 (−0.42746)	0.697404 (2.918493)
资产负债率	−0.003769 (−4.778269)	−0.019864 (−3.797518)
账面市值比	−0.390215 (−4.320457)	−0.399771 (−0.655235)
企业规模	0.001746 (2.496521)	−0.016635 (−3.702004)
资产偿债比例	-8.96×10^{-5} (−1.598575)	−0.000462 (−1.301459)
资产周转率	0.009001 (0.45337)	0.798104 (6.700387)
股票流动性	-6.67×10^{-7} (−0.014393)	−0.000473 (−1.60937)
第一大股东持股比例	0.000203 (0.265214)	−0.001333 (−0.275953)
机构持股比例	−0.002012 (−3.377466)	0.003349 (0.88696)
应计利润	−0.003525 (−0.566218)	
R^2	0.054	0.11

注：()内为 t 值。

通过计量分析我们可以看到，企业的股权融资成本与Beta系数、资产周转率存在正相关的关系，而与资产负债率、企业规模存在负相关的关系[①]，这

① 在这里需要注意的是本书的 t 值过小，不能拒绝系数为0的假设，这可能与平滑收益的核算方式有关系。

与我们前面的结论相一致。

我们再通过第二种方法，即应计利润变动与营运现金流变动相关系数作为平滑收益的核算方法，来进行回归分析（见表4.11）。样本和变量的选取与上述模型保持一致。同样，通过计量分析我们可以看到，企业的股权融资成本与Beta系数、资产周转率存在正相关的关系，而与资产负债率、企业规模存在负相关的关系[①]，这与我们前面的结论相一致。

表4.11　两阶段最小二乘法回归结果

	平滑收益 $\rho(\Delta ACC, \Delta CFO)$	股权融资成本
常数	−0.68642	11.68989
平滑收益拟合值	−0.633008 (−0.443813)	
Beta系数	−0.052422 (−2.621767)	0.660753 (2.760544)
资产负债率	−0.001332 (−3.208552)	−0.020002 (−4.001615)
账面市值比	−0.175954 (−3.699983)	−0.340752 (−0.584425)
企业规模	0.003311 (8.994795)	−0.014796 (−2.908187)
资产偿债比	-4.81×10^{-5} (−1.63326)	−0.000516 (−1.454402)
资产周转率	0.021596 (2.070564)	0.812178 (6.876983)
股票流动性	-7.27×10^{-6} (−0.298698)	−0.000437 (−1.496595)
第一大股东持股	−0.000706 (−0.298698)	−1.001763 (−0.367279)
机构持股	−0.001049 (−3.341935)	0.002399 (0.636471)
应计利润	0.000236 (0.072233)	
R^2	0.11	0.11

注：()内为t值。

① 在这里需要注意的是本书的T值过小，不能拒绝系数为0的假设，这可能与平滑收益的核算方式有关系。

通过分析我们发现,平滑收益的核算方式会影响我们的结论。由于本书对平滑收益的方式采用的是$\rho(\Delta DAP, \Delta PDI)$,即操控性应计利润与非操控性收入变动相关系数。我们认为这种方式可以更好地反应企业虚假的平滑收益,这种衡量方法被Tucker和Zarowin(2006),Li和Richie所采用。而另两种方法由于其核算方法的问题,所以并没有进入方程。

除了平滑收益之外,我们可以明确地看到,企业的股权融资成本与Beta系数、资产周转率存在正相关的关系,而与资产负债率、企业规模存在负相关的关系。在我们的三个模型中,我们可以明确地看到这一结论。这与叶康涛和陆正飞(2004)的结论存在部分的差异。首先,账面市值比在本书的分析中未能进入模型。其次,企业规模与股权融资成本的关系发生了变化。叶康涛和陆正飞(2004)的文中认为企业规模与股权融资成本存在着正相关的关系,企业规模越大,股权融资成本越高,这反映了投资者对于小盘股的关注。但是随着中国资本市场的不断发展和完善,大盘蓝筹股的信息优势逐渐发挥出来。在利用2008年的数据进行的测算当中,我们看到,企业规模和股权融资成本存在着负相关的关系,即企业规模越大,信息越容易为外界所掌握,其股权融资成本越低,这也反映了我国股票市场逐渐走向理性。最后,通过对平滑收益核算方式的修改,我们可以看到平滑收益与融资成本之间存在着对应的关系,即企业收益越平滑则其股权融资成本越低。这也是本书最主要的结论。

4.6　平滑收益与研究员跟踪

4.6.1　理论阐述

在之前的文章中,关于股权融资成本核算的问题,其文章的分析框架是建立在有分析员跟踪的企业之上的。但是如果是缺少分析员跟踪的企业,其收益状况是否会波动得更为剧烈。Chung和Jo(1996)认为市场分析员往往选择那些具有较好表现的企业进行跟踪分析,这主要是由于分析这类企业往往仅需要较少的成本而且企业的市场化程度高。Ronen和Sadan(1981)认为具有平滑收益的企业就属于这部分表现较好的企业,所以市场分析员往往会选择具有平滑收益的企业进行跟踪分析。Dey(2004)研究了机构投资者和分析师如何看待企业平滑收益的问题。作者将平滑收益分为真实平滑收益和虚假平滑收益,文章研究结果显示,分析师跟踪和真实平滑收益正相关,而分析师跟踪和机构投资都与虚假的平滑收益负相关。同时,在有较多分析师跟踪和机构投资的企业中,平滑收益的现象相对较少。在建立模型的过程中,作者考虑到企业在进行平滑收益的决策时会考虑到分析师和机构投资者的反应，所以解释变量被内生化，所以采用 2SLS 模型进行回归。

4.6.2 实证检验

在分析中我们从 WIND 数据库中选取除金融行业外所有 A 股上市企业进行分析，由于数据选取时间的问题，在本书的分析中剔除了部分新上市公司的数据。其中，分析员数量是 2008 年对企业每股收益预测的机构家数。Dey(2004)在对分析员变量进行处理的时候选择对分析员数量取自然对数。这里考虑到国内很多企业并没有分析员进行跟踪，所们直接选取分析员数量作为变量，不进行对数处理。没有分析员跟踪的企业，我们记为 0。我们一共选取 1726 家企业，其中没有分析员进行跟踪的企业 747 家。在前面对于平滑收益的计算中，我们采用了三种核算方法，包括 $\rho(\Delta DAP,\Delta PDI)$，这个是本书中最核心的核算方式。还有两种方法分别是 $\sigma(Inc)/\sigma(CFO)$，即营业利润与营运现金流标准差之比，以及 $\rho(\Delta ACC,\Delta CFO)$，即应计利润变动与营运现金流变动相关系数。为了延续分析的一致性，我们在这里针对分析员数量进行回归时选择的数据还是依据 $\rho(\Delta DAP,\Delta PDI)$ 的核算方式。由于通过这种核算方法，需要较多年份的数据，根据数据的可获得性，我们再次剔除了 353 家企业。在本次分析中，我们实际获得 1370 家企业的相关数据，其中没有分析员跟踪的企业达 544 家，占总分析企业数目的 39.7%。

通过下面的分析我们可以看出，分行业来说，企业收益越平滑与之对应的分析员跟踪人数就越多，相关系数达到了－0.386。这说明平滑收益越小(绝对值越大)，则收益越平滑。其中，分析员平均跟踪人数较多的行业是采掘业，相关系数达到了 8.24。相对应的，我们可以看到采掘业拥有较为平滑化的收益。社会服务业，交通运输、仓储业，电力、煤气及水的生产和供应业也相对应地得到了更多分析员的关注，所以我们估计在后面的实证分析中，企业收益越平滑，则受到的分析员关注越多。分行业平滑收益与研究员跟踪之间的关系如表 4.12 所示。

表 4.12　分行业平滑收益与研究员跟踪

	平滑收益	分析员跟踪
建筑业	－0.461139781	3.321428571
房地产业	－0.462610741	2.555555556
信息技术业	－0.474190583	3.447058824
批发和零售贸易行业	－0.610650392	3.22826087

续表

	平滑收益	分析员跟踪
综合类	−0.665624828	0.876923077
传播与文化产业	−0.682175221	7.090909091
制造业	−0.707581778	3.945775536
农、林、牧、渔业	−0.782636551	2.766666667
采掘业	−0.803788162	8.242424242
社会服务业	−0.847580457	5.342857143
交通运输、仓储业	−0.884268226	5.724137931
电力、煤气及水的生产和供应业	−0.962449162	3.28125

通过逐步回归[①]的方法，资产周转率、研究员跟踪和第一大股东持股比例进入了模型，相关结果见表 4.13。

表 4.13 逐步回归结果

变 量	模型 1	模型 2	模型 3
常数	−0.862*	−0.814*	−0.867*
资产周转率	0.182*	0.188*	0.185*
研究员跟踪		−0.004**	−0.005**
第一大股东持股比例			0.002**
R^2	0.072	0.073	0.0

注：* 表示在 1%的置信水平下显著，** 表示在 5%的置信水平下显著；各回归变量的 VIF 都显著小于 5，表明模型不存在严重的多重共线性问题。

通过模型我们可以看到，当资产周转率越大，即资产的利用率越低的时候，企业的收益波动越大。同时，企业第一大股东持股比例越高，企业收益的波动也越明显。而对于研究员跟踪来说，当有更多的研究员关注企业的收益的时候，企业的收益越为平滑。当然这里也存在着另外一种可能性，即企业收益越平滑，则会有越多的分析员有针对性地对企业进行跟踪。在这里，我们将研究员跟踪作为外生变量来处理，但其实如果通过两阶段最小二乘(2SLS)来分析会更好，不过由于本书当中我们仅针对研究员跟踪对平滑收益的影响来补充上文针对平滑收益和股权融资成本由于数据缺失所造成的样本偏差进行修正，所以采用 OLS 模型就可以满足作者的要求。

① 变量的选择方法和之前的模型相同，但是其余的分析变量均未进入模型。

4.7 结 论

4.7.1 研究结论

上市公司平滑收益与股权融资成本的关系是本书关心的重点问题。有人认为企业的平滑收益是企业管理者对未来的预期的一种反映，收益越平滑，则企业越可以通过较低的股权融资成本来获得资金；也有一些人认为平滑收益是一种盈余操纵，扭曲了企业实际的经营发展状况，投资者会通过提高融资成本的方式来惩罚企业所进行的盈余操纵行为。本书通过对 1686 家 A 股上市公司的收益进行分析，发现这些上市公司的收益存在微利现象和平滑收益现象，同时这种平滑收益存在较强的可持续性。

本章通过对 787 家上市 A 股企业的核算，发现我国的平滑收益程度在各国当中处于中下游水平，即企业收益相对不平滑。具体来说，收益相对美国来说更加平滑，而相对于欧洲大陆国家则表现出较强的波动性。本书对收益平滑性、市场波动性、财务风险、偿债资产比例、企业规模、股票流动性、账面市值比、资产周转率、大股东持股比例和机构持股比例进行了回归。由于一方面平滑收益会影响投资者对于企业收益的判断，从而影响企业的股权融资成本。另一方面，企业管理层考虑外部投资者的投资偏好，从而会通过会计处理，实现平滑收益。在这种情况下，平滑收益具有内生性，我们采取两阶段最小二乘(2SLS)对变量进行回归。通过分析我们发现企业的股权融资成本与 Beta 系数、资产周转率存在正相关的关系，而与资产负债率、企业规模存在负相关的关系。同时企业收益越平滑，则其股权融资成本越低，而其收益波动幅度较大时，其股权融资成本较高。另外，平滑收益不同的核算方法，会对结论产生影响。而偿债资产比例、股票流动性、账面市值比、大股东持股比例和机构持股比例变量不能进入模型。投资者在对企业进行投资的时候，很少从以上角度对企业的融资成本进行分析。

由于数据的核算方法不同，上述结论主要适用于有研究员跟踪的企业。为了证明结论可以扩展至所有企业，作者针对平滑收益和研究员跟踪进行进一步的分析。作者发现当有更多的研究员关注企业的收益的时候，企业的收益越为平滑。

4.7.2 研究的局限

第一，本章发现针对不同的平滑收益统计方式，模型的结果不尽相同。

本书采用的三种不同的核算方式代表了不同的经济学意义，第一种方法是通过计算 $\sigma(\mathrm{Inc})/\sigma(\mathrm{CFO})$，即核算营业利润标准差与营运现金流标准差的比值，这种方法是在控制现金流的情况下，考虑营业利润的波动。第二种方法是通过计算 $\rho(\Delta\mathrm{ACC},\Delta\mathrm{CFO})$，即核算应计利润变动与现金流变动的相关系数，这种方法主要是考虑是否通过对现金流的影响来对应计利润进行操纵。最后一种方法也是本书的核心方法，是通过计算 $\rho(\Delta\mathrm{DAP},\Delta\mathrm{PDI})$，即考察虚假的平滑收益部分。这三种不同的平滑收益方式与股权融资成本之间不尽相同的关系，可能是由于通过不同的手段进行平滑收益会对股权融资成本带来不同的影响，未来可以对这三种统计方法进行深入的分析，从而更深入地了解平滑收益与股权融资成本之间的相关关系。

第二，本章在进行两阶段最小二乘(2SLS)分析的时候主要采用的是横截面数据进行分析，在未来的深入研究中如果采用面板数据，将得到更好的结果。

第三，本章在变量的选择上主要是从公司层面进行考虑，如会计政策的变动、股权分置改革的影响等外部变量并没有被纳入到模型中来。通过本书与叶康涛和陆正飞(2004)文章结论的不尽相同之处可以看出，随着中国资本市场的不断发展和完善，股权融资成本的影响因素在不断发生变化，这种变动可能不再仅仅是通过对公司层面的数据进行分析而能得到的结论，更多的是由于制度的变动带来的融资成本影响因素的变动。

第四，作者在对平滑收益与研究员跟踪问题进行回归的时候采用的是OLS模型，虽然该模型对于本章的叙述已经足够，但是考虑到研究员跟踪的内生性，采用两阶段最小二乘(2SLS)模型会带来更好的结论。

第5章 >>>

中国上市公司盈余特性与权益资本成本

5.1 引 言

5.1.1 研究的背景与意义

大量的文献已经证实，资本市场上的信息风险是不可分散的。Easley 和 O'Hara(2004)在多种资产理性预期框架下通过构造资产定价模型，发现不知情投资者要求更高的资本回报来补偿不对称信息带来的风险。资本成本对于公司的各项决策是至关重要的，这不仅影响公司的营业活动，还会对随后的公司收益产生影响。会计盈余质量作为反映公司经营好坏的主要信息之一，已被许多投资者看做是评价公司经营质量的一项重要依据。如果公司的盈余质量较高，投资的风险较小，那么投资者要求的资本成本也会较低。国外已有一些文献用实证检验证实了这一关系。Francis 等(2004)综合前人的研究，采用了应计质量、持续性、预测性、平滑度、价值相关性、及时性以及稳健性作为衡量盈余质量的七个盈余特性指标。其中，应计质量、持续性、预测性和平滑度是以会计为基础的盈余特性指标，主要是反映会计盈余质量；而价值相关性、及时性和稳健性由于反应的是市场因素和盈余的关系，因而被称为以市场为基础的盈余特性指标。Francis 等(2004)利用美国资本市场的数据，研究这七个盈余特性指标和权益资本成本之间的关系，发现以会计为基础的盈余特性指标比以市场为基础的盈余特性指标对资本成本的影响更大。

在我国，股票市场自 1990 年成立以来发展迅速，制度也逐渐完善。几次会计制度的改革，提高了上市公司财务信息的披露，使得上市公司信息更加透明化。但不可否认的是，我国资本市场仍处于起步阶段，不对称信息仍然存在，市场价格处于非理性状态，并不能很好地反映公司经营状况。本书按照 Francis 等(2004)的思路，对我国股票市场进行了盈余质量和权益资本成本关系的实证研究，考察了上市公司的会计盈余对权益资本成本的影响程度，以及其对投资者决策所产生的影响。

本章的研究一共分为两个方面：①检验盈余特性的各个指标是否和权益成本存在着正相关关系。②比较七个盈余特性指标对权益资本成本的影响程度，从而了解投资者更看重哪个或哪些盈余特性指标。

5.1.2　研究成果综述

自 Grossman 和 Stiglitz(1980)提出了私人信息将会影响理性预期模型的均衡之后，大量学者从不同的方面研究了私人信息是如何影响资产价格的。Easley 和 O'Hara(2004)在多种资产理性预期框架下，通过构造资产定价模型研究了信息风险对权益成本的影响。由于知情的投资者和不知情的投资者持有的信息不同，因而面临着不同的信息风险，所以要求不同的回报率。他们以不知情的投资者为重点研究对象，因为知情的投资者可以利用持有的私有信息来改变投资组合获利，而不知情的投资者只能通过较高的投资回报获得补偿。Leuz 和 Verrecchia(2004)则从公司业绩报告对于公司和投资者在投资决策时的作用的角度来分析这一问题。他们发现，质量较差的业绩报告使得公司和投资者的投资决策不一致，这样就产生了信息风险。考虑到这点，投资者就会要求更高的风险溢价，也就是说投资者要求更高的资本回报率。

在实证检验方面，Easley 等(2002)计算了基于信息交易的概率(PIN)，并根据不同概率的得分来区分知情投资者与不知情投资者。他们将估计的结果放到 Fama 和 French(1992)的资产定价框架下，以检验信息概率是否影响横截面上的资产报酬率。得到的实证结论符合 Easley 和 O'Hara(2004)的理论结果。Francis 等(2005)则使用应计质量来作为信息风险的代理变量。他们发现比起应计质量较好的公司，应计质量较差的公司表现出较高的债务成本和权益成本。另外，Francis 等(2005)还将应计质量分为可操控性和内生性两类，并通过模型回归发现这两部分都对权益成本产生影响，其中后者影响较大。Francis、Lafond、Olsson 和 Schipper(2004)在 Francis 等(2005)的基础上，以美国上市公司为样本，通过研究企业会计盈余的七个不同特性指标(earnings attributes)：应计质量、持续性、可预测性、平滑度、价值相关性、及时性以及稳健型，来考察盈余质量与权益资本成本之间的关系。

在国内，汪炜和蒋高峰(2004)利用我国上海股票市场 A 股 516 家上市公司的数据，检验了上市公司权益资本成本与自愿披露信息水平之间的关系。他们选用经典红利折现模型计算上市公司的权益资本成本，并控制公司规模、财务风险变量。研究表明，上市公司资本成本随着公司透明度的增加而下降，自愿信息披露将有助于降低我国上市公司的资本成本。曾颖和陆正飞(2006)以深圳证券市场A股上市公司为样本，研究了中国上市公司的信息披露质量是否会对其股权融资成本产生影响。他们采用剩余收益模型计量权益资本成本，分别以披露总体质量与盈余披露质量指标反映上市公司的信息披露质量。研究发现，在控制β系数、公司规模、账面市值比、杠杆率、资产周转率等因素的条件下，信息披露质量较高的样本公司边际股权融资成本较低，这说明我国上市公司的信息披露质量会对其股权融资成本产生积极影响。研究还发现，盈余平滑度和披露总体质量是影响样本公司股权融资成本的主要信息披露质量特征。

5.2 研究样本的选取

本章选取了2000—2004年在上海证券交易所和深圳证券交易所A股市场上市的公司，所有数据来自于WIND数据库。本章只选取2000—2004年五年的数据而不是连续近几年的数据，是因为本书需要用红利折现模型计算权益资本成本。红利折现模型需要后三年的数据，而目前只能取到至2007年的数据，因此权益资本成本准确的计算只能到2004年为止。如果要计算2005—2008年的权益资本成本，我们则需要2008—2011年的数据，但是目前这些数据是无法取到的。有些文章采用预测的方法来计算后几年的权益资本成本，但是预测产生的误差会严重影响本书的实证结果，因此本书不采用预测2008—2011年的股价和分红来计算2005—2008年的权益资本成本。事实上，仅检验2000—2004年上市公司权益资本成本和盈余特性关系并不会影响到本书的目的。上市公司的盈余质量一般来说被认为与时间因素无关。本书比较的是各盈余特性指标对上市公司权益资本成本的影响程度，而不是各年份上市公司盈余质量对权益成本的影响程度。

选取样本数据的标准为：①只在沪、深交易所发行A股的上市公司，排除同时发行B股、H股或N股的上市公司，这主要是为了避免由于不同市场价格形成机制差异造成的公司市值差异。②剔除ST、PT上市公司，因为这些公司的财务披露制度不同。③剔除金融行业的数据，以避免金融业这种高资产负债率的行业对整体数据的影响。④由于上市公司的财务制度变化频繁，追溯调整难度较大，故样本的时间周期选取为八年。在1999—2007年这九年的会计周期内，公司数据少于八年的则视为不完整的样本，并予以剔除。⑤为排除新股发行上市、股本急剧扩张对企业业绩的影响，排除当年IPO的公司。⑥剔除权益资本成本为负的公司。

按照上述标准筛选数据后，最终得到 461 家上市公司，616 个样本观察数，每年的样本数如表 5.1 所示。

表 5.1　2000—2004 年上市公司样本数

年　份	样本数	占当年全部上市公司比例(%)
2000	27	3.9
2001	49	5.8
2002	70	7.4
2003	235	24.0
2004	235	21.9

资料来源：WIND 金融数据库。

5.3　盈余特性与权益资本成本的衡量

5.3.1　权益资本成本的衡量

本书检验盈余特性对权益资本成本的影响，因此首先需要计算权益资本成本。这里使用经典红利折现模型，基本公式如下：

$$P_t = \sum_{\tau=1}^{3}(1+r)^{-\tau}E_t[d_{t+\tau}] + (1+r)^{-3}P_{t+3}$$

由于公司存在增发、配股行为使得股票价格可能出现大幅波动，本书将上式的股价用公司价值来替代，得到：

$$V_t = \sum_{\tau=1}^{3}(1+r)^{-\tau}D_{t+\tau} + (1+r)^{-3}V_{t+3}$$

式中：V_t 为公司在 t 时刻的价值；D_t 为公司 t 期的分红；r 为公司 t 时刻的权益资本成本。

用 Matlab 计算样本的权益资本成本，并用 SPSS 进行统计分析。图 5.1 是权益资本成本的分布直方图，表 5.2 是样本公司 2000—2004 年权益资本成本的描述性统计。

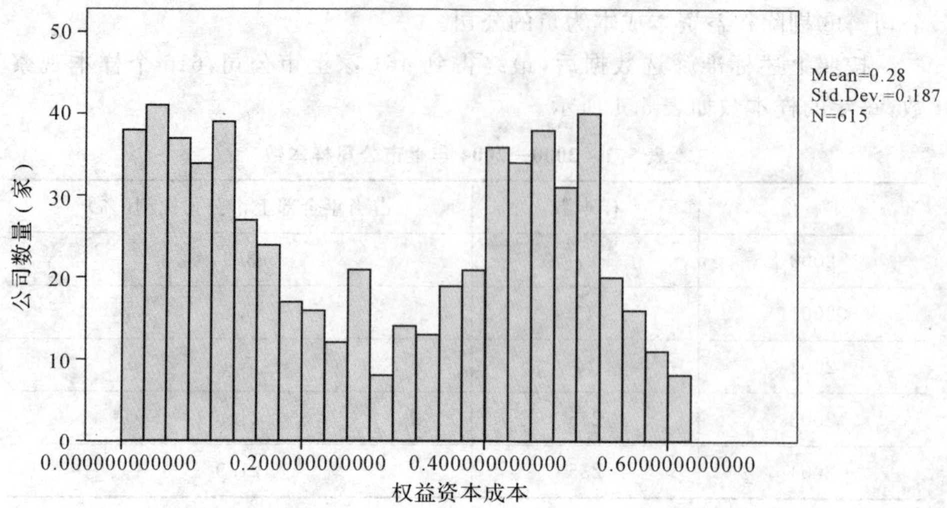

图 5.1　2000—2004 年权益资本成本

表 5.2　权益资本成本的描述性统计(百分比)

年　份	公司数	均　值	标准差	10%	25%	中　值	75%	90%
2000	27	10.00	0.083	1.579	4.219	8.425	12.547	27.355
2001	49	9.00	0.093	1.412	3.016	5.479	11.218	19.437
2002	70	12.00	0.108	2.361	4.346	8.255	15.996	22.969
2003	235	21.00	0.143	4.564	9.532	17.350	29.435	40.627
2004	235	47.00	0.064	39.373	42.362	46.397	51.685	55.556

从图 5.1 可以看到权益资本成本并不是呈正态分布,反而有些类似倒正态分布,即在均值两端的样本数量较多。而从表 5.2 可以看出,不同年份样本点的权益资本成本均值相差很大,但是由于本章是使用全部年份的样本点做 OLS 回归,因此权益资本成本不同年份的差异不会对本章的结果造成影响。

5.3.2　盈余特性的衡量

本章选择七个盈余特性指标来衡量盈余质量。盈余特性指标的值越大,盈余质量越差。这七个指标分别是应计质量、持续性、预测性、平滑度、价值相关性、及时性和稳健性。其中前四个称为以会计为基础的盈余特性指标,后三个称为以市场为基础的盈余特性指标。

1. 应计质量(accruals quality,AQ)

许多衡量应计质量的方法都抱着同一种视角,那就是如果某种方法能够更好地和现金流结合起来，那么这种方法无疑能够更好地描述应计质量。本书选用 Dechow 和 Dichev(2002)的方法，利用当期应计利润与上一期、当期、下一期的现金流之间的映射关系来计算应计质量。这种方式同样得到了 Francis 等(2005)的肯定，在他看来这种方式很好地把债务及股权资本成本的衡量包括了进去。具体模型如下：

$$TCA_{j,t} = \alpha_0 + \alpha_1 CFO_{j,t-1} + \alpha_2 CFO_{j,t} + \alpha_3 CFO_{j,t+1} + \varepsilon_{j,t} \tag{5.1}$$

式中：对于公司 j，$TCA_{j,t}$ 为第 t 期总的应计利润；$CFO_{j,t}$ 为第 t 期的经营现金流；所有变量都除以第 $t-1$ 期到第 t 期的平均总资产。

对于每一个公司年度本书都会对模型(5.1)进行相应的计算，从而得到该公司当年的 $\varepsilon_{j,t}$ 数据，再根据不同的年份计算相应的标准差得到应计质量 $AQ_{j,t} = \sigma(\varepsilon_{j,t})$。残差的标准差越大(小)，应计质量越差(好)。

2. 持续性(persistence)和预测性(predictability)

持续性和预测性均与当期、上一期的盈余有关，持续性强调盈余的可维持性与可重复性(Penman 和 Zhang，2002；Revsine 等，2002)。许多分析有时会聚焦于两者之上。本书利用当期收益与滞后期收益之间回归结果的斜率来衡量这一持续性。对于预测性，Lipe(1990)把它定义为是收益进行自我预测的能力，当然也可以看做是收益的自相关程度，即当期的盈余有多少可以成为永久性盈余。另外，许多分析师在估值时也经常用到预测性这一指标。本书所采用的计量模型如下所示：

$$X_{j,t} = \phi_{0,j} + \phi_{1,j} X_{j,t-1} + \varepsilon_{j,t} \tag{5.2}$$

式中：$X_{j,t}$ 为公司 j 在第 t 期的净利润除以流通股的加权平均数。

本书将会利用最大似然估计法，对每一公司年度的数据进行处理，而持续性就表示为上一期净利润的系数，为了使得盈余特性指标的大小和盈余质量统一成负相关的关系，我们在系数前面加上一个负号，便可得到 persistence$= -\phi_{1,j}$，一般来说 persistence 值越大(小)，持续的盈余就越小(多)。

另外，本书同样会通过对模型(5.2)进行估计，得到每一年度下 j 公司的 $\varepsilon_{j,t}$ 数据，并利用多年数据计算得到 predictability$= \sqrt{\sigma^2(\varepsilon_{j,t})}$，predictability 值越大(小)，可预测的盈余就越小(多)。

3. 平滑度(smoothness)

Ronena 和 Sadan(1981)，Chaney 和 Lewis(1995)，以及 Demski(1998)都对平滑收益的作用进行过分析。将平滑度作为盈余特性指标是因为管理层往往会利用其关于未来收益的信息，通过平滑短暂的盈余波动来实现报表数据的平滑与稳定。通常来说盈余越平滑，也就意味着盈余质量越高。

本书按照 Leuz、Nanda 和 Wisocki(2003)的方法以现金流作为未经平滑盈余的代理变量，以盈余的波动性与经营现金流波动性的比值作为平滑度的代理变量，即 $\text{smoothness}_{j,t}=\sigma(\text{NI}_{j,t})/\sigma(\text{CFO}_{j,t})$。其中，NI 为公司的核心盈余。此处 smoothness 越大(小)，盈余的平滑度越小(大)。

4. 价值相关性(value relevance)

价值相关性可以被看做是会计盈余解释市场回报变化的能力。许多相关的研究都把价值相关性看成是衡量决策有效性的直接指标(Joos 和 Lang，1994；Collins 等，1997；Francis 和 Schipper，1999；Lev 和 Zarowin，1999)，持这一观点的研究者往往认为价值相关性指标同时兼顾了相关性与可靠性。而在本书中价值相关性的衡量采用 Collins、Maydew 和 Weiaa(1997)的方法，将(5.3)式的 R^2 作为代理变量：

$$\text{RET}_{j,t}=\delta_{0,j}+\delta_{1,j}\text{EARN}_{j,t}+\delta_{2,j}\Delta\text{EARN}_{j,t}+\zeta_{j,t} \tag{5.3}$$

式中：$\text{RET}_{j,t}$ 为市场回报；$\text{EARN}_{j,t}$ 为公司当期的核心盈余；$\Delta\text{EARN}_{j,t}$ 为当期的核心盈余的变化。

借助于对每一公司年度数据的回归，我们可以将价值相关性表示为：$\text{relevance}=-R^2_{j,t,eq(3)}$。在本书中 relevance 值越大(小)，盈余的价值相关性越小(大)。

5. 及时性(timeliness)和稳健性(conservatism)

及时性和稳健性同价值相关性一样，都与股票市场收益有关，属于基于市场的盈余特性。及时性反映的是盈余对于经济回报的解释力度，而稳健性则通过回归中负收益与正收益系数之比来进行体现。稳健性不同于及时性正是因为它很好地区别了会计盈余在体现经济损失与经济收益上的能力差异。当我们把及时性和稳健性结合起来的时候便得到了“透明度”这一理想指标。Watts(2003)则列举了多条理由来证明稳健性是衡量盈余质量的一个很好的指标，一般来说，这些理由往往出自于一些要求控制成本的报告中，里面详述了向股东过度支付或不足支付所可能产生的不对称成本。在本书中则是根据 Ball、Kothari 和 Robin(2000)的思路，用(5.4)式来计算：

$$\begin{aligned}\text{EARN}_{j,t}=\eta_{0,j}+\eta_{1,j}\text{NEG}_{j,t}+\beta_{1,j}\text{RET}_{j,t}+\beta_{2,j}\text{NEG}_{j,t}\times\\ \text{REG}_{j,t}+\text{V}_{j,t}\end{aligned} \tag{5.4}$$

式中：如果 $\text{RET}_{j,t}<0$，$\text{NEG}_{j,t}=1$，否则等于 0。

这里将盈余作为应变量，考察盈余对股票市场回报的反应程度。利用每一年度的公司数据，同时按照 Ball 等(2000)和 Bushman 等(2004)的做法，我们用模型(5.4)的解释力度来衡量及时性，因此及时性就是(5.4)式模型的拟合度，$\text{timeliness}=-R^2_{j,t,eq(5)}$。另外，按照 Basu(1997)，Pope 和 Walker(1999)，Givoly 和 Hayn(2000)的做法，稳健性应当表示为坏消息与好消息系数之比的负数，因此可用 conservatism$= -(\beta_{1,j}+\beta_{2,j})/\beta_{1,j}$ 来计算。同时，本书认为稳健性只确认损失，不确认收益。

在本章中 timeliness 和 conservatism 的值越大（小），意味着及时和稳健的盈余越少（多）。

5.4　盈余特性指标的统计性检验与风险代理变量的衡量

5.4.1　盈余特性指标的统计性检验

根据应计质量、持续性、预测性、平滑度、价值相关性、及时性和稳健性的公式，我们用 Matlab 将所有 461 家公司的七个盈余特性指标计算出来，要求每家公司至少有连续八年的样本点，时间跨度为 1999—2007 年。表 5.3 是七个盈余特性指标的描述性统计，表 5.4 是各盈余特性指标之间的相关性检验。

表 5.3 将各盈余特性按百分比进行了归类，这样做的原因是为了在后面做回归的时候将百分比代替原始数据，以避免原始数据出现奇异点而影响结果。表 5.3 得到的结果和 Francist 等(2004)的结果非常相近。本书应计质量的均值（中值）为 0.02(0.016)，Francis 等得到的结果是 0.026(0.019)；本书持续性、预测性、平滑度的均值（中值）分别是 −0.44(−0.401)、0.53(0.317)、0.23(0.162)，对应 Francis 等的结果 −0.482(−0.520)、0.876(0.536)、0.640(0.578)。其中，本书计算出来的平滑度小很多，可能是因为中国资本市场上市公司存在较多盈余管理的情况。对于基于市场的盈余特性，本书计算出的价值相关性和及时性与 Francis 等的结果相近，但稳健性则有较大的出入。

表 5.3　盈余特性的描述性统计

盈余特性	均　值	标准差	10%	25%	中　值	75%	90%
应计质量	0.02	0.025	0.004	0.008	0.016	0.030	0.053
持续性	−0.44	0.535	−0.996	−0.681	−0.401	−0.084	0.117
预测性	0.53	0.754	0.086	0.150	0.317	0.592	1.090
平滑度	0.23	0.224	0.321	0.074	0.162	0.312	0.549
价值相关性	−0.35	0.251	−0.744	−0.543	−0.299	−0.134	−0.059
及时性	−0.47	0.246	−0.817	−0.669	−0.470	−0.276	−0.151
稳健性	11.49	157.044	−44.415	−8.940	−0.231	6.908	33.513

从表 5.4 可以看出除了应计质量和持续性，以会计为基础的盈余特性之

间有着正相关的关系，以市场为基础的盈余特性之间也同样有正相关的关系。而且可以看到除了价值相关性和应计质量、持续性、预测性以及及时性和应计质量、持续性之间存在着微弱的正相关之外(不超过 0.208)，其他的以市场为基础的盈余特性和以会计为基础的盈余特性没有关联。另外可以看到，同一类盈余特性之间的关联系数要比不同类盈余特性之间的关联系数要大很多。因此，可以认为以会计为基础的盈余特性和以市场为基础的盈余特性质是基本独立的。

表 5.4 各盈余特性的相关性检验

	应计质量	持续性	预测性	平滑度	价值相关性	及时性	稳健性
应计质量	1.000	0.064	0.499**	0.444**	0.158**	0.073*	0.011
	0.056	0.000	0.000	0.000	0.035	0.395	
持续性	0.064	1	−0.110**	−0.098**	0.208**	0.197**	0.045
	0.056		0.003	0.007	0.000	0.000	0.133
预测性	0.499**	−0.110**	1.000	0.537**	0.106**	0.040	0.015
	0.000	0.003		0.000	0.004	0.161	0.353
平滑度	0.444**	−0.098**	0.537**	1.000	0.065	0.059	−0.033
	0.000	0.007	0.000		0.055	0.070	0.205
价值相关性	0.158**	0.208**	0.106**	0.065	1.000	0.501**	0.073*
	0.000	0.000	0.004	0.055		0.000	0.036
及时性	0.073*	0.197**	0.040	0.059	0.501**	1.000	0.039
	0.035	0.000	0.161	0.070	0.000		0.168
稳健性	0.011	0.045	0.015	−0.033	0.073*	0.039	1.000
	0.395	0.133	0.353	0.205	0.036	0.168	

注：** 代表在 1%水平下显著，* 代表在 5%水平下显著；数据的上一行代表相关系数，下一行代表单边显著性水平。

5.4.2 风险代理变量的衡量

本书为了检验权益资本成本和盈余特性的关系，还需要控制风险代理变量。本书选取的风险代理变量是 Beta 系数($Beta_{j,t}$)、公司规模($Size_{j,t}$)和账面市值比($BM_{j,t}$)。Fama 和 French(1993)认为，权益资本成本和 beta 系数还有账面市值比成正比，和公司规模成反比。我们用 CAPM 模型估计的公司 24 个月的回报来计算 β 系数，用公司市值的自然对数估计公司规模，账面市值比则用每股净资产除以每股除权后的价格，即市净率的倒数来表示。表 5.5 是权益资本成本对风险代理变量回归的统计结果，其中变量的值都已转化成百分比的形式。表 5.6 是风险代理变量和权益资本成本的线性回归结果。

表 5.5　风险代理变量和权益资本成本线性回归 ANOVA 分析

模　型	平方和	自由度	平方和均值	F 值	显著性
回归平方和	6.117	3	2.039	32.091	0.000
残差平方和	38.819	611	0.064		
总平方和	44.936	614			

表 5.6　风险代理变量和权益资本成本线性回归结果

变　量	未标准化系数		标准化系数	t 值	显著性
	系　数	标准差	系　数		
常数	0.400	0.039		10.255	0.000
Beta 系数	0.108	0.036	0.113	2.985	0.003
公司规模	−0.098	0.037	−0.104	−2.678	0.008
账面市值	0.280	0.037	0.297	7.639	0.000

5.5　实证检验结果与分析

5.5.1　模型构建

本书检验盈余的各个属性和权益资本成本的关系的主要模型如下：

$$r_{j,t} = \lambda_{o,t} + \lambda_{1,t}\mathrm{Beta}_{j,t} + \lambda_{2,t}\mathrm{Size}_{j,t} + \lambda_{3,t}\mathrm{BM}_{j,t} + \lambda_{4,t}\mathrm{Attributes}^{k}_{j,t} + \upsilon_{j,t}$$

Beta、Size、BM 是风险控制变量，分别是公司的 Beta 系数、公司规模、账面市值比。Attributes 是盈余特性。将七个盈余特性分别加入检验，然后将以会计为基础的盈余特性和以市场为基础的盈余特性分别一同加入，比较哪个或哪些盈余特性对权益资本成本有更大的影响。本书采用 OLS 方法进行回归，使用的数据年限为 2000—2004 年。

5.5.2　单个盈余特性指标与权益资本成本的回归结果

我们先分别检验七个盈余特性指标和权益资本成本成正相关的假说。为了消除奇异点对检验结果的影响，我们将样本点分类，从小到大记为 0.1～1。分类标准按照 SPSS 频率分析表。表 5.7 是以会计为基础的盈余特性回归结果，表 5.8 是以市场为基础的盈余特性回归结果，因变量都为权益资本成本。

从表 5.7 看到，应计质量、预测性和平滑度均与权益资本成本呈现正相关关系，但是平滑度的 t 值不显著（$t=1.303$），而持续性则与权益成本负相关，这与预期结果相反。其中一种解释是持续性和平滑度具有反向效应，平滑度较好的公司持续性会较差。从平滑度的描述性统计就可以看出，中国上市公司的平滑度值很小，表明中国上市公司管理层更偏好平滑的收益，而较少考虑收益的持续性。这也就解释了为什么持续性与理论结果相悖。

表 5.7　以会计为基础的盈余特性回归结果

	应计质量		持续性		预测性		平滑度	
自变量	系　数	t 值	系　数	t 值	系　数	t 值	系　数	t 值
Beta	0.101	2.803	0.101	3.100	0.106	2.948	0.106	2.924
公司规模	−0.065	−1.717	−0.098	−2.670	−0.068	−1.775	−0.089	−2.395
账面市值	0.321	8.368	0.269	7.314	0.303	8.075	0.291	7.736
盈余特性	0.129	3.350	−0.082	−2.305	0.100	2.624	0.049	1.303
调整 R 方	0.146		0.138		0.146		0.133	

注：表格第一列中所列指标即为回归中所选取的盈余特性指标。

表 5.8　以市场为基础的盈余特性回归结果

	价值相关性		及时性		稳健性	
自变量	系　数	t 值	系　数	t 值	系　数	t 值
Beta	0.097	2.676	0.102	2.809	0.108	2.997
公司规模	−0.095	−2.595	−0.098	−2.658	−0.098	−2.669
账面市值	0.281	7.678	0.280	7.641	0.282	7.645
盈余特性	0.068	1.895	0.045	1.254	−0.020	−0.554
调整 R 方	0.136		0.133		0.131	

注：表格第一列中所列指标即为回归中所选取的盈余特性指标。

从表 5.8 可以看到价值相关性和及时性的系数是正的，即与假说相符，但是价值相关性仅在 0.1 的水平上显著，而及时性影响并不显著。稳健性则呈现与预期相反的结果。

综上所述，除持续性和稳健性之外，其余五个盈余特性均与权益资本成本正相关，其中平滑度和及时性影响不显著。应计质量和预测性在 0.01 水平上显著，价值相关性在 0.1 水平上显著。

5.5.3　各盈余特性指标对权益资本成本的整体回归结果

为了比较各盈余特性对权益资本成本的影响程度，我们首先一同加入以会计为基础的四个盈余特性，同时以权益资本成本为因变量，得到如表 5.9 和表 5.10 所示的结果。从表 5.9 和表 5.10 可以看到当所有以会计为基础的盈余特性一并加入时，仍然只有应计质量和预测性在 0.05 水平上显著，而应计质量比预测性对权益资本成本的影响更大。而当我们把以市场为基础的三个盈余特性一同加入以替代以会计为基础的四个盈余特性指标后，得到如表

5.11 和表 5.12 所示的结果。

表 5.9 以会计为基础盈余特性和权益资本成本线性回归 ANOVA 分析

模型	平方和	自由度	平方和均值	F 值	显著性
回归平方和	7.307	7	1.044	16.840	0.000
残差平方和	37.629	607	0.062		
总平方和	44.936	614			

表 5.10 以会计为基础盈余特性和权益资本成本线性回归结果

变量	未标准化系数		标准化系数	t 值	显著性
	系数	标准差	系数		
常数	0.336	0.056		5.988	0.000
Beta	0.106	0.036	0.111	2.958	0.003
公司规模	−0.067	0.038	−0.060	−1.884	0.038
账面市值	0.310	0.038	0.329	8.070	0.000
应计质量	0.128	0.052	0.133	2.456	0.014
持续性	−0.090	0.035	−0.096	−2.549	0.011
预测性	0.092	0.051	0.094	2.007	0.044
平滑度	0.028	0.048	0.030	0.515	0.361

表 5.11 以市场为基础盈余特性和权益资本成本线性回归 ANOVA 分析

模型	平方和	自由度	平方和均值	F 值	显著性
回归平方和	6.385	6	1.064	16.782	0.000
残差平方和	38.551	608	0.063		
总平方和	44.936	614			

表 5.12 以市场为基础盈余特性和权益资本成本线性回归结果

变量	未标准化系数		标准化系数	t 值	显著性
	系数	标准差	系数		
常数	0.372	0.047		7.979	0.000
Beta	0.097	0.037	0.102	2.653	0.008
公司规模	−0.095	0.037	−0.101	−2.583	0.010
账面市值	0.284	0.037	0.301	7.692	0.000
价值相关性	0.061	0.041	0.064	1.773	0.083
及时性	0.038	0.041	0.039	0.828	0.268
稳健性	−0.025	0.036	−0.026	−0.690	0.491

从表 5.11 和表 5.12 看到加入全部以市场为基础的盈余特性之后,依然只有价值相关性是显著的,其余属性都不显著,并且价值相关性的显著性水平并不高。

从这个角度来说，我们似乎可以认为以会计为基础的盈余特性指标似乎要优于以市场为基础的盈余特性指标。为了验证这一假说是否正确，我们将七个指标一同加入模型，结果如表5.13和表5.14所示。

表5.13 全部盈余特性和权益资本成本线性回归ANOVA分析

模型	平方和	自由度	平方和均值	F值	显著性
回归平方和	7.549	10	0.755	12.196	0.000
残差平方和	37.387	604	0.062		
总平方和	44.936	614			

表5.14 全部盈余特性和权益资本成本线性回归结果

变量	未标准化系数		标准化系数	t值	显著性
	系数	标准差	系数		
常数	0.325	0.059		5.543	0.000
Beta	0.096	0.036	0.101	2.653	0.008
公司规模	−0.078	0.038	−0.079	−2.007	0.026
账面市值	0.309	0.039	0.328	7.954	0.000
应计质量	0.122	0.052	0.127	2.331	0.020
持续性	−0.104	0.036	−0.110	−2.867	0.004
预测性	0.069	0.052	0.071	1.751	0.045
平滑度	0.022	0.048	0.023	0.764	0.445
价值相关性	0.049	0.042	0.052	1.173	0.241
及时性	0.032	0.041	0.034	0.786	0.432
稳健性	−0.025	0.036	−0.026	−0.702	0.483

从表5.13和表5.14可以看到，一并将所有盈余特性加入后，其显著性几乎没有变化，只有应计质量、预测性和价值相关性是显著的，而对权益资本成本的影响程度依次是应计质量、预测性、价值相关性。因此可以得出结论，以会计为基础的盈余特性比以市场为基础的盈余特性对权益资本成本有更大的影响。其中，以会计为基础的盈余特性中应计质量对权益成本影响最大，其次是预测性。以市场为基础的盈余特性中加之相关性对权益成本的影响最大。这个结论与Francis等(2004)得出的结论是基本一致的。

5.6　结论与政策建议

5.6.1　结　论

文本首先引入七个盈余特性指标，分别是应计质量、持续性、预测性、平滑度、价值相关性、及时性和稳健性。其中前面四个定义为以会计为基础的盈余特性指标，后三个定义为以市场为基础的盈余特性指标。本书使用中国上市公司数据，利用 OLS 计量方法，实证检验了盈余特性与权益资本成本的关系，得到了如下结论：

(1)盈余特性与权益资本成本存在关系。本章以权益资本成本为因变量，盈余特性为自变量，同时控制风险变量，发现应计质量、预测性、平滑度、价值相关性和及时性与权益资本成本正相关，持续性和稳健性与权益资本成本负相关，这点与理论预期相反。另外，平滑度、及时性、稳健性的影响并不显著。影响显著的盈余特性指标按影响程度大小排列，分别为应计质量、预测性和价值相关性。持续性则显著地与权益资本成本负相关。

(2)以会计为基础的盈余特性指标对权益资本成本影响更大。解决各盈余特性和权益资本成本关系之后，本书将以会计为基础和以市场为基础的盈余特性指标分类加入检验，发现与单独检验的结果相似。而将所有盈余特性指标一并加入后，仍然得到相似的结果。应计质量是所有指标中对权益资本成本影响最大的，价值相关性是以市场为基础的盈余特性中对权益成本影响最大的。持续性虽然是负相关的影响，但是系数绝对值却比价值相关性要大，因此可以认为持续性对权益资本成本影响比价值相关性大。整体来说，以会计为基础的盈余特性指标对权益资本成本影响更大。

5.6.2　政策建议

对盈余特性和权益资本成本关系的实证研究的结果给我们带来几点启发：

(1)应加强上市公司的信息披露。盈余质量是反映公司信息的主要来源，本章研究证实了盈余质量与权益资本成本存在着关联。权益资本成本是投资者、公司管理者以及监管者共同关注的，这不仅是投资者和公司管理者做投资决策时首先考虑的因素，监管者在执行新的制度时也要考虑制度实施对上市公司在资本市场融资产生的影响。由于存在着不对称信息，不知情投资者往往蒙受损失。盈余质量是公司信息的主要来源，加强上市公司信息披露首先要严格披露财务状况，制定合理的会计准则，减少上市公司在账面上钻空子的机会。另外，根据本章得到的结论，应计质量的提高对会计信息质量的提高很有帮助，因此需从提高应计质量下手。

(2)投资者可能偏好平滑的收益。本章的研究发现，中国上市公司的平滑度非常好，比美国上市公司计算出来的数据要小至少50%。而由于平滑度和持续性是一个相矛盾的概念，我国上市公司持续性越好的反而权益资本成本越高。这可能给我们一个启示，中国上市公司投资者可能偏好平滑的收益大于持续的收益。平滑的收益和持续的收益并没有哪个更优之说，如果投资者偏好收益平滑，管理层则更有盈余管理的倾向。

第6章 >>>

中国上市公司盈余管理与融资行为关系研究

6.1 引 言

会计盈余作为外部投资者获取企业信息的一个指标，具有重要的参照意义，但基于信息不对称和代理关系而产生的信息披露有效性以及会计准则给管理者创造的空间，使得盈余管理行为普遍存在。关于盈余管理动机的理论有很多，这与不同国家不同的市场环境和宏观形势有很大的关系。由于我国处于经济快速增长阶段，很多企业正处在成长期，市场扩张和一些战略性的举动对于资金要求较高，中国证券市场的迅速崛起也成为企业成长的助推器。在看到形势大好的同时，我们同样不能忽视以融资为动机的盈余管理行为的存在和对投资者的误导。为了实现市场上资金的有效利用和合理配置，我们有必要清楚地认识上市公司盈余管理与融资行为之间的关系，从而给予每个公司正确的估值，创造真正能够给投资者、给社会带来益处的公司发展壮大的机会。

盈余是投资者评价企业业绩的重要指标之一，也是投资者收益的重要来源，对于公司本身来说也是未来可持续发展的巨大推动力。而资金对于现代企业来说就像是血液，充足的资金、健康的资本结构都是企业维持长久正常运作并不断取得良好业绩的前提。盈余管理就是企业管理当局在遵循会计准则的基础上，通过对企业对外报告的会计收益信息进行控制或调整，以达到主体自身利益最大化的行为。我国资本市场正在快速成长，在这一过程中，由于融资政策比较严格、投资者和监管者识别会计信息能力较差以及企业融资需求迫切等原因，对以融资为动机的盈余管理行为的研究有着十分重大的现实意义。

会计盈余影响企业利益相关者之间的信息流动，契约签订、执行与监督、收益分配等方面，会计信息有助于传递“业绩”信号，从而改变利益相关者对公司的看法，改变他们的决策；同时，会计盈余有助于准确地计量企业的资产、负债和权益，并有助于对其进行更准确的估值。从另一个角度来看，会计盈余为企业这一契约集合体中各种契约的签订和执行提供了基础的标准。

在现实社会里，可以见到许多盈余管理的激励因素，正如文献综述中所叙述的，在管理激励中，既有分红和晋升的诱惑，又有被解除职位的压力，同样有因债务而达成的契约；在政治成本中，也有许多针对政府管制进行盈余管理的动机。整体而言，在世界各国几乎每天都能听到公司上调或者下调盈余的数目，虚报营业收益的故事。而在中国，会计打假始终效果不明显，这与不够完善的会计准则和法律制度有很大的关系。除此之外，现代公司治理结构中的代理问题和信息不对称等问题也为盈余管理的产生创造了条件。一些会计学家进一步得出了盈余管理产生的两个基本条件：一个是契约摩擦，一个是沟通摩擦。如果委托人与代理人之间没有契约摩擦，他们之间的沟通也完全透明，委托人可以掌握并使用充分信息，盈余管理也就不可能发生。

我国上市公司首次发行股票时，《公司法》对企业有严格的规定，如必须在近三年内连续盈利，才能申请上市，为达到目的，企业便采用盈余管理，进行财务包装，合规合法地“骗”得上市资格；同时，经过盈余粉饰的报表还有助于企业获得较高的股票定价。再如上市公司准备配股的时候，中国证监会的有关文件规定，公司“最近三年内净资产收益率每年都必须在10%以上，属于能源、原材料、基础设施类的公司可略低于9%”，为了达到配股及格线，上市公司便会积极利用盈余管理调整净资产收益率以达到配股的目的。

国外的研究大多重视公司为了避免债务危机而进行盈余管理，国内的则重视公司在IPO和再融资过程中为融资动机进行的盈余管理以及盈余管理与公司治理结构和投资者保护力度的关系上。

目前国内外的盈余管理研究主要是基于盈余管理动机进行的，大量的实证研究大多数都是采用对盈余管理的频率和程度进行检验，证实盈余管理的存在，但研究差异较大。国内对盈余管理和公司融资行为的研究尤其是国内的部分研究，由于数据的完备性和可信度等问题，还是比较杂乱和片面的。

现有国内文献主要关注企业股权融资过程中的盈余操纵行为，很少有文献检验盈余操纵与债务契约之间的关系。同时，从企业融资的相关理论也可以知道企业融资成本、股票价格、公司治理结构模式等因素也与公司的融资行为相关。因此由于盈余管理而间接导致的其他因素的变动也会进一步影响企业融资工具的选择。

本章则希望能够进一步通过应计利润分离法对我国上市公司盈余管理和融资工具偏好的关系进行较为系统的研究，从而填补我国公司金融内的融资理论。同时，本章试图把视角发散开来，把一些研究较少的问题囊括在内，例如公司治理结构和投资者保护对盈余管理的影响，从而影响融资的行为。

6.2　盈余管理与融资行为基础理论综述

6.2.1　盈余管理动机理论

在经济转轨时期，由于证券市场的不完善性，上市公司的盈余管理成为一种普遍的现象。一般把盈余管理动机分为以下几个方面：股权融资动机、契约动机、政治成本动机。

1. 股权融资动机理论

股权融资动机理论基本分为 IPO 过程和配股或增发等再融资过程。由于法律的规定，如"股份有限公司首次申请公开发行股票必须符合近三年连续盈利，预期利润率超过银行同期存款利率"的条件，会促使为了获取上市资格的企业管理者进行盈余管理。

同样的，公司上市之后如果想要进行配股或者大规模增发，也会受到多种法律法规的约束，因此公司有着强烈的满足融资需求的盈余管理动机。

Teoh、Welch 和 Wong(1998)发现在 IPO 前一年存在向上的盈余管理，IPO 之后，管理当局转回了原来进行的盈余管理。进行 IPO 的公司在 IPO 年份和随后几年更可能采取的是盈余增加的折旧政策和坏账准备计提比率会计政策。Aharony、Lee 和 Wong(2000)通过对中国 1992—1995 年 83 家国有企业对外国投资者发行 B 股和 H 股前后六年总资产收益率的变化分析，验证了 IPO 中盈余管理的存在；并进一步发现保护性行业(交通、能源、原材料)由于受到国家的照顾，它们更容易获得 IPO 资格，因此它们进行盈余管理的激励不如非保护行业。Rangan(1998)和 Teoh 等(1998)对美国季节性股票发行中的盈余管理及其后的市场反应进行了研究，发现了季节性股票发行前一年存在盈余管理和发行后股票收益下降的证据。Yoon 和 Miller(2002)以及 Cai 和 Loughran(1998)分别在韩国和日本的证券市场发现了类似证据，Kinnunen 等(2000)则从侧面印证了芬兰企业再融资中盈余管理的存在。

从国内的研究来看，陈小悦等人在 2000 年发现了我国净资产收益率处于 10%～12%的上市公司存在显著的利润操纵行为。王跃堂(2000)发现处于配股区间的上市公司明显存在向上的盈余管理政策。

除了融资的需求，还有人猜测并试图验证在收购兼并中的盈余管理动机，但验证的结果不尽相同，甚至相反。Abarbanell 和 Lehavy 等(1998)曾经研究过试图得到证券研究员或其他专家的正面投资建议，从而进行相应的盈余管理，并得到了相应的证据；孙铮等(1999)通过检验盈余分布状况发现上市公司为了获得配股权而通过盈余管理将 ROE 维持在略高于 6%与略高于 10%狭窄区间的证据。

2.契约动机理论

契约动机理论基本分为两个方面:一个是与债务人之间的契约,另一个是与经理人的报酬契约。一般而言,债权人为了保护自身利益,在发生债权债务关系时都会与债务人签订债务契约,而这种债务契约大多包含着以会计数据特别是英语数据为基础的限制性条款;同样的,实施分红计划的契约就会使得管理人员把报告收益由未来期间提前到本期确认,即存在对会计程序的操纵。因此,如果企业有管理报酬契约,就存在盈余管理的动机。关于债务契约的盈余管理,在实证中还未找到特别显著的证据,而后者则有一些学者取得了突破性的进展。

Hearly(1985)发现,如果经理人员的奖金上限和下限是规定的,则经理人员更可能是选择降低收入的应急项目,而当奖金没有限制的时候,他们倾向于增加收入的应急项目;希利还发现相对于设置了可比经营业绩但是没有设置奖金上限的企业,设置了管理人员奖金上限的公司在盈余达到上限时更可能通过递延收益的方法来向下盈余管理。

递安格罗(1988)发现,在新任经理人考察期间,现任经理人员将采用各种增加盈余的会计政策、会计估计以达到增加盈余的目的,存在向上的盈余管理;戴乔和斯隆(1991)则从研发费用的角度,发现高层经理人员在即将卸任时,将利用减少研发费用来操纵盈余。

3.政治成本动机

政治成本,是指由于政治活动(如管制、税收、关税壁垒等)使企业的财富发生转移,从而给企业带来的经济损失以及企业为阻止财富转移而付出的代价。国外一些学者认为,由于行业的特殊性,有一些行业受政府管制和限制较多,如价格、利润、规模等方面,政府可能通过税收和管制等手段对企业超额利润进行限制,由此造成的成本是企业进行盈余管理的动机。

Jones(1991)发现申请进口减免税的公司趋向于申请当年递延收益,这表明企业在进口减免期间存在显著向下的盈余管理,与政治成本假设相一致。Cahan(1992)发现受到反垄断调查的公司在被调查当年存在向下的盈余管理。Key(1997)考察了国会举行听证会,考虑是否对有线电视行业的盈余管理进行管制,发现有 20%的有线电视公司存在向下的盈余管理。

6.2.2 盈余管理的计量方法综述

盈余管理是 20 世纪 80 年代中后期兴起的实证会计研究的一个重要领

域。本书采用章永奎、刘峰(2002)对盈余管理的定义,即指上市公司为特定目的而对盈利进行操纵的行为。盈余管理的研究领域非常广泛,涉及管理人员报酬计划和盈余管理、公司治理和盈余管理,以及盈余管理和资源配置、盈余管理的市场反应等。从方法上来讲,这些研究的主要区别在于如何计量盈余管理。但是到目前为止,实证研究结果对如何计量盈余管理还存在争议,现有的盈余管理计量方法主要有以下几种类型:应计利润分离法、具体项目法和分布检测法。

1. 应计利润分离法

应计利润分离法是用回归模型将应计利润分离为正常性应计利润和非正常性应计利润,并用非正常性应计利润来衡量盈余管理的大小和程度。所谓应计利润,是指不直接形成当期现金流入或流出,但按照权责发生制和配比原则应计入当期损益的那些收入或者费用,比如折旧费用、摊销费用、应收账款增加额等。根据应计利润的被操纵程度,可以将应计利润区分为正常性应计利润和非正常性应计利润。应计利润分离法要解决的便是如何将应计利润分离为正常性应计利润和非正常性应计利润的问题。在研究盈余管理程度的计量中,该方法得到了广泛的利用,但仍存在其固有的局限性。

2. 具体项目法

具体项目法一般是针对某种行业的某个项目的研究。研究者可以根据对会计原则的理解,获得对影响应计利润的关键因素的直觉,另一个优点是它可以应用于那些业务活动会导致大量容易被操纵的应计利润的行业。而其缺点是应用这种方法需要研究者对制度背景有深刻的认识,而且由于具体的应计利润项目研究往往局限于小样本或具体的行业和部门,因此研究的数据和结果都难以推广。

3. 分布检测法

通过检查报告盈余在特定水平周围的不连续分布来计量盈余管理,这些特定的盈余水平一般是:盈余为零、上年盈余、本年度分析师预测的盈余。我们将这种方法称为分布检测法。近年来已有的研究发现,在上述特定的盈余水平附近存在着盈余管理行为。这种方法的突出优点是仅仅通过检验盈余分布就可以鉴别出哪些公司有盈余管理的行为。但是其缺点也非常明显,因为应用这种方法来计量盈余管理并不能获得关于公司进行盈余管理的手段或者程度的信息,并且只能用于特定的盈余管理动机。

夏立军(2003)在《盈余管理计量模型在中国股票市场的应用研究》中针对中国股票市场,使用上市公司 2000 年度的财务报告数据,对以截面 Jones 模型和 KS 模型为基础调整出的各盈余管理计量模型揭示盈余管理的能力进行了检验。通过检验各模型估计出的非正常性应计利润和上市公司配股动机引起的盈余管理之间的关系，他发现：①在调整出的众多截面模型中，分行业估计并采用线下项目前总应计利润作为因变量估计特征参数的基本 Jones 模型和调整 KS 模型最能有效地揭示出盈余管理。②在基本 Jones 模型中加进长期投资或无形资产和其他长期资产并不能改进模型，并且修正的 Jones 模型并不比基本 Jones 模型更好。③在估计正常性应计利润时，采用线下项目前总应计利润作为因变量估计特征参数的方法优于采用包含线下项目的总应计利润作为因变量估计特征参数的方法，分行业估计行业特征参数的方法优于使用总体样本估计样本总体特征参数的方法。

6.2.3 融资行为理论综述

1.概念

融资行为直接导致了公司的融资结构。融资结构和资本结构分别是"financial structure"和"capital structure"，通过比较可以发现这两个概念在含义上有很强的统一性。

对于两者的概念有些许争议，但实际的核心要素主要指"负债和权益的比例关系"。事实上，西方学术界也并没有对两者作出特别严格的区分，在大多数情况下，两者是等价的。我国经济学家张维迎也持这种观点："企业的融资结构又称资本结构，是指企业各项资金来源的组合状况，即企业资产负债表右边各组成部分的构成，企业资金来源可以分为负债和股票两类，其中股票的持有者又分为内外之别。"本书接受两者等同的看法，但是这两个概念仍各有侧重。融资更加侧重一个动态的过程，其中有很大的决策过程，所以融资结构强调的是过程和行为；而资本结构强调的是公司的资本所处的一个静态的概念，是融资的结果。

2.资本结构理论发展简述

(1)MM 理论

①最初的 MM 理论。1958 年，莫迪格利安尼和米勒发表了《资本成本、公司财务与投资理论》，文中第一次用统计分析检测模型的方法对公司价值与资本结构的关系进行了严密的分析，提出了著名的 MM 理论。MM 理论可以表述为：在理想的、无摩擦的市场环境下，公司的资本结构与公司价值无关。在完全有效的证券市场中，公司的市场价值为其股票价值与债券价值之和，公司的资本结构表示为两者的比例。股票投资者和债券投资者的财富都与公司价值密切相关，但是两者投资的形式和性质有差别。债券投资者的投资收益低且有限期，但是收入流稳定、无风险，在公司破产清算时对公司剩余

资产享有优先索取权。股票投资者在公司正常经营时，可以股利形式分享公司经营业绩，同时也承担经营风险，但在公司破产时，他们没有优先索取权。相对而言，股票投资者比债券投资者获得的收益高但承担的风险大。由于证券投资者追求投资高收益，公司经营者只有不断地追求公司价值最大化才能吸引投资者购买其股票和债券，从而进一步推进公司价值的最大化。

②加入公司所得税的 MM 理论。1963 年，莫迪格利安尼和米勒将公司所得税引入 MM 理论，改变了最初公司资本结构与公司价值无关的结论。根据当时的美国税法，以公司息后利润为基数征收公司所得税，而发放的股利要在税后净利润中扣除。这相当于对债券利息免征公司所得税，对股利支出则相反。假设公司的负债是永久的，并且免税额只取决于公司所得税率和公司盈利能力，为了追逐债务的免税优惠，公司经营者将不断提高负债比例，直到公司负债比为 100%。此时，资本成本最低，资本结构最优。这个结论与现实显然不符合，大部分公司都不可能无限制增加负债，那么是什么原因阻止了公司无限追逐债券的纳税节约?

③加入个人所得税因素的 MM 理论。1976 年，米勒发表的《负债与税收》以美国 1987 年以前的税法为背景，将个人所得税因素引入修正的 MM 理论中，建立了加入所得税因素的 MM 理论。米勒模型在债券市场一般均衡的假设基础上，重新论证了最初的 MM 理论的结果。

在债券市场一般均衡的状态下，单个公司的负债率和市场价值都被宏观地决定了，其资本结构的变化与公司价值无关。这一结论又一次论证了最初的 MM 理论。

(2)平衡理论

在 MM 理论中，负债的纳税节约被看做是影响公司资本结构的主要因素，研究者也只是看到了负债带来的纳税节约，忽视了其相应的风险和成本。20 世纪 70 年代产生的平衡理论指出，负债增加给公司带来的财务危机成本和财务风险是制约公司无限提高负债比例的关键因素。

随着债务增加，公司面临财务危机的可能性增大，财务危机成本上升。财务危机成本包括公司因财务危机导致破产产生的破产成本和债券代理成本。债券代理成本是指负债上升激化投资者与经营者之间的矛盾而导致的公司价值的损失。在破产可能性增大的压力之下，代表股东利益的公司经理人员会选择次优决策，扩大股东利益，牺牲债权人利益。为保护自己的权益，债权人将会在贷款契约中增加监督方式。这些都会导致债券代理成本上升，公司价值下降。平衡理论认为，债券代理成本比破产成本更能够有力地抑制公司无限制的提高负债率。在纳税节约和财务危机成本此消彼长的过程中，将存在一个最佳的负债率使综合资本成本最低。

(3)非对称信息理论

20 世纪 70 年代发展起来的非对称信息经济学推动了资本结构理论的进一步发展。经济学家放宽了 MM 理论关于充分信息环境的假设，发展出激励理论、示意理论和控制权理论等非对称信息理论。在充分信息环境下，公司经理人员和投资者对公司未来收入流有相同的期望，并在此基础上做出决策。因此，完全有效的证券市场能够评价公司的市场价值。而现实中信息是非对称的，管理公司的经理人员必然更多地了解公司内部状况和未来风险与收益流，在公司决策博弈中他们处于优势地位。

①激励理论。在现代公司所有权与管理权分离的产权结构下，经理人员在职期间承担全部的公司经营风险，却只享有部分收益。而经理人员的在职消费又使得他获得全部收益而只承担部分成本。这就导致经理人员热衷于在职消费的同时工作积极性不高，其导致的公司价值下降称之为股权代理成本。治理经理人员的道德风险的理想制度设计是使经理人员持有全部股权，这等于宣告现代公司股权结构的消亡。另一方面，使经理人员持有全部股权受到其个人财富的限制，引入债权融资能突破这一限制。负债能够形成激励，使经理人员在压力下加倍努力工作，使股权代理成本下降。但负债增加又会导致债券代理成本的增加。所以，最佳资本结构就是使总代理成本最小的负债率。

②示意理论。投资者的地位决定了其掌握的公司信息不完全，这使他们将公司决策看做是传递内部信息的信号，并据此判断形势调整自己的投资决策。公司资本结构就是传递工具之一。示意理论认为，公司对外增加债券融资将被看做是积极的信号，说明经营者对公司前景有较高的期望和信心，这无疑会吸引投资者的资金流入；股权融资传递的信号正好相反，它会导致投资者的流失，使得公司价值降低。可见，公司资本结构的改变能够影响公司价值的高低。示意理论从传递信息引导投资者的角度提出，公司融资决策应该遵循"啄食"原则：以不对外传递信息的内源融资即未分配利润投资为先，债权融资次之，股权融资最后。

③控制权理论。从前面的分析可以看出，经理人员、股东和债权人的利益是有差别的，各方要完全实现自己的利益会有冲突。各方完整的契约能够化解各方的利益矛盾，但在现实中，契约往往是不完整的，这时实现自身利益的关键就是掌握公司的剩余控制权。而资本结构的改变将决定剩余控制权的分配：如果动用未分配利润投资，公司经营者手中的控制权不会被分散，进行对外融资就会使他们损失控制权。实际上，股东对公司的实际控制力相对

债权人要弱,这是因为股东与经理人员之间存在委托—代理问题,而债权人中以银行的控制力最强。因此,公司经营者对控制权的偏好体现在融资决策上就是内源融资,发行债券,发行股票,银行借款的次序。

6.2.4　盈余管理与融资动机关系的文献综述

对盈余管理行为的研究是现在实证会计研究领域的一个重点,Watts 和 Zimmerman(1986)所提出的三大假设为实证会计研究领域奠定了基础:分红计划假设、债务契约假设和政治成本假设。融资行为以前都被归结于金融学的领域,但随着对现代企业制度研究的不断深入,研究者越来越发现从不同的视角来看公司行为是很重要的,融资行为与盈余管理的关系就是其中很特别的一个视角。国外对盈余管理与融资行为的研究基本分为盈余管理与债务融资关系以及盈余管理与股权融资关系。

T. Loughran(1994)、Teoh 等(1998)研究发现了在 IPO 当年,企业有显著盈余管理行为的证据,IPO 当年企业具有较高的可操纵应计利润,并且在 IPO 三年之后报告盈余开始下降,其股票收益也随之降低。Teoh 等(1998)和 Rangan(1998)研究了企业在股票再发行过程中是否存在盈余操纵行为,结果表明股票在发行期间的盈余操纵可以预测其后来的盈余变化和经市场调整的股票收益,表明盈余操纵行为暂时误导了股票市场上投资者对上市企业的价值评估,并得出了被误导后的决策。以上的研究表明企业在首次上市融资和再融资的过程中有盈余操纵的动机。Sweeney(1994)和 Defound(1994)研究了企业由于债务契约而进行盈余操纵的行为,研究结果说明了样本企业的确更多地利用了增加盈余的会计政策,一旦贷款合同违约之后报告盈余便直线下降。DeAngelo(1994)的研究结果不太一样,他研究的 76 家陷入困境的大型企业中的 29 家公司减少股利分配是迫于债务契约中的条款,排除销售量减少和现金流量减少对应计项目的影响之后,作者没有找到这 29 家公司在减少股利发放前的盈余管理行为。Hearly 和 Pall Peu(1990)的研究则发现有财务困境的公司存在为避免削减股利或者做出成本很高的重组而进行的对会计盈余的操纵行为。

国内的实证研究大多把重点放在盈余管理与公司股权融资行为的关系上面。主要的研究有:孙铮用盈余分布法发现了中国证券市场在不断发展和完善的过程中,上市公司普遍存在着盈余操纵的行为,上市公司 ROE 存在着"10%现象"和"6%现象",以及一些业绩不好的公司为了避免沦为 ST 或 PT 企业也经常采用一些盈余操纵的手段粉饰会计报表。陈小悦等人在 2000 年发现了我国净资产收益率处于 10%～12%的上市公司存在显著的利润操纵行为。王跃堂(2000)发现处于配股区间的上市公司明显存在向上的盈余管理政策。

6.3 盈余管理的研究框架与计量模型

6.3.1 盈余管理计量模型的选择和调整

已有的研究已经发展出非常多的盈余管理的计量模型,比较常见的有:①DeAngelo(1986)模型;②Healy(1985)模型;③Jones(1991)模型;④修正的Jones模型(Dechow、Sloan 和 Sweeney,1995);⑤行业模型(Dechow、Sloan 和 Sweeney,1995);⑥截面 Jones 模型(DeFond 和 Jiambalvo,1994);⑦截面修正的 Jones 模型(DeFond 和 Jiambalvo,1994);⑧KS 模型(Kang 和 Sivaramakrishnan,1995);⑨Beneish 模型(Beneish,1997)。另外还有一些上述模型的变体和其他模型。

在这些盈余管理计量模型中,有些属于时间序列模型,有些属于截面模型。时间序列模型往往根据每个公司估计期间时间序列上的数据,给每个公司估计出一个总应计利润和主导变量之间的回归系数。因此,使用时间序列模型需要样本公司具有较长时间序列的数据,同时要求样本公司在估计期没有系统性的盈余管理。截面模型往往根据时间期(假设的盈余管理发生期)每个行业的公司数据,给每个行业估计出一个总应计利润和主导变量间的回归系数。因此,截面模型不要求样本公司具有较长时间序列的数据,但是截面模型内在地假设样本公司在同行业中没有显著的差异。无论是时间序列模型还是截面模型,都依赖于一些特定的假设,而这些假设难以对所有样本公司都成立。

对于中国股票市场的盈余管理研究来说,目前使用时间序列模型的可能性很小。原因主要有以下几点:①我国股票市场发展时间还很短暂,大部分上市公司上市时间短,不满足使用时间序列模型的条件;②时间序列模型内在地假设样本公司在估计期没有系统性的盈余管理,而根据国内已有的实证研究文献,中国股票市场上上市公司存在着普遍性的盈余管理(陈小悦、肖星和过晓艳,2000);③如前文所述,中国股票市场上市公司的会计核算制度处于一个不断变更和完善地过程中,而会计核算制度的变更会给使用时间序列模型计量盈余管理造成混乱。因此,我们认为,在目前情况下不宜使用时间序列模型。

针对美国市场的实证研究结果表明,截面 Jones 模型以及截面修正的 Jones 模型比其时间序列模型更能有效地揭示出公司的盈余管理程度(Subramanyam,1996;Bartov、Gul 和 Tsui,2001)。夏立军(2003)针对中国股票市场和各种盈余管理计量模型进行了研究,选取了截至2000年12月31日的沪、深两市的样本公司1066家,根据盈余管理计量模型计算出的非正常性应计利润与公司是否具有边际ROE正相关关系的办法来衡量各个模型是否能够准确地揭示出盈余管理,以截面Jones模型和KS模型为基础发展出不同的调整方法,通过检验各模型估计出的非正常性应计利润和因公司配股动机引起的盈余管理之间的关系初步对各个模型进行了评估。最终得出结论,建议针对中国股票市场的盈余管理研究,在使用盈余管理计量模型时,优先考虑基本Jones模型或调整KS模型,并且分行业估计行业特征参数,同时使用线下项目前总应计利润作为因变量估计特征参数,然后将包含线下项目的总应计利润与估计出正常性应计利润之间的差额作为非正常性应计利润。而且从其过程中的各种分析中可以看出,调整的KS模型在计量盈余管理程度方面有着明显的优势。

6.3.2　模型假说

融资理论告诉我们,企业融资来源大致分为内源融资和外源融资,内源融资主要是通过内部留存收益的积累来实现,而外源融资主要分为股权融资和债券融资。融资行为的差异会从不同角度影响企业的资本结构。“啄食”理论认为公司的融资偏好依次为内源融资、债券融资、股权融资,而这样的融资偏好顺序从根本上说是由于信息不对称和代理问题的存在所引起的,而这些问题又会通过盈余管理这一窗口反映出来,因此本书所设定的用来描述企业融资行为的变量包括四个方面,即内源融资、股权融资、债务融资和资本结构变动。

第一,由于我国股票市场监管漏洞较多,使得我国股票融资方式的成本较低,但股票市场上的IPO和增发配股等融资模式的审核程序较为繁琐,各种要求比较严格,因此预测我国上市公司为了获得股权融资会进行较多的盈余管理。由此,本书作出以下假说:

假说一:中国上市公司的股权融资量与盈余管理程度成显著的正相关关系。

第二,由于中国的银行贷款额度受到宏观调控的程度较大,而企业为了抓住良好的贷款时机通常会对自己的财务报表进行及时的粉饰,从而达到商业银行对于所贷款企业的业绩和风险等方面的要求。从另一个角度来讲,不同的银行贷款需求也会有不同的业绩和风险方面的需求。例如,短期贷款需要企业的流动资金较为充足,经营连续性较好,财务状况较为稳定,而长期贷款则对企业未来的盈利能力有较强的关注度。因此,企业可能会根据各种要求不断地调整自己的盈余报告。由此，本书作出以下假说：

假说二：中国上市公司的债权融资量与盈余管理程度成显著的正相关关系。

第三，根据优序理论，企业融资的选择首先是内源融资，如果内部的留存收益足够的话，企业就不会再进行其他的融资，盈余管理的前提是信息不对称，对于内部融资意义不大。由此，本书作出以下假说：

假说三：中国上市公司的内源融资量与盈余管理程度成负相关关系。

由上面的分析可知，盈余管理对融资行为的影响必然导致资本结构的变动与盈余管理的关系，但同时我们也考虑到为了追求恰当的资本结构，从而做出的调整融资策略的影响。因此，以调整资本结构为目标的盈余管理行为也是很有可能的，但具体是正相关还是负相关关系不能确定。由此，本书作出以下假说：

假说四：中国上市公司资本结构与盈余管理程度相关。

6.3.3　变量选择

1. 盈余管理程度变量

根据上述的分析以及夏立军(2003)对各种模型的检验的结果，又因为大多数研究者运用的都是Jones模型得出了相关的结论，本书决定采用调整的KS模型进行对盈余管理程度的计量，Kang 和 Sivaramakrishnan(1995)在对各应计利润项目与主营业务收入、成本费用以及固定资产的关系进行分析的基础上，发展出了KS模型。此模型先计算正常性应计利润的余额，模型如下：

$$AB_{i,t}=\alpha_1+\alpha_2(b_{2,i}REV_{i,t})+\alpha_3(b_{3,i}EXP_{i,t})+\alpha_4(b_{4,i}PPE_{i,t})+\varepsilon_{i,t} \tag{6.1}$$

式中：$b_{2,i}=AR_{i,t-1}/REV_{i,t-1}$；$b_{3,i}=(INV_{i,t-1}+OCA_{i,t-1}-CL_{i,t-1})/EXP_{i,t-1}$；$b_{4,i}=DEP_{i,t-1}/PPE_{i,t-1}$；$AB_{i,t}$ 为第 t 期公司 i 的应计利润余额；$AR_{i,t-1}$ 为第 $t-1$ 期公司 i 的扣除税收返还后的应收款项；$REV_{i,t-1}$ 为第 $t-1$ 期公司 i 的净销售收入；$INV_{i,t-1}$ 为第 $t-1$ 期公司 i 的存货；$OCA_{i,t-1}$ 为第 $t-1$ 期公司 i 的现金、应收款型和存货以外的其他流动资产；$CL_{i,t-1}$ 为第 $t-1$ 期公司 i 的流动负债扣除应交税金和一年内到期的长期借款后的余额；$EXP_{i,t-1}$ 为第 $t-1$ 期公司 i 的经营费用(包括销售、扣除折旧后的销售费用和管理费用)；$DEP_{i,t-1}$ 为第 $t-1$ 期公司 i 的折旧和摊销；$PPE_{i,t-1}$ 第 $t-1$ 期公司 i 的财产、厂房和设备；$\alpha_1,\alpha_2,\alpha_3,\alpha_4$ 的估计值使用同样的模型在估计期回归取得。

公司事件期实际的应计利润余额和估计出的正常性应计利润余额之间的差额即为非正常性应计利润。KS模型看似复杂，其实思想非常简单。该模型的内在假设相当于:对每个公司来说,在当期和上一期间,其销售收入与应收款项之间,成本费用与存货及应付款项之间,折旧摊销与财产、厂房和设备之间的比率保持稳定。这样,公司的应计利润余额就主要由销售收入、成本费用和固定资产来决定。

由于时间序列模型在中国股票市场还不适用,我们根据 KS 模型的建模思想,对 KS 模型进行调整,将其改为截面模型,并将其内在假设改变为:在同一行业内,不同公司具有类似的应收账款周转率、存货和应付账款周转率以及固定资产折旧率。这样,我们可以使用截面数据对公司的正常性应计利润进行估计,模型如下:

$$\mathrm{NDA}_i = \alpha_1\left(\frac{1}{\mathrm{A}_i}\right)+\alpha_2\left(\frac{\mathrm{REV}_i}{\mathrm{A}_i}\right)+\alpha_3\left(\frac{\mathrm{COST}_i}{\mathrm{A}_i}\right)+\alpha_4\left(\frac{\mathrm{PPE}_i}{\mathrm{A}_i}\right) \qquad (6.2)$$

式中:NAD_i 为经过上期期末总资产调整后的公司 i 的正常性应计利润;REV_i 为公司 i 当期主营业务收入;COST_i 为公司 i 当期主营业务成本;PPE_i 为公司 i 当期期末固定资产价值;A_i 为公司 i 上期期末总资产;$\alpha_1,\alpha_2,\alpha_3,\alpha_4$ 为行业特征参数。

这些行业特征参数的估计值根据以下模型,并运用经过不同行业分组的数据进行回归取得:

$$\frac{\mathrm{ETA}_i}{\mathrm{A}_i} = a_1\left(\frac{1}{\mathrm{A}_i}\right)+a_2\left(\frac{\mathrm{REV}_i}{\mathrm{A}_i}\right)+a_3\left(\frac{\mathrm{COST}_i}{\mathrm{A}_i}\right)+a_4\left(\frac{\mathrm{PPE}_i}{\mathrm{A}_i}\right)+\varepsilon_i \qquad (6.3)$$

式中:a_1,a_2,a_3,a_4 为 $\alpha_1,\alpha_2,\alpha_3,\alpha_4$ 的 OLS 估计值;ETA_i 为公司 i 的总应计利润;ε_i 为剩余项,代表各公司总应计利润中的非正常性应计利润部分;其他变量含义与式(6.2)相同。

非正常性应计利润即为

$$\mathrm{ETA}_i - \mathrm{NDA}_i = \mathrm{DA}_i$$

2. 公司融资行为变量选择

净股权融资量、净债务融资量和净内源融资量分别用公司财政年度权益净发行率 $\Delta \mathrm{E/A}$、债务净变动率 $\Delta \mathrm{D/A}$ 和留存收益净变动率 $\Delta \mathrm{ER/A}$ 来表示,其中,A 为期末资产总额。净资本结构变动量使用上市公司的杠杆率(资产负债率的变动量)来表示,即

$$\mathrm{leverage}_t = \left[\frac{\mathrm{D}}{\mathrm{A}}\right]_t - \left[\frac{\mathrm{D}}{\mathrm{A}}\right]_{t-1}$$

在资产负债表项目下,当期权益变化 ΔE 等于普通股权益和优先股权益的变化之和,当期负债变化 ΔD 等于短期负债变化、应付票据变化、长期借款

变化、应付债券变化和可转化债券之和。

3.控制变量选择

考虑到其他可能对企业融资变化和融资倾向造成影响的因素，应当引入相应的因素作为控制变量。主要的因素包括：

(1)公司规模。本书采用 lnSize，即公司当年期末资产总额的自然对数。

(2)净资产收益率。在我国，由于特殊的监管政策，净资产收益率成为了很多上市公司盈余管理的目标，因此本书还选择了净资产收益率作为又一控制变量。

(3)公司的投资机会。本书用市净率代表投资机会。市净率，即公司的市值与其账面价值之比。实际上有人用托宾 Q 来代表公司的投资机会，托宾 Q 值的含义是公司的市值与其公司重置成本之比，由于公司的重置成本不容易计量，涉及各种资产评估，因此该值的使用通常就用公司的市值与账面价值之比，即 Q=M/B 来代替。其中，M 为上市公司的市值，B 为公司的账面价值，通常使用当期的期末资产额代替。在市净率的选择上，本书借鉴国外对该问题研究的通行处理办法，采用平均 Q 值代替边际 Q 值来控制公司的投资机会。

(4)公司治理结构变量。由于在中国，国有企业和民营企业的融资渠道会有很大的差别：民营企业的实际控制人对公司业绩的关注度会更加高，由于我国股票市场监管制度不严谨，可以钻的空子更多，融资行为可能会更加偏好于股权融资；而对于国有企业来说，银行贷款的渠道可能更加方便，因此债务融资渠道更加畅通。因此，本书决定加入虚拟变量对这一状况进行区分。如果是国有企业则设为 1，民营企业则设为 0。

上述相关变量的名称及其含义列于表 6.1。

表 6.1　所有变量名称及其含义

变量符号	变量名称	变量定义
ETA	总应计利润	
NDA	正常性应计利润	经过上期期末总资产调整后的公司正常性应计利润
DA	非正常性应计利润	当期 ETA－NDA
REV	主营业务收入	当期公司主营业务收入
COST	主营业务成本	当期公司主营业务成本
PPE	固定资产价值	当期期末固定资产数额
A	总资产	公司当期期末总资产数额
ΔE/A	净股权融资量	公司财政年度权益净融资量/总资产

续表

变量符号	变量名称	变量定义
$\Delta D/A$	净债务融资量	债务净变动量/总资产
$\Delta ER/A$	净内源融资量	留存收益净变动量/总资产
$\Delta leverage_t$	净资本结构变动量	资产负债率的变动,即$\left[\frac{D}{A}\right]_t-\left[\frac{D}{A}\right]_{t-1}$
lnSize	公司规模	公司期末总资产的自然对数
ROE	公司盈利状况	
P/B	公司投资机会	上市公司的市值/公司的账面价值
P	虚拟变量	国企为 1,民企为 0

4. 模型设定

为了分析公司盈余管理与融资行为的关系,本书设计如下基本模型。其中,由于从理论上讲,企业如果决定在下一年进行融资活动,会在上一年的会计报表中进行盈余管理的行为,所以应该采用滞后一期的盈余管理程度变量进行回归。

$$(\Delta E/A)_{i,t}=\beta_0+\beta_1 DA_{i,t-1}/A+\beta_2(\ln Size)_{i,t}+\beta_3(ROE)_{i,t}+\beta_4(P/B)_{i,t}+\beta_5 P_{i,t}+\varepsilon_{i,t} \tag{6.4}$$

$$(\Delta D/A)_{i,t}=\beta_0+\beta_1 DA_{i,t-1}/A+\beta_2(\ln Size)_{i,t}+\beta_3(ROE)_{i,t}+\beta_4(P/B)_{i,t}+\beta_5 P_{i,t}+\varepsilon_{i,t} \tag{6.5}$$

$$(\Delta ER/A)_{i,t}=\beta_0+\beta_1 DA_{i,t-1}/A+\beta_2(\ln Size)_{i,t}+\beta_3(ROE)_{i,t}+\beta_4(P/B)_{i,t}+\beta_5 P_{i,t}+\varepsilon_{i,t} \tag{6.6}$$

$$(\Delta leverage)_{i,t}=\beta_0+\beta_1 DA_{i,t-1}/A+\beta_2(\ln Size)_{i,t}+\beta_3(ROE)_{i,t}+\beta_4(P/B)_{i,t}+\beta_5 P_{i,t}+\varepsilon_{i,t} \tag{6.7}$$

说明:为了保持一致性,四个模型基本的控制变量设置暂时相同,之后根据具体数据回归结果进行添加或删减控制变量以确保结论的有效性。

5. 样本选择

由于本书采用截面数据,如果选取 A 股市场全部股票的话,每一年的数据量大概有 1000～1500,因此本书拟选择 2006—2008 年我国沪、深两市上市公司的 A 股非金融类上市公司财务数据为样本数据。故剔除 PT 或者 ST 类上市公司,这些公司的财务状况不正常,故剔除在研究范围之外;剔除财务数据不全的上市公司,以免出现估计偏差;剔除账面杠杆率大于 1 或者小于 0 的公司,从账面价值来看,一般不会出现此种现象,若属于异常数据,予以剔除。用以上原则选择的上市公司的公开财务报表中的数据进行一系列的处理,最后进入描述性统计分析和回归分析。

经过对样本数据的处理得出数据量和类型如表 6.2 所示。

表 6.2　数据量

年　份	2002	2003	2004	2005	2006	2007	2008	总　计
数据量(个)	1266	1278	1359	1444	1471	1491	1482	9791

6.4　盈余管理与融资行为实证分析

6.4.1　我国企业融资行为比较

对样本运用 EViews 3.1 进行描述性统计分析,对所有样本选取 ΔREV,ΔD,ΔE 用当年该公司的 A 标准化值做描述性统计分析,数据分析结果如图 6.1 至图 6.3 所示。

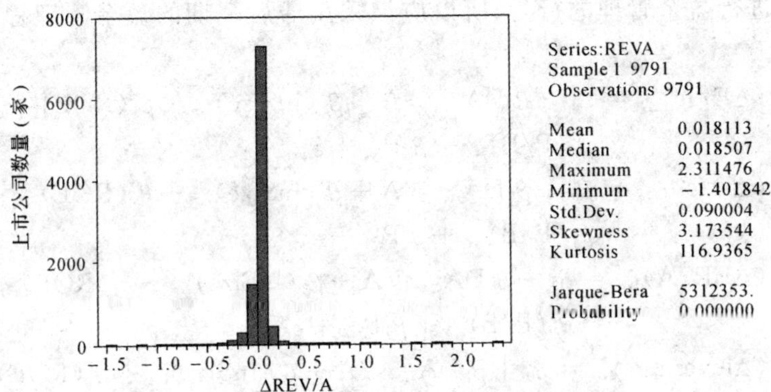

图 6.1　ΔREV/A 描述性统计分析

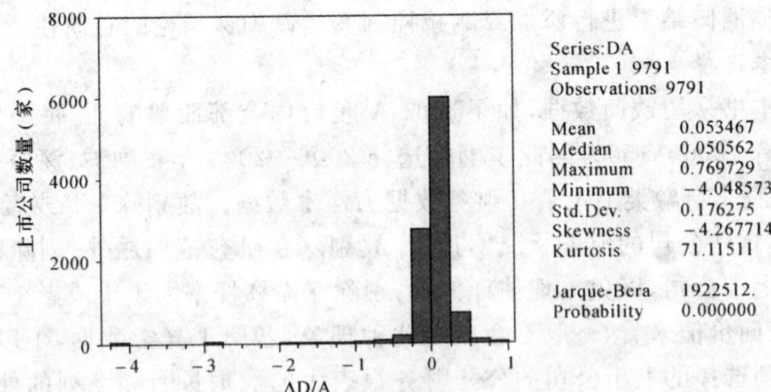

图 6.2　ΔD/A 描述性统计分析

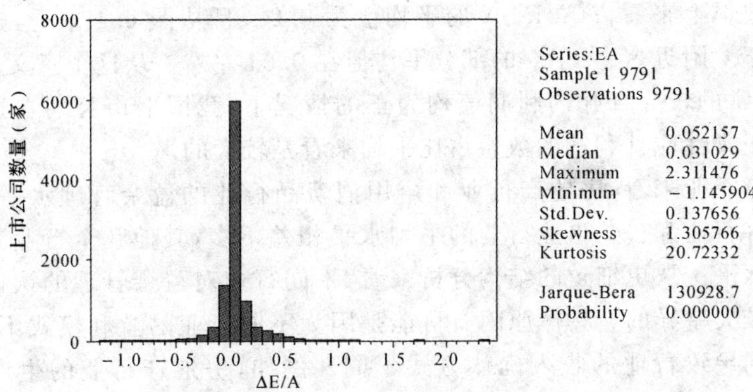

图 6.3　ΔE/A 描述性统计分析

从以上对这三个指标的描述性统计来看，企业的内源融资量明显小于权益融资量和债务融资量。从比较有效的数据的平均值来看，债务融资的量大于权益融资的量。从外源融资和内源融资的偏好来看，我国上市公司明显偏好于外源融资，这与大多数企业仍然处于快速成长期，整体融资量较大，内部资金量缺乏有一定的联系。

6.4.2　我国上市企业盈余管理程度的描述性统计分析

对样本运用 EViews 3.1 进行描述性统计分析，对所有样本选取DA/ETA为指标，来衡量全部截面数据的非正常性应计利润和总体应计利润的占比。数据分析表格如图 6.4 所示。

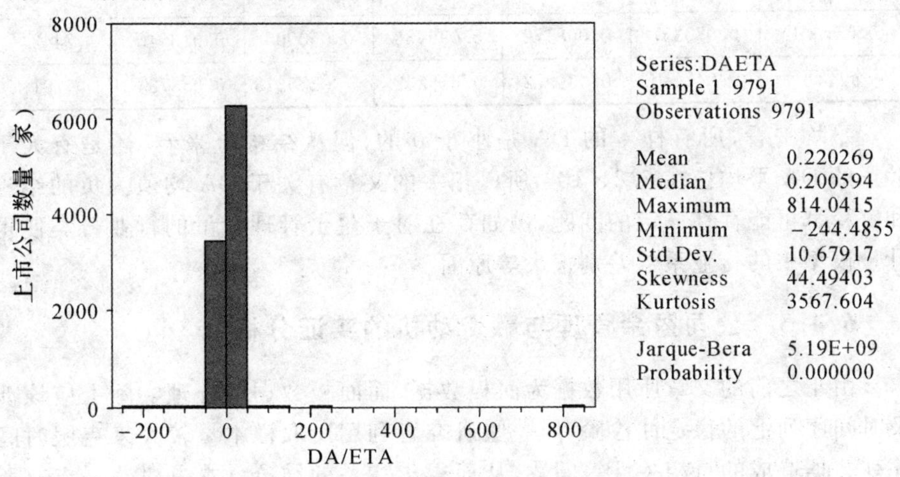

图 6.4　变量描述性统计分析

从总体上来看,DA/ETA 的平均值为 0.22,且从图 6.4 来看,这个数值大多处于 0 附近,且大于 0 的部分平均值在 0.84 左右。从这个意义上可以看出,在正常的较为普遍的利润值均为正的情况下,我国上市公司在这些样本年中非正常性应计利润的数量占比平均来看是较大的。

从分行业来看,房地产行业和耐用消费品行业的盈余管理水平较高,汽车零部件行业和公共事业行业的平均水平相差不多,其他几个行业大多数小于平均水平。从更细致的结构分析来看,不同行业对盈余管理的认识和应用还是有较大差异的。具体原因有可能是因为不同行业的盈利模式不同,产品周期不同导致行业的收入确认方式不同。例如,房地产行业的生产周期较长,使得在会计报表披露的时间段中有很多盈余管理的空间。

对于 DA 和 DA/A 的描述性统计分析结果如表 6.3 和表 6.4 所示。

表 6.3 DA 描述性统计分析

DA	均 值	中 值	最大值	最小值	标准差	样本数
[−2000000000,0)	−89530344	−36029428	−20586.76	-1.93×10^{9}	1.69×10^{8}	4384
[0,2000000000)	77527680	28554818	1.96×10^{9}	2065.193	1.64×10^{8}	5336
全区间	−14276720	4414208.	2.56×10^{10}	-6.21×10^{10}	9.45×10^{8}	9791

表 6.4 DA/A 描述性统计分析

DA/A	均 值	中 值	最大值	最小值	标准差	样本数
[−0.05,0)	−0.015747	−0.012056	-1.40×10^{-6}	−0.049930	0.012955	1179
[0,0.05)	0.026211	0.026435	0.049996	4.45×10^{-5}	0.013479	4725
[0.05,0.1)	0.070357	0.068472	0.099938	0.050005	0.013846	2442
全区间	0.045410	0.036972	0.619232	−0.250213	0.053734	9791

平均来看,所有样本的 DA 是小于 0 的,但从结构上来看,还是有大于 50%的 DA 平均值在 7.8×10^{7},所以相关的文章有关于 DA 均值为负的结论和解释都可能存在一定的问题,例如存在对于盈余管理计量的行业分类使得计量模型中的行业系数差别很大等原因。

6.4.3 公司盈余管理与融资动机的实证分析

由于之前的文章所用数据为面板数据,而面板数据的处理实际上应该涉及时间序列上的稳定性检验,但一些研究者利用所取样本量较大来克服时间序列数据造成的自相关性等问题,从而得出相关的结论。本书对这一点有所质疑,因此采用两种数据分别进行回归,一种是采用 2008 年的 1482 家我国 A

股上市公司的财务数据进行回归，另一种是采用 2002—2008 年的我国 A 股上市公司财务数据进行回归，试图将回归结果比较。

1. 多年期截面数据回归分析

本部分主要目的在于研究我国上市公司融资行为与盈余管理的关系。首先对于四个模型中的变量进行多重共线性的检验，如表 6.5 对各个回归指标进行相关性检验，发现解释变量之间的相关性不高，几个模型的被解释变量之间 ΔREV/A(表 6.5 中用 REVA 表示，下同)和 ΔEA、ΔDA 和 Δleverage 的相关性较大。从表 6.5 可看出，DA/A 与 REVA、EA 成正相关，与 DA、levchang 成负相关，与假设有出入。从各个解释变量之间的相关度来看，非正常性应计利润与 ROE 的相关度较高，SIZE 和 P 的相关度也较高，因此在以下的回归中可以考虑逐步回归法，将 ROE、SIZE 或者 P 等指标进行剔除。

表 6.5　各指标之间的相关系数

	REVA	DA	EA	levchang	DA/A	ROE	Size	PB	P
REVA	1.00	−0.07	0.55	−0.39	0.43	0.54	0.00	0.01	−0.02
DA	−0.07	1.00	−0.01	0.62	−0.12	0.02	0.18	−0.01	0.02
EA	0.55	−0.01	1.00	−0.62	0.32	0.44	−0.02	0.03	−0.08
levchang	−0.39	0.62	−0.62	1.00	−0.23	−0.28	0.11	−0.03	0.08
DA/A	0.43	−0.12	0.32	−0.23	1.00	0.23	−0.02	0.00	−0.02
ROE	0.54	0.02	0.44	−0.28	**0.23**	1.00	0.03	0.11	−0.04
Size	0.00	0.18	−0.02	0.11	**−0.02**	**0.03**	1.00	−0.04	0.32
PB	0.01	−0.01	0.03	−0.03	**0.00**	**0.11**	**−0.04**	1.00	−0.01
P	−0.02	0.02	−0.08	0.08	**−0.02**	**−0.04**	**0.32**	**−0.01**	1.00

四个模型的回归结果如下：

(1)模型(6.4)

对模型(6.4)进行的回归之后发现，R^2 只有 24.78%，F 值和各个 t 值也都很显著。但由于怀疑模型有异方差性，因此进行怀特检验，发现 F 值和 t 值显著，R^2 较高，可以认为异方差性显著。因此，用 1/abs(resid) 作为权重对模型进行加权最小二乘法(WLS)回归，回归结果有很明显的改善，R^2 达到了 99.99%，F 值和 t 值均很显著，得到的方程中非正常性应计利润的系数显著不为零，且显著正相关，从而证明了假设一是成立的。同时其他几个指标也与被解释变量具有显著相关关系，在之前的文献中被剔除的盈利性指标和新加入的公司治理结构指标也都在很高的显著性水平下有很好的相关关系。

模型(6.4)的回归结果见表6.6。

表6.6 模型(6.4)回归结果

Variable	Coefficient	t-Statistic	Prob.
DA/A	0.149511	465.1009	0.0000
lnSize	−0.000575	−48.64087	0.0000
ROE	0.001928	956.0166	0.0000
PB	-6.28×10^{-5}	−13.40518	0.0000
P	−0.017702	−623.0005	0.0000
C	0.063235	245.9582	0.0000

注:R^2=0.999910;F-statistic=21768896;Adjusted R-squared=0.999910;Prob(F-statistic)=0.000000。

(2)模型(6.5)

从模型(6.5)的回归结果看,其R^2的值更加小,只有4.9%,F值较大,但一些变量的t值不够显著,经过多次逐步回归法仍然不能消除这些不利因素。因此对原模型进行同样的异方差检验,从怀特检验显示出的F值和R^2来看,可以尝试用1/abs(resid)作权重来做加权最小二乘法(WLS)。从尝试的结果来看,R^2达到了99.99%,F值和t值均很大,说明通过加权最小二乘法的处理模型中的不利因素被去除掉了。非正常性应计利润和被解释变量之间的关系显著不为零,但相关关系为负,这与假设(6.5)的结果不同。模型(6.5)的回归结果见表6.7。

表6.7 模型(6.5)回归结果

Variable	Coefficient	t-Statistic	Prob.
DA/A	−0.099248	−250.1809	0.0000
lnSize	0.029512	1930.576	0.0000
ROE	0.000250	98.08576	0.0000
PB	-7.92×10^{-5}	−8.086750	0.0000
P	−0.015566	−507.0816	0.0000
C	−0.564067	−1621.925	0.0000

注:R-squared=0.999913;F-statistic=22474215;Adjusted R-squared=0.999913;Prob(F-statistic)=0.000000。

(3)模型(6.6)

模型(6.6)的回归结果同前面的结果差不多,最终去除掉模型中的不利因素之后,非正常性应计利润与被解释变量之间显著不为零,且为正相关关系,与假设不同。同时,处理后的几个变量的系数均显著不为零,作为控制变量具有很好的作用。模型(6.6)的回归结果见表 6.8。

表 6.8　模型(6.6)回归结果

Variable	Coefficient	*t*-Statistic	Prob.
DA/A	0.134436	1879.251	0.0000
lnSize	−0.000637	−182.5209	0.0000
ROE	0.001537	5220.787	0.0000
PB	−0.000128	−182.8031	0.0000
P	0.001287	298.0225	0.0000
C	0.020972	283.6778	0.0000

注:R-squared=0.999950;F-statistic=39127530;Adjusted R-squared=0.999950;Prob(F-statistic)=0.000000。

(4)模型(6.7)

模型(6.7)的回归结果显示,其中 R^2 只有 12%,经过异方差检验之后的结果有了显著的改善,其中 PB 的系数显著为零,其他系数显著不为零,非正常性应计利润与被解释变量成显著负相关。模型(6.7)的回归结果见表 6.9。

表 6.9　模型(6.7)四回归结果

Variable	Coefficient	*t*-Statistic	Prob.
DA/A	−8.986044	−219.6762	0.0000
lnSize	0.942500	1042.345	0.0000
ROE	−0.096942	−766.4413	0.0000
PB	−0.000264	−0.672525	0.5013
P	0.749113	151.9839	0.0000
C	−19.43201	−984.4987	0.0000

注:R-squared=0.996869;F-statistic=623169.5;Adjusted R-squared=0.996868;Prob(F-statistic)=0.000000。

2.单期截面数据回归分析

大多数研究者用多年期混合的截面数据进行回归分析,实际上这样做会受到时间序列的影响,因而需要对模型的稳定性进行检验。但由于模型的变量多、个数较多，模型的稳定性检验比较复杂。因此，本书利用 2008 年和 2007 年的数据对模型进行回归，对两者的结果进行比较，从一定程度上来验证之前研究者用多年期混合的截面数据回归的正确性。

进行多重共线性检验，从表 6.10 中可以看出 PB 和 ROE、lnSize 的相关性较明显，P 和 ROE、lnSize 之间的相关性也较强，因此在回归时如果出现问题可以考虑剔除掉其中的变量从而改善回归结果。

表 6.10　各指标之间的相关系数

	DA	EA	REVA	levchan	DA/A	lnSize	ROE	PB	P
DA	1.00	0.10	0.16	0.57	0.00	0.25	0.06	−0.05	0.10
EA	0.10	1.00	0.54	−0.58	0.08	0.01	0.39	−0.06	−0.15
REVA	0.16	0.54	1.00	−0.31	0.10	0.11	0.61	−0.13	−0.08
levchan	0.57	−0.58	−0.31	1.00	−0.04	0.15	−0.27	0.04	0.18
DA/A	0.00	0.08	0.10	−0.04	1.00	−0.03	0.07	0.02	−0.03
lnSize	0.25	0.01	0.11	0.15	−0.03	1.00	0.08	−0.22	0.33
ROE	0.06	0.39	0.61	−0.27	0.07	0.08	1.00	−0.26	−0.09
PB	−0.05	−0.06	−0.13	0.04	0.02	−0.22	−0.26	1.00	−0.05
P	0.10	−0.15	−0.08	0.18	−0.03	0.33	−0.09	−0.05	1.00

(1)模型(6.4)

用新的数据回归的模型(6.4)的结果没有较大的变化，经过异方差处理之后，非正常性应计利润与股权融资量成显著性正相关。模型回归结果见表 6.11。

表 6.11　模型(6.4)回归结果

Variable	Coefficient	Std. Error	*t*-Statistic	Prob.
DA/A	0.014466	0.001499	9.650612	0.0000
lnSize	0.003461	3.39×10^{-5}	101.9900	0.0000
ROE	0.002332	3.19×10^{-6}	731.4184	0.0000
PB	0.001889	0.000102	18.60836	0.0000
P	−0.039168	0.000442	−88.68258	0.0000
C	−0.026806	0.000993	−26.99874	0.0000

注：R-squared＝0.999678；F-statistic＝915848.5；Durbin-Watson stat＝1.725053；Prob(F-statistic)＝0.000000。

(2)模型(6.5)

与多重共线性检验的结果相似,模型(6.5)的非正常性应计利润的系数显著为零,剔除公司规模和盈利性指标的共线性影响后,其也没有较大的改善。因此,可判断非正常性应计利润与债务融资量之间的相关关系不明显。之前用混合型截面数据的结果与用截面数据的结果有很大的差异,因此至少对于该模型来说两种数据的稳定性是值得怀疑的。模型回归结果见表 6.12。

表 6.12　模型(6.5)回归结果

Variable	Coefficient	Std. Error	*t*-Statistic	Prob.
DA/A	0.000429	0.008343	0.051383	0.9590
lnSize	0.040868	0.004552	8.977765	0.0000
ROE	0.000399	0.000207	1.932080	0.0535
PB	0.001105	0.001577	0.700821	0.4835
P	0.010376	0.011393	0.910716	0.3626
C	−0.865558	0.096932	−8.929526	0.0000

注:R-squared=0.067473;F-statistic=21.31568;Durbin-Watson stat=2.022614;Prob(F-statistic)=0.000000。

(3)模型(6.6)

回归结果显示,内源融资量与非正常应计利润呈显著正相关关系,这与前面用多年期截面数据回归的结果一致。模型回归结果见表 6.13。

表 6.13　模型(6.6)回归结果

Variable	Coefficient	Std. Error	*t*-Statistic	Prob.
DA/A	0.007267	0.000360	20.20901	0.0000
lnSize	0.005272	4.10×10^{-5}	128.6286	0.0000
ROE	0.001884	5.62×10^{-6}	335.3924	0.0000
PB	0.000755	2.91×10^{-5}	25.95506	0.0000
P	−0.008185	5.57×10^{-5}	−146.9105	0.0000
C	−0.108341	0.000878	−123.3260	0.0000

注:R-squared=0.999957;F-statistic=66856306;Durbin-Watson stat=1.922382;Prob(F-statistic)=0.000000。

(4)模型(6.7)

回归结果显示,资本结构指标与非正常性应计利润之间的关系在原回归中的显著性并不明显,经过异方差检验之后,在一定的显著性水平下,两者呈显著负相关关系,这与用 2008 年数据回归的结果相一致。模型回归结果见

表 6.14。

表 6.14 模型(6.7)回归结果

Variable	Coefficient	Std. Error	*t*-Statistic	Prob.
DA/A	−0.363788	0.138746	−2.621961	0.0088
lnSize	1.205636	0.010194	118.2735	0.0000
ROE	−0.112605	0.000601	−187.2826	0.0000
PB	0.032836	0.003808	8.623747	0.0000
P	2.329482	0.030187	77.16875	0.0000
C	−27.43661	0.219869	−124.7861	0.0000

注:R-squared=0.971381;F-statistic=9999.121;Durbin-Watson stat=1.896457;Prob(F-statistic)=0.000000。

6.5 研究结论与展望

6.5.1 研究结论

本章应用 KS 模型计量公司的盈余管理程度,用四个多元回归模型探究我国上市公司盈余管理程度与融资行为的关系,分别使用多年期截面数据和单期截面数据对模型进行回归,后者的回归结果表明股权融资和内源融资与盈余管理程度均呈显著正相关,债权融资与盈余管理程度的关系不明显,资本结构与盈余管理程度呈显著负相关关系。其中,与模型(6.4)和模型(6.7)的假说基本一致,与模型(6.5)和模型(6.6)的假说不一致。实证研究结果表明,我国上市公司的确有以融资为目的的盈余管理行为,尤其是股权融资。但我国上市公司的融资行为显然与国外的经典理论有一定的出入,这可以从我国特殊的体制和市场环境等角度做一定的解释和研究。

6.5.2 研究局限及未来展望

本书在实证研究中可能存在一定的局限性,列举如下:

(1)控制变量的选取具有随机性。本书的控制变量是根据融资理论以及中国特殊的体制和市场环境筛选得出,但不能保证这些控制变量能够完全把盈余管理以外的所有因素排除掉。不过,与之前的研究相比,本书把股权性质以虚拟变量的形式引进,使得回归结果有所改变,这是一种进步。

(2)笔者与之前大多数研究者不同,大胆地采用了修正之后的 KS 模型,但该模型对于盈余管理程度的计量有效性仍然值得怀疑，KS模型也有可能会存在变量不全面和计算误差等问题。

(3)笔者意识到了多年期截面数据做混合的OLS回归可能出现问题，因此采用了单期的数据进行回归。其结果与模型(6.5)的有很大的差异。但由于对于这样多维的面板数据的处理非常繁琐，本书没有做相应的稳定性检验，只是从另一个角度对这种数据的稳定性进行了一个检验，因此从技术上来讲有一定的缺陷。

本书对今后的研究方向和研究工作有如下建议：

(1)对我国上市公司的融资行为进行更多的“草根研究”，把那些特别的因素，如股权结构和投资者保护等因素纳入到模型当中。中国证券市场的不断完善，以及宏观经济形势的变化，对于上市公司的融资行为都有很大的影响，因此事件研究的方法对于特定的需求者来说更有意义。

(2)对盈余管理程度计量方法有待进一步探究。我国特殊的市场环境、上市公司审计严格程度、新《会计准则》等因素造成了盈余管理手段不尽相同，因此不同的盈余管理程度的计量方法对于我国上市公司研究的有效性仍需进一步探究。相关研究表明KS模型对中国公司盈余管理计量的有效性较强，但其衡量方法仍有一些缺陷。因此，探究更有效的计量中国上市公司盈余管理程度的方法也是未来研究的方向。

附 录

表 1 修正的 Jones 模型对房地产业的回归结果

年 份	房地产业回归结果					
2001	C	Sale－REC	PPE	CFO	BM	调整的 R^2
	27.03***	0.27***	－0.15*	－1.21***	－0.34***	0.77
	(0.00)	(0.00)	(0.08)	(0.00)	(0.00)	
2002	C	Sale－REC	PPE	CFO	BM	调整的 R^2
	24.30*	－1.5***	－0.07	－0.12	－0.49***	0.9
	(0.10)	(0.00)	(0.37)	(0.31)	(0.01)	
2003	C	Sale－REC	PPE	CFO	BM	调整的 R^2
	6.14*	0.22***	－0.07*	－1.13***	－0.05	0.86
	(0.08)	(0.00)	(0.08)	(0.00)	(0.16)	
2004	C	Sale－REC	PPE	CFO	BM	调整的 R^2
	10.40	0.12***	0.02	－1.04***	0.05	0.92
	(0.21)	(0.00)	(0.36)	(0.00)	(0.17)	
2005	C	Sale－REC	PPE	CFO	BM	调整的 R^2
	15.21**	0.15**	－0.1	－0.96***	－0.15**	0.54
	(0.04)	(0.02)	(0.17)	(0.00)	(0.03)	
2006	C	Sale－REC	PPE	CFO	BM	调整的 R^2
	7.75***	0.03*	－0.08**	－1.04***	－0.05**	0.87
	(0.00)	(0.06)	(0.02)	(0.00)	(0.03)	
2007	C	Sale－REC	PPE	CFO	BM	调整的 R^2
	6.94	0.88***	－0.1	－0.86***	0.09	0.6
	(0.24)	(0.00)	(0.37)	(0.00)	(0.27)	
2008	C	Sale－REC	PPE	CFO	BM	调整的 R^2
	45.31***	0.08	－0.46	－0.81***	－0.37***	0.3
	(0.00)	(0.17)	(0.11)	(0.00)	(0.00)	

注：*，**，*** 分别代表在 10%，5%，1%条件下显著；括号内数据为 P 值，回归基于模型(2.9)。

表 2 修正的 Jones 模型对工业的回归结果

年 份	房地产业回归结果					
	C	Sale－REC	PPE	CFO	BM	调整的 R^2
2001	－5.05*	－0.57***	－0.02	－0.27**	－0.09**	0.34
	(0.08)	(0.00)	(0.39)	(0.02)	(0.05)	
	C	Sale－REC	PPE	CFO	BM	调整的 R^2
2002	－11.63**	0.36***	－0.2***	0.14	－0.19***	0.09
	(0.02)	(0.00)	(0.01)	(0.19)	(0.00)	
	C	Sale－REC	PPE	CFO	BM	调整的 R^2
2003	－10.71***	0.07***	－0.05**	－0.56***	－0.11***	0.17
	(0.00)	(0.00)	－(0.05)	(0.00)	(0.00)	
	C	Sale－REC	PPE	CFO	BM	调整的 R^2
2004	14.48***	0.28***	－0.07*	0.02	－0.15***	0.14
	(0.00)	(0.00)	(0.09)	(0.43)	(0.00)	
	C	Sale－REC	PPE	CFO	BM	调整的 R^2
2005	39.20***	0.86***	－0.19**	－0.27*	－0.44***	0.37
	(0.00)	(0.00)	(0.02)	(0.07)	(0.00)	
	C	Sale－REC	PPE	CFO	BM	调整的 R^2
2006	－6.13**	0.19***	－0.02	－0.39***	－0.06**	0.13
	(0.04)	(0.00)	(0.32)	(0.00)	(0.04)	
	C	Sale－REC	PPE	CFO	BM	调整的 R^2
2007	1.00	0.07***	－0.1***	－0.52***	－0.03	0.09
	(0.33)	(0.00)	(0.01)	(0.00)	(0.18)	
	C	Sale－REC	PPE	CFO	BM	调整的 R^2
2008	－2.45	0.39***	－0.21***	－0.28*	－0.08*	0.13
	(0.34)	(0.00)	(0.01)	(0.07)	(0.10)	

注：*，**，*** 分别代表在 10%，5%，1% 条件下显著；括号内数据为 P 值，回归基于模型(2.9)。

表 3 修正的 Jones 模型对公共事业的回归结果

年 份	房地产业回归结果					
	C	Sale－REC	PPE	CFO	BM	调整的 R^2
2001	1.03	0.06***	－0.01	－0.7***	0.01	0.65
	(0.25)	(0.00)	(0.28)	(0.00)	(0.34)	
	C	Sale－REC	PPE	CFO	BM	调整的 R^2
2002	2.46	－0.02	－0.01	－0.71***	－0.04	0.5
	(0.34)	(0.32)	(0.43)	(0.00)	(0.18)	
	C	Sale－REC	PPE	CFO	BM	调整的 R^2
2003	0.13***	0.12***	0.01	－0.89***	－0.12***	0.83
	(0.00)	(0.00)	(0.32)	(0.00)	(0.00)	
	C	Sale－REC	PPE	CFO	BM	调整的 R^2
2004	14.07***	0.05*	－0.02	－0.75***	－0.12***	0.75
	(0.00)	(0.07)	(0.23)	(0.00)	(0.00)	
	C	Sale－REC	PPE	CFO	BM	调整的 R^2
2005	14.53***	0.24***	0.03	－0.64***	－0.16***	0.5
	(0.00)	(0.00)	(0.14)	(0.00)	(0.00)	
	C	Sale－REC	PPE	CFO	BM	调整的 R^2
2006	5.32	1.02***	0.05	－0.3**	－0.05	0.86
	(0.19)	(0.00)	(0.18)	(0.02)	(0.19)	
	C	Sale－REC	PPE	CFO	BM	调整的 R^2
2007	7.82***	－0.02	0.09	－0.8***	－0.06***	0.78
	(0.00)	(0.21)	(0.46)	(0.00)	(0.00)	
	C	Sale－REC	PPE	CFO	BM	调整的 R^2
2008	7.47***	0.38**	－0.19	－0.67	－0.68***	0.29
	(0.00)	(0.02)	(0.11)	(0.06)	(0.00)	

注：*，**，*** 分别代表在 10%，5%，1%条件下显著；括号内数据为 P 值，回归基于模型(2.9)。

表 4 修正的 Jones 模型对服务业回归结果

年 份	房地产业回归结果					
	C	Sale－REC	PPE	CFO	BM	调整的 R^2
2001	2.43	0.02*	−0.09***	−0.82***	−0.04**	0.55
	(0.46)	(0.10)	(0.00)	(0.00)	(0.04)	
	C	Sale－REC	PPE	CFO	BM	调整的 R^2
2002	3.21	0.01	−0.07***	−0.73***	−0.03	0.48
	(0.49)	(0.62)	(0.01)	(0.00)	(0.25)	
	C	Sale－REC	PPE	CFO	BM	调整的 R^2
2003	−5.62	0.02*	−0.1***	−0.7***	−0.08**	0.62
	(0.13)	(0.07)	(0.00)	(0.00)	(0.03)	
	C	Sale－REC	PPE	CFO	BM	调整的 R^2
2004	−6.78*	0.04**	0.02	−0.73***	0.05	0.67
	(0.07)	(0.02)	(0.27)	(0.00)	(0.12)	
	C	Sale－REC	PPE	CFO	BM	调整的 R^2
2005	36.35***	0.24***	−0.12	−0.44*	−0.32***	0.42
	(0.01)	(0.00)	(0.18)	(0.06)	(0.01)	
	C	Sale－REC	PPE	CFO	BM	调整的 R^2
2006	6.01***	0.00	−0.14***	−0.79***	−0.01	0.48
	(0.05)	(0.48)	(0.00)	(0.00)	(0.39)	
	C	Sale－REC	PPE	CFO	BM	调整的 R^2
2007	7.63*	0.08*	−0.01	−0.75***	−0.07	0.31
	(0.08)	(0.10)	(0.43)	(0.00)	(0.16)	
	C	Sale－REC	PPE	CFO	BM	调整的 R^2
2008	−4.00*	0.04	−0.02	−0.93***	0.07***	0.53
	(0.09)	(0.13)	(0.32)	(0.00)	(0.01)	

注：*，**，*** 分别代表在 10%，5%，1% 条件下显著；括号内数据为 P 值，回归基于模型(2.9)。

表 5　修正的 Jones 模型对集团产业的回归结果

年　份	房地产业回归结果					
	C	Sale－REC	PPE	CFO	BM	调整的 R^2
2001	－14.25***	－0.06	－0.08	－0.63***	－0.24***	0.13
	(0.01)	(0.14)	(0.19)	(0.00)	(0.00)	
	C	Sale－REC	PPE	CFO	BM	调整的 R^2
2002	－20.80***	0.43***	0.02	－0.82***	－0.17***	0.3
	(0.00)	(0.00)	(0.39)	(0.00)	(0.01)	
	C	Sale－REC	PPE	CFO	BM	调整的 R^2
2003	－18.79***	0.09*	－0.07	－0.32**	0.22***	0.08
	(0.00)	(0.09)	(0.22)	(0.02)	(0.00)	
	C	Sale－REC	PPE	CFO	BM	调整的 R^2
2004	－1.01	0.11**	－0.07	－0.43***	－0.02	0.02
	(0.48)	(0.03)	(0.24)	(0.01)	(0.41)	
	C	Sale－REC	PPE	CFO	BM	调整的 R^2
2005	－15.13**	－0.01	－0.22***	0.15	－0.13**	0.03
	(0.03)	(0.36)	(0.01)	(0.22)	(0.04)	
	C	Sale－REC	PPE	CFO	BM	调整的 R^2
2006	－4.27	0.82***	－0.07	－0.52***	0.09	0.51
	(0.32)	(0.00)	(0.28)	(0.01)	(0.15)	
	C	Sale－REC	PPE	CFO	BM	调整的 R^2
2007	15.93**	0.10	－0.15***	－1.56***	－0.32***	0.16
	(0.02)	(0.12)	(0.00)	(0.00)	(0.00)	
	C	Sale－REC	PPE	CFO	BM	调整的 R^2
2008	2.74	0.00	－0.12*	－0.7***	－0.08**	0.19
	(0.27)	(0.49)	(0.07)	(0.00)	(0.03)	

注：*，**，*** 分别代表在 10%，5%，1%条件下显著；括号内数据为 P 值，回归基于模型(2.9)。

表 6　操纵性利润(DA)的描述性统计

	均　值	均值的 t 值	标准差	最小值	最大值
DA	0.00	0.00	0.25	－8.32	5.69
|DA|	0.07	27.51	0.23	0.00	8.32

注：此处采用全样本数据进行了回归。

表 7　累计超额收益(CARs)和操纵性应计利润 (DA)的相关系数

CAAR 时间窗口	(−1,1)	(−1,5)	(−1,10)	(−1,15)	(−1,20)	(−1,25)	(−1,30)
相关系数	0.02	0.02	0.02	0.01	0.01	0.02	0.02
P 值(*t* 检验)	0.13	0.04	0.07	0.25	0.21	0.06	0.07

表 8　累计超额收益(CARs)和操纵性应计利润绝对值(|DA|)的相关系数

CAAR 时间窗口	(−1,1)	(−1,5)	(−1,10)	(−1,15)	(−1,20)	(−1,25)	(−1,30)
相关系数	−0.07	−0.08	−0.06	−0.06	−0.07	−0.09	−0.10
P 值(*t* 检验)	0.00	0.00	0.00	0.00	0.00	0.00	0.00

表 9　市场对操纵性应计利润(DA)的反应

变量 \ CAAR	1	5	10	20	30
截距项	−0.0980***	−0.1455***	−0.1741***	−0.1083***	−0.2513***
	(0.00)	(0.00)	(0.00)	(0.29)	(0.04)
应计利润					
DA	−0.0096	−0.0325	−0.0188	−0.0611	−0.0328
	(0.56)	(0.23)	(0.62)	(0.42)	(0.72)
控制变量					
AUDIT_OPINION	0.0149***	0.0396***	0.0616***	0.0713***	0.1250***
	(0.00)	(0.00)	(0.00)	(0.00)	(0.00)
FCFE	0.0002	−0.0005	−0.0010	−0.0015	−0.0022
	(0.60)	(0.52)	(0.37)	(0.50)	(0.42)
TOBINQ	−0.0025**	−0.0072***	−0.0131***	−0.0302***	−0.0380***
	(0.04)	(0.00)	(0.00)	(0.00)	(0.00)
EPS	0.0023	0.0034	0.0023	0.0048	0.0149
	(0.33)	(0.37)	(0.68)	(0.66)	(0.26)
ROA	0.0068	0.0322	0.0272	0.0864	0.0643
	(0.67)	(0.22)	(0.47)	(0.25)	(0.48)
D/A	0.0008	0.0018	0.0033**	0.0084***	0.0094**
	(0.29)	(0.13)	(0.05)	(0.01)	(0.02)
ln(ASSET)	0.0036	0.0047	0.0053	0.0025	0.0066
	(0.00)	(0.00)	(0.03)	(0.60)	(0.25)
调整后的 R^2	1.49%	3.12%	3.53%	1.79%	3.12%
P 值(*F* 检验)	0.00	0.00	0.00	0.00	0.00

注：*，**，*** 分别代表在 10%，5%，1%条件下显著；括号中为 *P* 值。

表 10　市场对操纵性应计利润绝对值(|DA|)的反应

变量 \ CAAR	1	5	10	20	30
截距项	−0.0990***	−0.1475***	−0.1788***	−0.1185	−0.2669**
	(0.00)	(0.00)	(0.00)	(0.24)	(0.03)
应计利润					
ADA	−0.0127	−0.0278	−0.0567**	−0.1268**	−0.1861***
	(0.28)	(0.14)	(0.04)	(0.02)	(0.00)
控制变量					
AUDIT_OPINION	0.0150***	0.0397***	0.0619***	0.0718***	0.1259***
	(0.00)	(0.00)	(0.00)	(0.00)	(0.00)
FCFE	0.0003	−0.0005	−0.0010	−0.0014	−0.0022
	(0.58)	(0.55)	(0.37)	(0.52)	(0.42)
TOBINQ	−0.0020	−0.0061***	−0.0106***	−0.0247***	−0.0297***
	(0.14)	(0.01)	(0.00)	(0.00)	(0.00)
EPS	0.0029	0.0050	0.0050	0.0110	0.0235*
	(0.22)	(0.20)	(0.37)	(0.32)	(0.08)
ROA	−0.0135	−0.0231	−0.0410	−0.0840	−0.1326**
	(0.24)	(0.22)	(0.12)	(0.12)	(0.04)
D/A	0.0008	0.0018	0.0031*	0.0081**	0.0088**
	(0.29)	(0.12)	(0.06)	(0.02)	(0.03)
ln(ASSET)	0.0036***	0.0048***	0.0055**	0.0030	0.0074
	(0.00)	(0.00)	(0.02)	(0.52)	(0.20)
调整后的 R^2	1.51%	3.14%	3.63%	1.91%	3.31%
P 值(*F* 检验)	0.00	0.00	0.00	0.00	0.00

注：回归模型是 $CAAR_{i,t}=\alpha+\beta_{i,t}Accurals_{i,t}+\sum\delta_{i,t}Control_{i,t}+\varepsilon_{i,t}$，即将市场反应作为自变量，对应计利润以及其他控制变量回归。五列数据分别表示不同的时间窗口，控制变量的意义如下：AUDIT_OPINION—审计意见，若为非保留意见则为 1，否则为 0；FCFF—公司自由现金流；TOBINQ—托宾 Q，成长性指标；EPS—每股收益；ROA—总资产收益率；ln(ASSET)—总资产的自然对数。*，**，*** 分别代表在 10%，5%，1%条件下显著；括号中为 *P* 值。

表 11 操纵性应计利润与治理结构变量关系的稳健性检验

变 量	操纵性应计利润	|操纵性应计利润|
截距项	0.0017 (0.60)	0.0741*** (0.00)
主成分		
PAC_1(所有权)	−0.0005 (0.88)	0.0017 (0.58)
PAC2(股东控制)	−0.0044 (0.17)	0.0040 (0.19)
PAC3(外部控制)	0.0011** (0.73)	−0.0028 (0.36)
PAC4(董事会独立性)	−0.0016 (0.61)	−0.0049 (0.11)
控制变量		
N/A		
调整后的 R^2	−0.03%	0.02%
F 检验	0.00	0.00

注：回归的模型是 $\text{Accruals}_{i,t}=\alpha+\sum\beta_{i,t}\text{GovPc}_{i,t}+\epsilon_{i,t}$，盈余管理依靠主成分分析法进行度量，并且没有使用控制变量。第二列的因变量不包含绝对值，而第三列的因变量则包含绝对值。*，**，***分别代表在10%，5%，1%条件下显著；括号中为 P 值。

表 12 操纵性应计利润与治理结构变量关系的稳健性检验

变 量	操纵性应计利润	|操纵性应计利润|
截距项	−0.0216 (0.14)	0.0648*** (0.00)
主成分		
PAC_1(所有权)	−0.0004 (0.89)	0.0017 (0.57)
PAC2(股东控制)	−0.0043 (0.18)	−0.0039 (0.20)
PAC3(外部控制)	0.0009 (0.78)	−0.0029 (0.34)
PAC4(董事会独立性)	−0.0015 (0.64)	0.0049 (0.11)
控制变量		
BODSIZE	0.0024 (0.12)	0.0009 (0.52)
MGT_HOLDING	0.0034 (0.95)	−0.0191 (0.70)

续表

控制变量		
D/A	0.0016 (0.19)	0.0008 (0.49)
调整的 R^2	0.02%	0.11%
P 值(F 检验)	0.00	0.00

注：回归的模型是 $\text{Accurals}_{i,t}=\alpha+\sum\beta_{i,t}\text{GovPc}_{i,t}+\sum\gamma_{i,t}\text{Control}_{i,t}+\varepsilon_{i,t}$，盈余管理依靠主成分分析法进行度量，并且使用了控制变量。第二列的因变量不包含绝对值，而第三列的因变量则包含绝对值。相关变量的含义如下所示：BODSIZE—董事会规模，由董事人数表示；MGT_HOLDING—经理人持股比例；D/A—公司的杠杆率即债务资产比例。*，**，*** 分别代表在10%，5%，1%条件下显著；括号中为 P 值。

表 13　盈余管理与治理结构变量关系的稳健性检验

变量 \ CAAR	(−1,1)	(−1,5)	(−1,10)	(−1,20)	(−1,30)
截距项	−0.0142 (0.52)	−0.0354 (0.35)	−0.0208 (0.70)	−0.0351 (0.69)	−0.0805 (0.50)
变量					
ADA	−0.0344 (0.29)	0.0132 (0.81)	−0.0016 (0.98)	0.0221 (0.86)	−0.0251 (0.89)
ADA * PAC_1	0.0000 (1.00)	−0.0038 (0.68)	−0.0042 (0.74)	−0.0167 (0.42)	−0.0251 (0.37)
ADA * PAC2	−0.0030 (0.57)	−0.0075 (0.40)	−0.0141 (0.26)	−0.0163 (0.42)	−0.0119 (0.67)
ADA * PAC3	−0.0062 (0.23)	−0.0107 (0.23)	−0.0148 (0.24)	−0.0301 (0.14)	−0.0509* (0.07)
ADA * PAC4	−0.0059 (0.24)	−0.0141 (0.10)	−0.0237 (0.06)	−0.0170 (0.39)	−0.0175 (0.52)
控制变量					
ADA * BODSIZE	−0.0024 (0.31)	−0.0085** (0.04)	−0.0123** (0.04)	−0.0281*** (0.00)	−0.0404*** (0.00)
ADA * D/A	0.0052 (0.33)	0.0004 (0.97)	0.0101 (0.45)	0.0216 (0.31)	0.0340 (0.24)
ADA * MGT_HOLDING	1.2361** (0.08)	1.8808 (0.13)	3.5974** (0.04)	6.6414** (0.02)	7.7553** (0.05)
ADA * AUDIT_OPINION	0.0253 (0.21)	0.0138 (0.69)	0.0296 (0.55)	0.0846 (0.29)	0.1635 (0.14)

续表

控制变量					
AUDIT_OPINION	−0.0004	0.0031	0.0101	0.0164	0.0107
	(0.92)	(0.62)	(0.26)	(0.25)	(0.58)
FCFF	0.0003	0.0003	0.0003	−0.0002	0.0005
	(0.51)	(0.73)	(0.77)	(0.93)	(0.86)
TOBINQ	0.0000	0.0001	0.0011	0.0028	0.0031
	(0.97)	(0.95)	(0.73)	(0.56)	(0.64)
EPS	0.0055**	0.0080**	0.0064	0.0095	0.0135
	(0.02)	(0.05)	(0.27)	(0.31)	(0.29)
ROA	−0.0110**	−0.0180**	−0.0189	−0.0214	−0.0299
	(0.02)	(0.03)	(0.11)	(0.26)	(0.25)
ln(ASSET)	0.0004	0.0012	0.0002	0.0007	0.0029
	(0.66)	(0.49)	(0.94)	(0.86)	(0.60)
调整的 R^2	1.13%	1.38%	1.53%	2.00%	2.49%
P 值(F 检验)	0.00	0.00	0.00	0.00	0.00

注：回归模型是 $CAAR_{i,t}=\alpha+\beta_{i,t}Accurals_{i,t}+\gamma_{i,t}Accurals_{i,t}*GovPc_{i,t}+\sum\delta_{i,t}Control_{i,t}+\varepsilon_{i,t}$，即将市场反应作为自变量，利用主成分分析法进行回归。并包含控制变量。五列数据分别表示不同的时间窗口，控制变量的意义如下：ADA * BODSIZE—绝对超额收益与董事会规模的乘积；ADA * D/A—绝对超额收益与杠杆率的乘积；ADA * MGT_HOLDING—绝对超额收益与经理人持股比例的乘积；AUDIT_OPINION—审计意见，若为非保留意见则为 1，否则为 0；FCFF—公司自由现金流；TOBINQ—托宾 Q，成长性指标；EPS—每股收益；ROA—总资产收益率；ln(ASSET)—总资产的自然对数。*，**，*** 分别代表在 10%，5%，1%条件下显著；括号中为 P 值。

表 14 控制变量的描述性统计

	ROA	AUDIT_ OPINION	FCFE	TOBINQ	EPS	D/A	ln(ASSET)
均值	0.01	0.90	−1.30	1.44	0.12	0.54	21.33
中值	0.02	1.00	−0.83	1.15	0.12	0.53	21.31
标准差	0.25	0.30	1.99	1.37	0.53	0.27	1.10
最小值	−8.75	0.00	−27.03	0.00	−14.08	0.00	10.84
最大值	6.11	1.00	5.43	57.27	6.28	3.08	26.02

参考文献

[1]Abode D, Hughes J, Liu J. Earnings Auality, Insider Trading, and Cost of Capital. *Journal of Accounting Research*, 2006(43): 651-673.

[2]Admati, Anat. A Noisy Rational Expectations Equilibrium for Multi-asset Securities Markets. *Econometrica*, 1985(53): 629-658.

[3]Anderson R, Bizjak J. An Empirical Examination of the Role of the CEO and the Compensation Committee in Structuring Executive Pay. *Journal of Banking and Finance*, 2002(27): 1323-1348.

[4]Agrawal A, Charles R K. Firm Performance and Mechanisms to Control Agency Problems between Managers and Shareholders. *The Journal of Financial and Quantitative Analysis*, 1996, 31(3):377-397.

[5]Ball R J, Brown P. An Empirical Evaluation of Accounting Income Numbers. *Journal of Accounting Research*, 1968,6:159-178.

[6]Ball R, Kothari S P, Robin A. The Effect of International Institutional Factors on Properties of Accounting Earnings. *Journal of Accounting and Economics*, 2000,29:1-51.

[7]Barth M, Konchitchki Y, Landsman W. *Cost of Capital and Financial Statement Transparency*. Working Paper, Stanford University, 2006.

[8]Bartov, Gul, Tsui. Discretionary-Accruals Models and Audit Qualifications. *Journal of Accounting and Economics*, 2000.

[9]Beasley M S. An Empirical Analysis of the Relation Between Board of Director Composition and Financial Statement Fraud. *The Accounting Review*, 1996:443-465.

[10]Beaver D. Interperiod Tax Allocation, Earnings Expectations, and the Behavior of Security Prices. *Accounting Review*, 1972.

[11]Beaver W H, McNichols M F. The Characteristics and Valuation of Loss Reserves of Property Casualty Insurers. *Review of Accounting*

Studies. 1998, 3(1-2):73-95.

[12]Beidleman. Income Smoothing: The Role of Management. *Accounting Review*, 1973.

[13]Beyer A. Capital Market Prices, Management Forecasts, and Earnings Management. *Accounting Review*, 2009,84:141-153.

[14]Bhattacharya D, Welker. The World Price of Earnings Opacity. *Accounting Review*, 2003.

[15]Biao D, Peter D J. Earnings Management and Corporate Governance: The Role of the Board and the Audit Committee. *Journal of Corporate Finance*, 2003,9:295-316.

[16]Botasan C, Plumlee M. A Re-Examination of Disclosure Level and the Expected Cost of Equity Capital. *Journal of Accounting Research*, 2002, 40:21-40.

[17]Bowen B Daley. The Incremental Information Content of Accrual Versus Cash Flows. *The Accounting Review*, 1987.

[18]Burgstahler D, Dichev I. Earnings Management to Avoid Earnings Decreases and Losses. *Journal of Accounting and Economics*, 1997, 23 (1): 99-126.

[19]Cahan S. The Effect of Antitrust Investigations on Discretionary Accruals: A Refined Test of the Political Cost Hypothesis. *The Accounting Review*, 1992, 67: 77-95.

[20]Carlos Noroha, Yun Zeng, Gerald Vinten. Earnings Management in China: An Exploratory Study. *Managerial Auditing Journal*, 2008,23 (4):367-385.

[21]Christian Leuz, Dhananjay Nanda, Peter D. Wysocki. Investor Protection and Earnings Management: An International Comparison. *Working Paper*. 2003.

[22]Chtourou S M, Bedard J, Courteau L. Corporate Governance and Earnings Management. *Working Paper*, 2001.

[23]Chung Jo. The Impact of Security Analysts' Monitoring and Marketing Functions on the Market value of Firms. *Journal of Financial and Quantitative Analysis*, 1996.

[24]Chung-Hua Shen, Hsiang-Lin Chih. Investor protection, Prospect Theory, and Earnings Management: An International Comparison of

the Banking Industry. *Journal of Banking & Finance*. 2005, 29:2675-2697.

[25]Cochran P P, Wartick S L. *Corporate Governance: A Literature Review*. USA: Financial Executives Research Foundation, 1988.

[26]Collins D, Maydew E, Weiss I. Changes in the Value-Relevance of Earnings and Book Values Over the Past Forty Years. *Journal of Accounting and Economics*, 1997,24:39-67.

[27]Davis L R, Soo B, Trompeter G. Auditor Tenure, Auditor Independence and Earnings Management. *Working Paper*, *Boston College*, 2003.

[28]DeAngelo L. Accounting Numbers as Market Valuation Substitutes: A Study of Management Buyouts of Public Stockholders. *The Accounting Review*, 1986,7:400-420.

[29]Dechow P M, Sloan R G. Executive Incentives and the Horizons Problems: An Empirical Investigation. *Journal of Accounting and Economics*, 1995.

[30]Dechow P M. Accounting Earnings and Cash Flows as Measures of Firm Performance: The Role of Accounting Accruals. *Journal of Accounting and Economics*, 1994.

[31]Dechow P M, Skinner D J. Earnings Management: Reconciling the Views of Accounting Academics, Practitioners, and Regulators. *Accounting Horizons*, 2000, 14: 235-250.

[32]Dechow P M, Sloan R G, Sweeney A P. Causes and Consequences of Earnings Manipulation: An Analysis of Firms Subject to Enforcement Actions by the SEC. *Contemporary Accounting Research*, 1996:1-36.

[33]Dechow P M, Sloan R G. Executive Incentives and the Horizon Problem: An Empirical Investigation. *Journal of Accounting and Economics*, 1991:51-89.

[34]Dechow P M, Dichev I D. The Quality of Accruals and Earnings: The Role of Accrual Estimation Errors. *The Accounting Review*, 2002,77:113-143.

[35]Dechow P M, Sloan R G, Sweeney A P. Detecting Earnings Management. *The Accounting Review*, 1996:193-225.

[36]DeFond M, Jiambalvo. Debt Covenant Violation and Manipulation of accruals. *Journal of Accounting and Economics*,1994,17:145-176.

[37]DeFond M, Park. The Reversal of Abnormal Accruals and the Market

Valuation of Earnings Surprises. *Accounting Review*, 2001.

[38]Dey. Income Smoothing and Sophisticated Investor Preferences. *Working Paper*, 2004.

[39]Douglas D W, Verrecchia R. Disclosure, Liquidity, and the Cost of Capital. *Journal of Finance*, 1991,46:1325-1359.

[40]Douglas D W. Optimal Release of Information by Firms. *Journal of Finance*, 1985,40:1071-1094.

[41]Doidge C U S. Cross-Listings and the Private Benefits of Control: Evidence from Dual-Class Firms. *Journal of Financial Economics*, 2004, 72:519-553.

[42]Doidge C G, Karolyi A, Stulz R. Why are Foreign Firms Listed in the U. S. Worth More? *Journal of Financial Economics*, 2004, 71: 205-238.

[43]Dye. Earnings Management in an Overlapping Generations Model. *Journal of Accounting Research*, 1988.

[44]Easley D. O'Hara M. Information and the Cost of Capital. *Journal of Finance*, 2004,59:1553-1583.

[45]Easley D, Hvidjkaer S, O'Hara M. Is Information Risk a Determinant of Asset Returns? *Journal of Finance*, 2002,57:2185-2222.

[46]Edwards, Bell. *The Theory and Measurement of Business Income*. Berkeley and Los Angeles: University of California Press, London: California Cambridge University Press, 1961.

[47]Erickson Merle, Shiing-wu Wang, Earnings Management by Acquiring Firms in Stock For Stock Mergers. *Journal of Accounting and Economics*,1999,27:149-176.

[48]Fama E, MacBeth J. Risk, Return and Equilibrium: Empirical Tests. *Journal of Political Economy*, 1973,81:607-636.

[49]Fama E F, Jensen M. Separation of Ownership and Control. *Journal of Law and Economies*, 1983:26: 301-325.

[50]Fama E F, Kenneth R French. Common Risk Factors in the Returns on Stocks and Bonds. *Journal of Financial Economics*, 1993,33:3-56.

[51]Fama E F, Kenneth R French. The Cross-Section of Expected Stock Returns. *Journal of Finance*, 1992,47:427-465.

[52]Flora F N. Corporate Governance and the Quality of Accounting Earn-

ings: a Canadian Perspective. *International Journal of Managerial Finance*, 2006,2(4):302-327.

[53]Francis J, LaFond R, Olsson P, et al. Cost of Equity and Earnings Attributes. *The Accounting Review*, 2004,79:967-1010.

[54]Francis J, LaFond R, Olsson P, et al. The Market Pricing of Accruals Quality. *Journal of Accounting & Economics*, 2005,39:295-327.

[55]Fudenberg, Tirole. A Theory of Income and Dividend Smoothing Based on Incumbency Rents. *Journal of Political Economy*, 1995.

[56]Gavious I. Market Reaction to Earning Management: The Incremental Contribution of Analysts. *International Research Journal of Finance and Economics*, 2007,8:196-214.

[57]Gebhardt, Lee, Swaminathan. Toward an Implied Cost of Capital. *Working Paper*, 2001.

[58]Goel, Thakor. Why Do Firms Smooth Earnings? *The Journal of Business*, 2003.

[59]Gordon. Assimilation in American Life: The Role of Race, Religion, and National Origins. 1964.

[60]Graham, Harvey, Rajgopal. The Economic Implications of Corporate Financial Reporting. *Journal of Accounting and Economics*, 2005.

[61]Grossman, Sandford, Stiglitz J. On the Impossibility of Informationally Efficient Markets. *American Economic Review*, 1980,70:393-408.

[62]Guay W, Kothari S P, Watts R. A Market-Based Evaluation of Discretionary Accruals Models. *Journal of Accounting Research*, 1996,34: 83-105.

[63]Guojin, Hennocklouis, Sun A X. Earnings Management and Firm Performance Following Open-Market Repurchase. Working Paper, 2006.

[64]Hart O. *Firms, Contracts and Financial Structure*. Oxford: Oxford University Press, 1995: 125-137.

[65]Healy P M. The Effect of Bonus Schemes on Accounting Decisions. *Journal of Accounting and Economics*, 1985(4):85-107.

[66]Healy P M, Wahlen J M. A Review of the Earnings Management Literature and Its Implications for Standard Setting. *Accounting Horizons*, 1999,13: 365-383.

[67]Healy P M, Wahlen J M. A Review of the Earnings Management Liter-

ature and Its Implication for Standard Setting. *Working Paper*, 1998.

[68]Hepworth. Smoothing Periodic Income. *Accounting Review*, 1953.

[69]Holthausen R W, Larker D F, Sloan R G. Annual Bonus Schemes and the Manipulation of Earnings. *Journal of Accounting and Economics*, 1995,19: 29-74.

[70]Hribar P, Nichols D C. The Use of Unsigned Earnings Quality Measures in Tests of Earning Management. *Journal of Accounting Research*,2007,5:1017-1053.

[71]Hribar P, Collins D. Errors in Estimating Accruals: Implications for Empirical Research. *Journal of Accounting Research*, 2002,40:105-134.

[72]Hunt, Moyer, Shevlin. *Earnings Volatility*, *Earnings Management*, *and Equity Value*, *Unpublished Paper*. Seattle, WA: University of Washington, 1997.

[73]Coffee J. Racing Towards the top: The Impact of Cross-Listings and Stock Market Competition on International Corporate Governance. *Columbia Law Review*, 2002,102:1757-1831.

[74]Coffee J. The Future as History: The Prospects for Global Convergence in Corporate Governance and Its Implications. *Northwestern University Law Review*, 1999,93:641-708.

[75]Fan J, Wong T J. Corporate Ownership Structure and the Informativeness of Accounting Earnings in East Asia. *Journal of Accounting and Economics*, 2002.

[76]Jannine Poletti Hughes. Corporate Value, Ultimate Control and Law Protection for Investors in Western Europe. *Management Accounting Research*, 2009,20(1):41-52.

[77]Jensen C M. Agency Costs of Free Cash Flow, Corporate Finance, and Takeovers. *American Economic Review*. 1986,76(2):323-329.

[78]Jones J J. Earnings Management During Import Relief Investigations. *Journal of Accounting Research*, 1991.

[79]Jones J J. The Effect of Foreign Trade Regulation on Accounting Choices, and Production and Investment Decisions. *Journal of Accoungting Research*, 1991:193-228.

[80]Jones J J. Earning Management During Import Relief Investigations. *Journal of Accounting Research*, 1991,29:193-228.

[81]Zhang J X, Wang X K. Searching for the Motives and Effectiveness of Chinese Mergers and Acquisitions. *Working Paper*, 2007.

[82]Kaplan R S, Roll R. Investor Evaluation of Accounting Information: Some Empirical Evidence. *Journal of Business*, 1972,45:225-257.

[83]Karaoglu E. Regulatory Capital and Earnings Management in Banks: The Case of Loan Sales and Securitizations. *Working Paper*,2005.

[84]Kirschenheiter, Melumad. Can"Big Bath" and Earnings Smoothing Co-exist as Equilibrium Financial Reporting Strategies? *Journal of Accounting Research*, 2002.

[85]Klein A. Audit Committee, Board of Director Characteristics and Earnings Management. *Journal of Accounting and Economies*, 2002, 33: 375-400.

[86]Kothari, Leone, Wasley. Performance Matched Discretionary Accrual Measures. *Journal of Accounting and Economics*, 2005.

[87]Kriengkrai, Gary, Sandeep. Earnings Attributes and Investor-Protection: International Evidence. *The International Journal of Accounting*, 2006:327-357.

[88]La Porta R, Lopez-de-Silanes F, Shleifer A, et al. Legal Determinants of External Finance. *The Journal of Finance*, 1997,52:1131-1150.

[89]La Porta R, Lopez-de-Silanes F, Shleifer A, et al. Investor Protection and Corporate Governance. *Journal of Financial Economics*, 2000,58: 3-27.

[90]La Porta R, Lopez-de-Silanes F, Shleifer A, et al. Vishny, Law and Finance. *Journal of Political Economy*, 1998,106:1113-1155.

[91]Lambert. Income Smoothing as Rational Equilibrium Behavior. *Accounting Review*, 1984.

[92]Lang M, Raedy J S, Wilson W M. Earnings Management and Cross Listing: Are Reconciled Earnings Comparable to US Earnings? *Working Paper*,2005.

[93]Larcker D F, Richardson S A. Fees Paid to Audit Firms, Accrual Choices and Corporate Governance. *Journal of Accounting Research*, 2004,42:626-658.

[94]Leuz C D, Nanda, Wysocki P. Earnings Management and Investor Protection: An International Comparison. *Journal of Financial Econom-*

ics, 2003,69:505-527.

[95]Leuz C, Verrecchia R. Firms' Capital Allocation Choices, Information Quality, and the Cost of Capital. *Working Paper*, *University of Pennsylvania*, 2004.

[96]Li, Richie. Income Smoothing and the Cost of Debt. *Working Paper*, 2009.

[97]Lin Y, et al. Testing Pecking Order Prediction from the Viewpoint of Managerial Optimism: Some Empirical Evidence from Taiwan. *Pacific-Basin Finance Journal*, 2007,4.

[98]Strickland L D, Zenner M. Do non-U. S. Firms Issue Equity on U. S. Stock Exchanges to Relax Capital Constraints? *Journal of Financial and Quantitative Analysis*,2005,40:109-133.

[99]Lipe R. The Relation Between Stock Returns and Accounting Earnings Given Alternative Information. *The Accounting Review*, 1990,65:49-71.

[100] Liu Q, Lu J Z. Earnings Management to Tunnel: Evidence from China's Listed Companies. *Working Paper*, 2003.

[101]Louis H. Earning Management and the Market Performance of Acquiring Firms. *Journal of Financial Economics*,2004,74:121-148.

[102]Lu Z F, Wei T. Underperformance of Rights Isues: the Consequence of Earnings Management or the Deterioration of Real Performance. *Accounting Research*, 2004,8:21-37.

[103]Bebehuk L, Kraakman R, Triantis G. Stoek Pyramids, Cross-Ownership, and Dual Class Equlty: Te Creation and Agency Costs of Separating Control from Cash Flow Rights. *Working Paper*, 1999:6951.

[104]Jensen M, Meckling W. Theory of the Firm: Managerial Behavior, Agency Costs and Ownership Structure. *Journal of Financial Economics*, 1976,3:305-360.

[105]DeFond M, Hung M Y, Trezevant R. Investor Protection and the Information Content of Annual Earnings Announcements: International Evidence. *Journal of Accounting and Economics*, 2007,43(1):37-67.

[106]Marrakchi Chtourou, Sonda Bédard Jean, Courteau Lucie. Corporate Governance and Earnings Management. *Journal of Financial Economics Volume*, 2001, 50: 63-99.

[107]McNicholes, Wilson. Evidence of Earnings Management from the Provision for Bad Debts. *Journal of Accounting Research*, 1988(26):1-31.

[108]McNichols M. Discussion of the Quality of Accruals and Earnings: The Role of Accrual Estimation Errors. *The Accounting Review*, 2002,77:61-69.

[109]Merton Robert. A simple Model of Capital Market Equilibrium with Incomplete Information. *Journal of Finance*, 1987,42:483-510.

[110]Michelson, Jordan-Wagner, Wootton. The Relationship Between the Smoothing of Reported Income and Risk-Adjusted Returns. *Journal of Economics and Finance*, 2000.

[111]Miles, Ezzel. The Weighted Average Cost of Capital, Perfect Capital Markets, and Project Life: A Clarification. *Journal of Financial and Quantitative Analysis*, 1980.

[112]Milgrom P, Roberts J. *Motivation: Contracts, Information and Incentives in Economics, Organization and Management*. New Jersey: Prentice Hall Press, 1992.

[113]Moses. Income Smoothing and Incentives: Empirical Tests Using Accounting Changes. *Accounting Review*, 1987.

[114]Moyer S E. Capital Adequacy Ratio Recalculations and Accounting Choices in Commercial Banks. *Journal of Accounting and Economics*, 1988:123-154.

[115]Myers, Skinner. Earnings Momentum and Earnings Management. *Working Paper*.

[116]Nelson K. Rate Regulation, Competition and Loss Reserve Discounting by Property-Casualty Insurers. *The Accounting Review*, 2000,75(1):115-138.

[117]O'Hara M. Presidential Address: Liquidity and Price Discovery. *Journal of Finance*, 2003,58:1335-1354.

[118]Ohlson. Earnings, Book Values, and Dividends in Equity Valuation: An Empirical Perspective. *Contemporary Accounting Research*, 2001.

[119]Peasnell K V, Pope P F, Young S. Accrual Management to Meet Earnings Targets: UK Evidence Pre-and Post-Cadbury. *British Accounting Review*, 2000,32:415-445.

[120]Penman S, Zhang X J. Accounting Conservatism, The Quality of Earnings and Stock Returns. *The Accounting Review*, 2002, 77: 237-264.

[121]Perry, Susan, Williams T. Earnings Management Preceding Management buyout Offers. *Journal of Accounting and Economics*,1994,18:157-179.

[122]Petroni K R, Ryan S G, Wahlen J M. Discretionary and Nondiscretionary Revisions of Loss Reserves by Property-Casualty Insurers: Differential Implicaions for Future Profitability, Risk and Market Value. *Review of Accounting Studies*, 2000,5(2):95-125.

[123]Petroni K. Optimistic Reporting in the Property-Casualty Insurance Industry. *Journal of Accounting and Economics*, 1992, 15 (4): 485-508.

[124]Qian H, Li S Z. The Research About Earning Management Incentives of Listed Companies in China. *Chinese Business Review*, 2005, 4: 45-61.

[125]Qiao L. Corporate Governance in China: Current Practices, Economic Effects and Institutional Determinants. *CESifo Economics Studies*, 2006, 52:415-453.

[126]Rajan R G, Zingles L. What Do We Know about Capital Structure: Some Evidence from International Data. *The Journal of Finance*, 1995,50:1421-1460.

[127]Reese W, Weisbach M. Protection of Minority Shareholder Interests, Cross-Listings in the United States, and Subsequent Equity Offerings. *Journal of Financial Economics*,2002,66:65-104.

[128] Chung R, Firth M, Jeong-Bon K. Special Section: The Nonprofit Marketing Landscape Earnings Management, Surplus Free Cash Flow, and External Monitoring. *Journal of Business Research*,2005, 58(6):766-776.

[129]Ronen, Sadan. *Smoothing Income Numbers: Objectives, Means, and Implications*. Addison-Wesley Pub. Co.(Reading, Mass.),1981.

[130]Westerfield R, Jordan J. *Modern Financial Management*(Eighth Edition). McGRAW. Hill, International Edition,2008.

[131]Sainty B J, Taylor G K, Williams D D. Investor Dissatisfaction Toward Auditors. *Account. Audit. Finance.*, 2002,17:111-136.

[132]Sanjay W B. *Earnings Quality and Earnings Management: The Role of Accounting Accruals*. Thela Thesis, Research Series, 2008.

[133]Schipper K. Commentary on Earnings Management. *Accounting Horizons*, 1989,3(4):91-102.

[134]Scholes M, Wilson G P, Wolfson M. Tax Planning, Regulatory Capital Planning, and Financial Reporting Strategy for Commercial Banks. *Review of Financial Studies*, 1990,3:625-650.

[135]Shivakumar, Lakshmanan. Do Firms Mislead Investors by Overstating Earnings Before Seasoned Equity Offerings? *Journal of Accounting and Economics*,2000,29:339-371.

[136]Shleifer, Andrei, Vishny. A Survey of Corporate Governance. *Journal of Finance*, 1997,52:737-783.

[137]Sloan, Richard. Do Stock Prices Fully Reflect Information in Accruals and Cash Flows about Future Earnings? *The Accounting Review*, 1996,71:289-315.

[138]Soffer L, Thiagarajan S R, Walther B L. Earnings Preannouncement Strategies. *Review of Accounting Studies*,2000,5:5-26.

[139] Sok-Hyon Kang, Sivaramakrishnan K. Issues in Testing Earnings Management and an Instrumental Variable Approach. *Journal of Accounting Research*, 1995,33(2).

[140]Stulz R. Globalisation, Corporate Finance, and the Cost of Capital. *Journal of Applied Corporate Finance*,1999,12:8-25.

[141]Subramanyam. The Pricing of Discretionary Accruals. *Journal of Accounting and Economics*, 1996.

[142]Sweeney A P. Debt-Covenant Violations and Managers' Accounting Responses. *Journal of Accounting and Economics*, 1994,5:281-308.

[143]Teoh S H, Welchl, Wong T J. Earnings Management and the Underperformance of Seasoned Equity. *Journal of Financial Economics*, 1998,50(1): 63-99.

[144]Teoh, Siew Hong, Ivo Welch, et al. Earnings Management and the Long-run Underperformance of Initial Public Equity Offerings. *Journal of Finance*,1998a,53:1935-1974.

[145]Teoh, Siew Hong, Ivo Welch, et al. Earnings Management and the Underperformance of Seasoned Equity Offerings. *Journal of Financial Economics*,1998b,50:63-99.

[146]Thomas G O'Connor. Cross-listing in the U. S. and Domestic Investor

Protection. *The Quarterly Review of Economics and Finance*, 2006, 46(3):413-436.

[147]Thomas J, Zhang X. Identifying Unexpected Accruals: A Comparison of Current Approach. *Journal of Accounting and Public Policy*, 2000,19:347-376.

[148]Trueman, Titman. An Explanation for Accounting Income Smoothing. *Journal of Accounting Research*, 1988.

[149]Tucker, Zarowin. Relative Timeliness of Good vs. Bad News Inferred from Stock Returns. *Working Paper*, 2006.

[150]Wang, Jiang. A Model of Intertemporal Asset Prices under Asymmetric Information. *Review of Economic Studies*, 1993(60): 249-282.

[151]Wang, Williams. Accounting Income Smoothing and Stockholder Wealth. *Journal of Applied Business Research*, 1994.

[152]Watts R L, Zimmerman J L. *Positive Accounting Theory*. New Jersey: Prentice Hall Press, 1986.

[153]Watts R. Conservatism in Accounting, Part 1: Explanations and Implications. *Accounting Horizons*, 2003(17): 207-221.

[154]Watts R L, Zimmerman J L. Positive Accounting Theory: A ten Year Perspecticve. *The Accounting Review*, 1990,1:131-156.

[155]Gebhardt W R, Lee C M C, Swaminathan B. Toward an Implied Cost of Capital. *Journal of Accounting Research*, 2001,39:135-176.

[156]Zhang X J, Xu J. Are Investors Misled by Earnings Management of Listed Firms in China: Evidence from Seasoned Equity Offerings. *South China Journal of Economy*, 2006,8: 25-40.

[157]Xie R B, Zhu C, Dai S. Empirical Research on Earnings Management Behaviors of China's Listed Companies. *The Theory and Practice of Finance and Economics*, 2007,9:36-48.

[158]Xie H. The Mispricing of Abnormal Accruals. *The Accounting Review*, 2001,76:57-373.

[159]Yang X Y, Zheng S F. Market Reaction Testing on Earnings Management. *Technology Economic*, 2007,1:27-35.

[160]Yu Q, Du B, Sun Q. Earnings Management at the Rights Issues Thresholds: Evidence From China. *Journal of Banking and Finance*, 2006.

[161]Yue S Z, Ma H Q, Li X H. Market Reaction Toward Earning Man-

agement Behavior. *Chinese Accounting Review*, 2009,11:11-23.
[162]白勇,周攀峰.董事会和监事会:谁来“监”谁的事.商界,2006(5):25-31.
[163]白重恩,刘俏,陆洲等.中国上市公司治理结构的实证研究.经济研究,2005(2):81-91.
[164]蔡昌.盈余管理.西安:西安交通大学出版社,2005.
[165]曹勇.从公司监管角度谈盈余管理.财经政法资讯,2007(3):34-38.
[166]曾颖,陆正飞.信息披露质量与股权融资成本.经济研究,2006(2):69-91.
[167]陈胜蓝,魏明海.投资者保护与财务会计信息质量.会计研究,2006(10):33.
[168]陈小悦,肖星,过晓艳.配股权与上市公司利润操纵.经济研究,2000(1):30-36.
[169]陈信元,原红旗.上市公司资产重组财务会计问题研究.会计研究,1998(10):1-10.
[170]段亚林.论大股东股权滥用及实例.北京:经济管理出版社,2001.
[171]樊纲,王小鲁,朱恒鹏.中国市场化指数——各地区市场化相对进程报告(2001年).北京:经济科学出版社,2003.
[172]樊纲,王小鲁,朱恒鹏等.中国市场化指数——各地区市场化相对进程2006年度报告.中国经济改革研究基金会国民经济研究所,2006.
[173]封文丽.股权分置改革后的上市公司治理.北京:冶金工业出版社,2009.
[174]高程德等.现代公司理论(第二版).北京:北京大学出版社,2006.
[175]高闯等.公司治理:原理与前沿问题.北京:经济管理出版社,2009.
[176]郭颖.现代资本结构理论的发展综述与评析.经济与管理,2004(5).
[177]韩瑾,柯大钢.新视角看独立董事与监事会制度的融合.经济研究导刊,2007(2):45-47.
[178]何自力等.公司治理:理论、机制和模式.天津:天津人民出版社,2006.
[179]蒋义宏,魏刚.净资产收益率与配股条件//证券市场会计问题实证研究,上海:上海财经大学出版社,1998.
[180]蒋义宏.会计信息失真的现状、成因与对策研究.北京:中国财政经济出版社,2002.
[181]李常青,管联云.股权结构与盈余管理关系的实证研究.商业研究,2004(19).
[182]李东平.大股东控制、盈余管理与上市公司业绩滑坡.北京:中国财政经济出版社,2005.
[183]李吉栋.上市公司盈余管理分析.北京:经济管理出版社,2006.
[184]李维安,李威.中国公司治理质量如何:2003—2008年中国公司治理指数CCGINK分析.资本市场,2009(4):113-115.

[185]李歆，汤灿，凌芳．上市公司收益平滑特征分析．财会月刊（综合版），2007(27).

[186]林舒，魏明海．中国A股发行公司首次公开募股过程中的盈余管理．中国会计与财务研究，2000(12):87－107.

[187]刘峰，吴风，钟瑞庆．会计准则能提高会计信息质量吗——来自中国股市的初步证据．会计研究，2004(15):8－20.

[188]刘立国，杜莹．公司治理与会计信息质量关系的实证研究．会计研究，2003(2):28－36.

[189]陆建桥．中国亏损上市公司盈余管理实证研究．会计研究，1999(9).

[190]陆建桥．中国亏损上市公司盈余管理实证研究．北京：中国财政经济出版社，2002.

[191]陆宇建．我国A股上市公司基于配股权的盈余管理研究．河北大学学报（哲学社会科学版），2003(4):89－94.

[192]罗培新．冷眼看独立董事．金融法苑，2007(12):13－21.

[193]吕长江，肖成民．最终控制人利益侵占的条件分析——对LLSV模型的扩展．会计研究，2007(10):82－86.

[194]毛洪涛，吴将君．股权集中度与盈余管理相关性实证研究．财会通讯，2007(4):13－19.

[195]钱海婷．大股东控制与上市公司盈余管理关系实证分析．统计与信息论坛，2008(12):68－71.

[196]申慧慧，黄张凯，吴联生．股权分置改革的盈余质量效应．会计研究，2009(8):40－48.

[197]沈烈，张西萍．新会计准则与盈余管理．会计研究，2007.

[198]沈艺峰，肖珉，黄娟娟．中小投资者法律保护与公司权益资本成本．经济研究，2005(6):26.

[199]沈艺峰，许年行，杨熠．中国中小投资者法律保护历史实践的实证检验．经济研究，2004(9):90－100.

[200]石军．独立董事制度与公司治理的有效性——基于中国上市公司盈余管理的实证研究．人文杂志，2009(3):101－107.

[201]史敏娜．董事会与盈余管理问题探讨．当代经济，2008(1):46－47.

[202]孙铮，王跃堂．资源配置与盈余操纵之实证研究．财经研究，1999(4).

[203]汪炜，蒋高峰．信息披露、透明度与资本成本．经济研究，2004(7):107－114.

[204]王建新．公司治理结构、盈余管理动机与长期资产减值转回．会计研究，2007(5):60－66.

[205]王俊秋.大股东控制权收益与盈余管理.商业研究,2005(16):62—64.
[206]王力军.上市公司代理问题、投资者保护与公司价值.北京:经济科学出版社,2007.
[207]王新汉.公司治理与盈余管理的相关性研究——基于股权结构、董事会特征和外部审计的实证分析.北京:高等教育出版社,2008.
[208]王亚平,吴联生,白云霞.中国上市公司盈余管理的频率与幅度.经济研究,2005(12).
[209]王艳艳.审计在投资者保护中的作用.财会月刊(会计版),2005(7):43—44.
[210]魏刚.独立董事背景与公司经营绩效.经济研究,2007(3):92—105.
[211]魏明海,谭劲松,林舒.盈利管理研究.北京:中国财政经济出版社,2000.
[212]吴东辉.中国上市公司应计项目选择的实证研究.中国会计与财务研究,2001(3).
[213]夏立军.盈余管理计量模型在中国股票市场的应用研究.中国会计与财务研究,2003(2).
[214]夏云峰,温左望.基于上市公司治理结构的盈余管理分析.当代财经,2006(3):126—129.
[215]许波.公司治理结构与盈余管理模式的互动分析.中央财经大学学报,2005(1):52—55.
[216]叶康涛,陆正飞.中国上市公司股权融资成本影响因素分析.管理世界,2004(5).
[217]叶康涛,陆正飞,张志华.独立董事能否抑制大股东的掏空.经济研究,2007(4):102—112.
[218]张维迎.公司融资结构的契约理论:一个综述.改革,1995(4):109.
[219]张维迎.企业理论与中国企业改革.北京:北京大学出版社,1999.
[220]张祥建.大股东控制下的配股融资与盈余管理研究.上海:上海财经大学出版社,2007.
[221]张逸杰,王艳,唐元虎等.上市公司董事会特征和盈余管理关系的实证研究.管理评论,2006(3):16—21.
[222]张兆国,刘晓霞,邢道勇.公司治理结构与盈余管理——来自中国上市公司的经验证据.中国软科学,2009(1):122—133.
[223]章永奎,刘峰.盈余管理与审计意见相关性实证研究.中国会计与财务研究,2002(1):11—31.
[224]支晓强,童盼.盈余管理、控制权转移与独立董事变更.管理世界,2005(11):145—152.

图书在版编目（CIP）数据

中国上市公司盈余质量与投资者保护 / 钱彦敏著.
—杭州：浙江大学出版社，2011.8
ISBN 978-7-308-08994-4

Ⅰ.①中… Ⅱ.①钱… Ⅲ.①上市公司－企业利润－研究－中国
②上市公司－监管制度－研究－中国 Ⅳ.①F279.246

中国版本图书馆 CIP 数据核字（2011）第 166289 号

中国上市公司盈余质量与投资者保护

钱彦敏 著

责任编辑 陈丽霞
文字编辑 徐 霞
封面设计 十木米
出版发行 浙江大学出版社
（杭州市天目山路 148 号 邮政编码 310007）
（网址：http://www.zjupress.com）
排 版 杭州中大图文设计有限公司
印 刷 浙江全能印务有限公司
开 本 710mm×1000mm 1/16
印 张 12.5
字 数 224 千
版 印 次 2011 年 8 月第 1 版 2011 年 8 月第 1 次印刷
书 号 ISBN 978-7-308-08994-4
定 价 32.00 元

浙江大学出版社发行部邮购电话 （0571）88925591